삼국연의

三國演義 원문 읽기

[下]

明 羅貫中 원저
清 毛宗崗 평점
陳起煥 역주

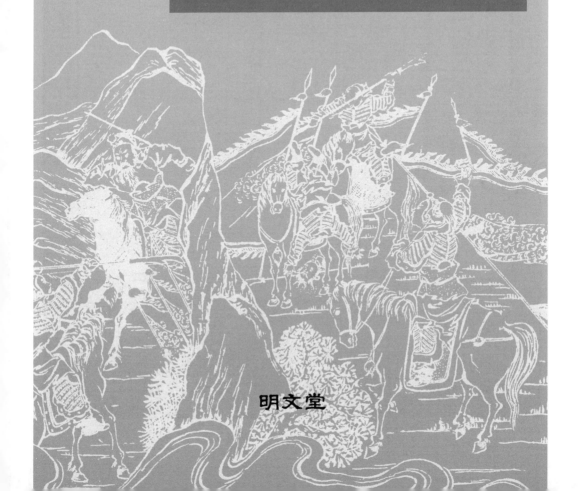

明文堂

精校
全圖
繡像
三國志演義

上海
鴻文書局
印行

九

目 次

34. 劉備躍馬過檀溪(유비약마과단계) • 6

35. 伏龍鳳雛何人也?(복룡봉추하인야) • 21

36. 元直走馬薦孔明(원직주마천공명) • 31

37. 劉玄德三顧草廬(유현덕삼고초려) • 41

38. 草堂上孔明晝寢(초당상공명주침) • 52

39. 定三分隆中決策(정삼분융중결책) • 60

40. 博望坡軍師用兵(박망파군사용병) • 72

41. 趙雲單騎救阿斗(조운단기구아두) • 83

42. 翼德大鬧長坂橋(익덕대료장판교) • 93

43. 孔明用言激孫權(공명용언격손권) • 105

44. 孔明用智激周瑜(공명용지격주유) • 116

45. 用奇謀孔明借箭(용기모공명차전) • 131

46. 宴長江曹操賦詩(연장강조조부시) • 146

47. 七星壇諸葛祭風(칠성단제갈제풍) • 161

48. 關雲長義釋曹操(관운장의석조조) • 171

49. 柴桑口臥龍弔喪(시상구와룡조상) • 183

50. 龐士元議取西蜀(방사원의취서촉) • 196

51. 關雲長單刀赴會(관운장단도부회) • 207

52. 楊修猜鷄肋招禍(양수시계륵초화) • 218

53. 玄德進爲漢中王(현덕진위한중왕) • 227

54. 關雲長水淹七軍(관운장수엄칠군) • 239

55. 關雲長刮骨療毒(관운장괄골료독) • 251

56. 關雲長敗走麥城(관운장패주맥성) • 261

57. 關公父子皆遇害(관공부자개우해) • 274

58. 傳遺命曹操數終(전유명조조수종) • 285

59. 兄逼弟曹植賦詩(형핍제조식부시) • 298

60. 漢王定位續大統(한왕정위속대통) • 308

61. 急兄仇張飛遇害(급형구장비우해) • 318

62. 先主遺詔託孤兒(선주유조탁고아) • 330

63. 武侯彈琴退仲達(무후탄금퇴중달) • 341

64. 隕大星丞相歸天(운대성승상귀천) • 354

65. 三分天下歸一統(삼분천하귀일통) • 374

《三國演義 원문 읽기》

34 劉備躍馬過檀溪

劉備는 말을 타고 檀溪를 건너뛰다.

建安 6년(서기 201), 劉備(유비)는 원소를 떠나 荊州로 도망 나와 劉表(유표)에게 의탁한다. 유표는 형주 관할 9郡[1]의 보유만으로도 만족하는 그야말로 시골 富家翁(부가옹)과도 같은 인물이었다. 그런 유표 앞에서 유비는 '허벅지 군살에 대한 탄식(髀肉之嘆)'[2]을 했고 곧바

---

1 正史 기록에서 형주자사부의 치소는 武陵郡 漢壽縣(今 湖南省 常德市)이고, 南陽郡, 南郡, 江夏郡, 零陵郡, 桂陽郡, 武陵郡, 長沙郡 등 7郡 117縣을 관할하였다. 자사부의 치소는 상황에 따라 이동했고, 관할 군의 증설이나 합병은 수시로 이루어졌다.

2 髀肉之嘆(비육지탄) - 허벅지 군살(髀肉, 넓적다리 비)에 대한 탄식. 대장부가 뜻을 펼 기회를 잡지 못하고 세월을 보낸다는 탄식. 유표를 찾아가 의지한 유비는 南陽郡 新野縣에 머문다. 어느 날 유표가 현덕을 형주로 불러 술을 마시면서 집안 문제를 걱정한다. 이날 유비는 변소에 갔다가 허벅지에 군살이 많이 찐 것을 보고 자기도 모르게 눈물을 흘린다. 자리에 돌아온 유비의 눈물 자국을 보고 유표가 까닭을 묻는다. 이에 유비는 길게 탄식한 뒤 말을 잇는다.
"저는 지난날에는 말을 자주 타고 다녀 허벅지 군살이 없었습니다. 요즈음 오랫동안 말을 안타 허벅지 군살이 다시 붙었고 세월은 흘러 곧 늙은이가 될 것입니다.(今久不騎 髀裏肉生, 日月蹉跎, 老將至矣.) 그런데도 공명을 이루지 못하고 있으니 슬펐을 뿐입니다." 그러자 유표는 조조와 유비가 술을 마시면서 영웅을 논했던 이야기를 상기시켜 주면서 좋은 말로 유비를 위로한다. 이날 유비는 술에 취해 "만약 나에게 일정한 기본이 있다면 천하의 녹녹한 무리들을 전혀 두려워하지 않을 것.(備若有基本, 天下碌碌之輩, 誠不足慮也.)"이라고 말했다. 이에 유표는 아무

로 후회한다.

유표의 부인 蔡氏와 처남 蔡瑁(채모)는 유표의 후계자 옹립 과정에서 南陽郡 新野縣[3]에 머무는 유비를 미워하게 된다.

原文

　遂與趙雲卽日赴襄陽. 蔡瑁出郭迎接, 意甚謙謹. 隨後劉琦, 劉琮二子, 引一班文武官僚出迎. 玄德見二公子俱在, 並不疑忌. 是日請玄德於館舍暫歇. 趙雲引三百軍圍繞保護. 雲披甲掛劍, 行坐不離左右.

　劉琦告玄德曰, "父親氣疾作, 不能行動, 特請叔父待客, 撫勸各處守牧之官." 玄德曰, "吾本不敢當此, 旣有兄命, 不敢不從."

　次日, 人報九郡四十二州官員, 俱已到齊. 蔡瑁預請蒯越計議曰, "劉備世之梟雄, 久留於此, 後必爲害.

　　말 없이 앉아만 있었고 유비는 자신의 말을 금방 후회했다.

3 南陽郡 新野縣은, 今 河南省 서남부 白河 유역 南陽市 관할 新野縣. 예로부터 人傑地靈하다고 유명, 陰麗華(後漢 光武帝 劉秀의 아내)의 고향. 유비가 單福(선복)을 만난 곳이며, 이를 통해 제갈량과 연결된다. '三請諸葛', '火燒新野' 등《三國演義》의 무대.

可就今日除之."

越曰, "恐失士民之望." 瑁曰, "吾已密領劉荊州言
語在此." 越曰, "旣如此, 可預作準備." 瑁曰, "東門
峴山大路, 已使吾弟蔡和引軍守把. 南門外已使蔡中
守把. 北門外已使蔡勳守把. 止有西門不必守把. 前
有檀溪阻隔, 雖數萬之衆, 不易過也."

越曰, "吾見趙雲行坐不離玄德, 恐難下手." 瑁曰,
"吾伏五百軍在城內準備." 越曰, "可使文聘, 王威二
人 另設一席於外廳, 以侍武將. 先請住趙雲, 然後可
行事."

國譯

(유비는) 곧 趙雲[4]과 함께 당일로 襄陽縣(양양현)[5]으로 나아갔다.
蔡瑁(채모)[6]가 성 밖까지 나와 영접하였는데 그 성의가 매우 겸손하

---

4 趙雲(조운, ? – 229년, 字 子龍) – 常山 眞定(今 河北省 石家莊市 正定縣), 姿顔雄偉.
처음에는 公孫瓚을 섬기다가 유비를 따랐다. 《三國志 蜀書》에서는 趙雲, 關羽, 張
飛, 馬超, 黃忠을 함께 입전하였고 《三國演義》에서는 이들을 '五虎上將'이라 불
렀다. 충의와 용맹, 성실의 본보기가 되었다.

5 南郡 襄陽縣, 今 湖北省 북부 襄陽市(襄樊市를 襄陽市로 개명). 襄은 옷 벗고 밭을
갈 양, 오를 양, 땅이름 양.

6 蔡瑁(채모, 생졸년 미상, 字 德珪) – 荊州 南郡 襄陽 사람. 劉表 繼妻인 蔡氏의 동생.
蔡는 나라 이름 채. 瑁는 좋은 옥 모. 劉琦(유기, ? – 209년, 字 미상) – 荊州牧 劉表

고 건실하였다. (유비의 뒤에) (長子) 劉琦
(유기)와 (차남) 劉琮(유종)의 두 아들이
수행하였는데 한 무리의 文武 관료를
인솔하여 유비를 맞이하였다. 玄德
은 (유표의) 두 公子가 함께 있었
기에 결코 의심하거나 꺼리지 않
았다.[7] 이날은 玄德을 맞이하여
館舍(客舍)에서 잠시 쉬게 하였
다. 조운은 3백 명의 군사를 인솔
하여 관사를 둘러싸고[8] 현덕을 지
켰다. 조운은 갑옷에 칼을 차고 어디
를 가든 현덕의 좌우를 떠나지 않았
다.

유기가 玄德에게 말했다.

"부친은 감기(氣疾)[9]로 자유로이 거동

劉表(유표)

의 長子. 劉琮(유종, 생졸년, 字 미상) – 유표의 次子. 劉琦와는 이복형제간. 劉表가
죽은 뒤(서기 208), 유표의 官爵을 계승했지만 曹操 대군이 남하하자 채모 등의
권유에 따라 그대로 투항했고 曹操에 의해 靑州刺史로 임명되었다.

7 並은 아우를 병. 倂, 幷, 竝과 同. 並不은 결코 ~하지 않다. 疑忌는 의심하며 꺼려
하다.

8 圍繞保護 – 繞는 두를 요. 둘러싸다.

9 父親氣疾作 – 氣는 호흡, 숨. 氣疾 – 감기. 헐떡이다. 숨이 가쁘다. 作은 병에 걸리
다. 병이 나다.

하실 수가 없어, 특별히 叔父(玄德)를 모셔다가 손님을 접대하시면서 각처의 지휘관이나 지방관을 격려해 달라고[10] 부탁하셨습니다."

그러자 현덕이 말했다.

"나는 본래 이런 큰일을 감당할 수 없지만 형님의 부탁이시니 따르지 않을 수 없네."

다음 날, 담당관이 9郡 42州[11]의 官員이 모두 다 도착하였다고[12] 보고하였다. 채모는 미리 蒯越(괴월)과 협의하였다.[13]

"유비는 이 시대의 梟雄(효웅)[14]이니 우리 형주에 오래 머문다면 뒷날 틀림없이 해를 끼칠 것이다. 오늘 같은 날에 없애버려야 한다."

이에 괴월이 말했다.

---

10 撫勸各處守牧之官 - 撫는 어루만질 무, 편안히 할 무. 위로하다. 撫勸 - 위로하며 힘써주기를 부탁하다. 守牧之官 - 防守(軍 지휘관)와 牧民(목민, 지방 백성을 다스리는)하는 官員.

11 9郡 42州 - 後漢 지방행정의 기본 단위는 郡(太守)이고 군 아래 縣(縣令, 縣長)을 두었다. 州는 13자사부(刺史, 牧)의 명칭에 사용되었다. 형주는 7郡 117縣을 관할하였다.

12 俱已到齊 - 俱는 갖출 구. 齊는 같을 제. 갖추어지다, 완비되다. 到齊 - 到하는 동작이 끝났다는 의미. 齊는 보어로 쓰였다.

13 蔡瑁預請蒯越計議曰 - 預는 미리 예. 참여하다. 蒯越(괴월, ?-214년, 字 異度)은 荊州 南郡 中廬人, 荊州牧 劉表의 重要謀士, 기름새(草名) 괴, 땅이름 괴. 성씨. 越은 땅이름 월. 국명.

14 劉備世之梟雄 - 梟는 올빼미 효. 용맹스럽다. 梟는 驍(날랠 효)와 通. 梟雄(효웅)은 사납고 야심찬 英雄. 올빼미는 어미를 잡아먹는다는 惡鳥. 효웅은 '날쌔지만 恩義를 모르는 인물'이라는 의미도 있다.

"아마 (그러면) 士民의 기대를 저버릴 것입니다."

"나는 이미 劉荊州(劉表)의 지시를 받은 것이 있다."[15]

"이미 그렇게 되었다면 미리 준비를 해 놓겠습니다."

"동문 밖은 峴山(현산) 大路인데, 이미 내 동생 蔡和(채화)가 군사를 거느리고 지키고 있다. 남문 밖은 벌써부터 蔡中(채중)을 시켜 방어하고 있다. 또 북문 밖에도 이미 蔡勳(채훈)을 시켜 막고 있다. 단, 서문 밖은 지킬 필요가 없다. 앞에는 檀溪(단계)[16]가 가로 막았으니[17] 비록 수만의 군사일지라도 쉽게 통과하지는 못할 것이다."

"제 생각에 趙雲은 어디를 가든 현덕을 지키며 떠나지 않으니 손을 쓰기가 쉽지 않을 것입니다."

"나는 이미 5백의 군사를 성내에 매복시켜 준비하였다."

"그렇다면 文聘(문빙)[18]과 王威(왕위) 두 사람을 시켜 外廳(외청)에

---

15 '여기에서 어떻게 하라고 미리 지시받았다.'는 거짓말.

16 檀溪 – 지명으로서는, 今 湖北省 襄陽市 襄城區에 위치. 水名의 檀溪는 襄陽城 서쪽 眞武山, 琵琶山에서 발원한 하천이 모인 강. 이 일대가 온난하여 靑檀樹가 무성하게 자란다고 한다. 이곳 襄陽 출신인 唐代 田園派 시인 孟浩然(맹호연)의 〈檀溪尋故人〉의 시가 유명하다. 「花伴成龍竹, 池分躍馬溪. 田園人不見, 疑向洞中棲.」

17 前有檀溪阻隔 – 阻는 험할 조. 隔은 막을 격, 사이가 막힐 격. 阻隔(조격)은 가로막혀 격리되다.

18 文聘(문빙, 생졸년 미상, 字 仲業)은 본래 유표의 부장이었다. 南陽郡 宛縣(완현) 출신. 劉表의 대장으로 북방을 방어. 유표가 죽은 뒤, 조조가 형주를 원정하자, 유종은 형주를 들어 투항하며 문빙을 불러 함께 가자고 하였지만, 문빙이 말했다. "문빙은 형주를 지키지 못하였으니 응당 죄를 받아야 합니다." 曹操가 漢水(한수)를 건너자, 문빙이 조조를 찾아왔고, 조조는 "왜 늦게 왔는가?" 물었다. 이에

별도로 술자리를 마련하여[19] 여러 무장을 접대케 하십시오. 먼저 趙雲을 청해서 참석케 한 뒤라면 일을 벌일 수 있을 것입니다."

原文

瑁從其言. 當日殺牛宰馬, 大張筵席. 玄德乘的盧馬至州衙, 命牽入後園拴繫. 衆官皆至堂中. 玄德主席, 二公子兩邊分坐, 其餘各依次而坐. 趙雲帶劍立於玄德之側. 文聘, 王威入請趙雲赴席. 雲推辭不去.

玄德令雲就席, 雲勉强應命而出. 蔡瑁在外收拾得鐵桶相似, 將玄德帶來三百軍, 都遣歸館舍, 只待半酣, 號起下手. 酒至三巡, 伊籍起把盞, 至玄德前, 以目視玄德, 低聲謂曰, "請更衣." 玄德會意, 卽起如廁. 伊籍把盞畢, 疾入後園, 接着玄德, 附耳報曰, "蔡

문빙이 말했다. "지난 날 형주목을 보필하며 나라를 보전하지 못했고, 형주를 제대로 지키지도 못했지만, 그래도 늘 漢水와 四川의 땅을 지키고 싶었으며, 살아서 어린 弱主(劉琮)를 등지지 않고, 죽어 지하에서도 (劉表에) 부끄럽지 않을 것이나, 어찌할 방도가 없어 지금 찾아뵈었습니다. 사실 비통하고 참담한 마음에 일찍 뵐 면목이 없었습니다." 그리고서는 흐느끼며 눈물을 흘렸다. 曹操도 문빙에 감동하여 처연하게 말했다. "仲業(文聘)! 卿이 진정한 忠臣이요!" 正史《三國志 魏書》18권, 〈二李臧文呂許典二龐閻傳〉에 立傳.

19 另設一席於外廳 – 另은 쪼갤 영(령). 다른, 그 밖의, 별도의.

瑁設計害君, 城外東,南,北三處, 皆有軍馬守把. 惟西門可走, 公宜急逃!"

玄德大驚, 急解的盧馬, 開後園門牽出, 飛身上馬, 不顧從者, 匹馬望西門而走. 門吏問之, 玄德不答, 加鞭而出. 門吏當之不住, 飛報蔡瑁. 瑁即上馬, 引五百軍隨後追趕.

國譯

蔡瑁(채모)는 괴월의 말에 따랐다. 당일에 소와 말을 잡아 큰 잔치를 벌였다. 玄德은 的盧馬(적로마)[20]를 타고 官衙(관아)에 도착했고, 적로마를 끌어다가 후원에 매어두게 하였다.[21]

모든 관원이 대청에 자리 잡았다. 현덕이 主席에, 유기와 유종 二公子가 양쪽에 갈라 앉았고 다른 사람들도 모두 지위에 맞춰 자리

---

20 的盧馬(적로마) – 的顱(적로)로도 표기하는데, 말 이마에 흰 털이 난 말이다. 이런 말은 주인에게 해를 끼치는 凶馬로 알려졌다. 劉備가 劉表에 의탁하고 있을 때, 유표의 명에 따라 張武(장무)와 陳孫(진손)을 토벌했는데 張武가 탄 的盧馬가 매우 당당한 것을 보고 부러워했는데, 조운이 장무를 죽이고 그 말을 빼앗아서 유비가 타게 되었다. 유비는 유표가 적로마를 칭찬하자 유표에게 선물했는데, 유표의 부장 蒯越(괴월)은 그의 형 蒯良(괴량)의 相馬之言에 의거 '말의 眼下에 눈물샘(淚槽)이 있고 이마 가에 白點이 있는 的盧馬는 주인을 해칠 말(騎則妨主)이라.' 는 말을 들은 뒤 유비에게 돌려주었다. 그래도 유비는 적로마를 타고 다녔다.

21 命牽入後園拴繫 – 牽은 끌 견. 拴은 가릴 전, 맬 전. 묶어놓다. 繫는 맬 계. 매달다.

에 앉았다. 조운은 칼을 차고 현덕의 측면에 서 있었다. 文聘(문빙)
과 王威(왕위)가 들어와 조운을 다른 자리에 모시겠다고 청했다. 조
운은 사양하며 가지 않았다.

그러자 현덕은 조운에게 참석하라고 명하자, 조운은 억지로 명에
따랐다.[22] 채모는 외부에서 鐵桶(철통) 같은 경계를 펴면서[23] 현덕이
거느리고 온 3백 명의 군사에게 모두 館舍(관사)에 돌아가게 한 뒤에
술이 어느 정도 돌기를 기다렸다가 손으로 신호를 보내려 했다.[24]

술이 3잔째 돌아가자, 伊籍(이적)[25]이 일어나 여러 사람에게 술을
권하며 현덕 앞에 와서 눈짓을 한 뒤에 나지막하게 말했다.

"화장실에 가십시오."[26]

현덕이 눈치를 채고 곧바로 일어나 변소에 갔다.[27] 이적이 잔을

---

22 雲勉强應命而出 – 勉强은 억지로, 간신히, 가까스로, 강요하다.

23 收拾得鐵桶相似 – 拾은 주울 습, 열(十) 십. 收拾(수습)은 준비하다. 정돈하다. 鐵
桶(철통)은 쇠로 만든 통. 相似(상사)는 비슷하다, 닮다.

24 只待半酣 號起下手 – 只는 다만 지. 待는 기다릴 대. 酣은 술 즐길 감. 半酣(반감)
은 거나하게 취하다. 下手는 시작하다.

25 伊籍(이적, 生卒年 미상, 字 機伯)은 山陽郡 사람으로, 젊어서는 같은 고향 사람인
鎭南將軍 劉表(유표)에 의지했었다. 유비가 荊州에 있을 때, 이적은 늘 유비를 따
랐고 자신을 의탁했다. 유표가 죽자(서기 208), 유비를 따라 남으로 長江을 건너
益州에 들어갔다. 익주가 평정된 뒤에, 이적은 左將軍 從事中郎이 되었고, 簡雍
(간옹)이나 孫乾(손건) 다음으로 (원로) 대우를 받았다. 《三國志 蜀書》8권, 〈許麋
孫簡伊秦傳〉에 입전.

26 請更衣 – 請은 요청하다. 更衣(갱의)는 옷을 다시 입다 → 화장실에 가다.

27 玄德會意 卽起如廁 – 會意는 타인의 뜻을 깨닫다, 이해하다. 如는 와 같다. ~에
가다. 이르다. 廁은 뒷간 측.

들어 마신 뒤, 후원으로 달려가 현덕을 만나자 귀에 대고 말했다.

"채모가 죽일 음모를 꾸며 성 밖의 동, 남, 북쪽은 모두 軍馬가 지키고 있습니다. 다만 서문으로 나갈 수 있으니 公께서는 빨리 피하십시오!"

현덕은 크게 놀라며 서둘러 적로마를 풀어 후원의 문을 열고 나간 뒤, 몸을 날려 올라타고서, 수행원을 데리고 갈 생각도 않고 서문을 향해 달렸다. 문지기가 물었지만 현덕이 대답하지 않고 채찍을 휘두르며 빠져나갔다. 문지기는 현덕을 가로막지 못하자, 곧바로 채모에게 보고하였다. 채모도 즉시 말에 올라 5백의 군사를 거느리고 현덕의 뒤를 추격하였다.

原文

却說 玄德撞出西門, 行無數里, 前有大溪, 攔住去路. 那檀溪闊數丈, 水通襄江, 其波甚緊. 玄德到溪邊, 見不可渡, 勒馬再回, 遙望城西塵頭大起, 追兵將至. 玄德曰, "今番死矣!"

遂回馬到溪邊. 回頭看時, 追兵已近. 玄德着慌, 縱馬下溪. 行不數步, 馬前蹄忽陷, 浸濕衣袍. 玄德乃加鞭大呼曰, "的盧! 的盧! 今日妨吾!" 言畢, 那馬忽從

水中湧身而起, 一躍三丈, 飛上西岸. 玄德如從雲霧
中起.

後來蘇學士有古風一篇, 記述劉備躍馬檀溪之事

老去花殘春日暮,　　宦遊偶至檀溪路.
停驂遙望獨徘徊,　　眼前零落飄紅絮.
暗想咸陽火德衰,　　龍爭虎鬥交相持.
襄陽會上王孫飲,　　坐中玄德身將危.
逃生獨出西門道,　　背後追兵復將到.
一川煙水漲檀溪,　　急叱征騎往前跳.
馬蹄踏碎青玻璃,　　天風響處金鞭揮.
耳畔但聞千騎走,　　波中忽見雙龍飛.
西川獨霸真英主,　　坐下龍駒兩相遇.
檀溪溪水自東流,　　龍駒英主今何處?
臨流三歎心欲酸,　　斜陽寂寂照空山.
三分鼎足渾如夢,　　蹤跡空留在世間.

國譯

한편, 현덕이 서문을 뚫고 불과 몇 리를 가지도 않았는데, 앞에 큰 시내가 있어 길을 막고 있었다.[28] 그 檀溪(단계)는 넓이가 여러 길 (丈)이나 되었고, 襄江(양강)으로 흐르는데 그 물결이 매우 세찼다.[29] 현덕은 냇가에 와서 건널 수 없다는 것을 알고 말을 채찍질하며 다시 돌아가려는데, 멀리 성의 서쪽에서 흙먼지가 크게 일어나며[30] 추격해오는 군사가 보였다. 현덕은 "이젠 죽었구나!"라고 말했다.

결국 말을 돌려 다시 냇가로 왔다. 고개를 돌려 바라보니 추격병은 이미 가까워졌다. 현덕은 당황하며 냇물로 말을 몰았다. 몇 걸음을 못 가서, 말의 앞다리가 푹 빠지면서 옷이 물에 젖었다. 이에 현덕은 채찍으로 세게 때리며 소리쳤다.

"적로야! 적로마야! 오늘 나를 죽일래!"

그 말이 끝나자마자, 적로마가 갑자기 몸을 솟구쳐 세우면서 단번에 세 길(丈)을 뛰어올라 서쪽 강 언덕으로 날아올랐다.[31] 현덕은

---

28 攔住去路 - 攔은 막을 난(란). 住는 상태의 지속을 뜻하는 補語. 갈 길을 가로막고 있다.

29 那檀溪闊數丈 水通襄江 其波甚緊 - 闊은 넓을 활. 트이다. 넓이. 여기서는 강의 폭. 丈(장)은 길이의 단위(1丈 10尺. 後漢代 1尺은 23.1cm). 우리나라에서는 성인 남자의 신장을 한 길이라고 표현한다. 襄江(양강)은 漢江의 하류. 長江 最長의 支流인 漢江은 漢水, 又名 襄河, 古稱 沔水(면수). 중국의 강은 워낙 길고 지류가 많으며, 지류의 지류도 ㅇ江, ㅇ河, ㅇ水, ㅇ溪 등으로 부른다. 緊은 굳게 얽을 긴. 팽팽하다, 급박하다.

30 遙望城西塵頭大起 - 遙는 멀 요. 멀리. 塵은 티끌 진. 먼지. 塵頭는 먼지. 頭는 輕聲(tóu)으로 발음, '머리'라는 의미가 아닌 접미사이다 - 예 石頭는 돌. 木頭는 나무. 雲頭는 구름.

31 那馬忽從水中湧身而起 一躍三丈 - 從은 ~로부터. 湧은 물 솟을 용. 한꺼번에 나오다. 湧身은 몸을 솟구치다. 躍은 뛸 약. 三丈은 30尺, 약 6m 이상.

구름과 안갯속에서 튀어나온 것 같았다.

　뒷날 蘇學士(蘇軾, 소식)³²가 古風의 詩 1편을 지어 유비가 말을 타고 단계를 건너 뛴 일을 기록하였다.

　　　꽃들이 지며 봄날도 저무는데,
　　　세파를 따라 檀溪에 왔었노라.
　　　적로마 멈춰 혼자서 배회하더니,
　　　목전의 山川 버들 솜 휘날리도다.
　　　누구가 알으랴 咸陽에 쇠락한 火德을,
　　　龍虎는 서로 맞서며 힘을 겨룬다.
　　　襄陽의 큰 잔치 음주하는 王孫이나,
　　　坐中의 劉玄德 처지가 위태롭도다.
　　　혼자서 벗어나 서문밖 큰길을 가니,
　　　배후를 쫓아온 장수가 들이닥친다.
　　　檀溪에 치솟는 자욱한 물보라속에,
　　　서두른 채찍에 적로마 도약하였다.
　　　말발굽 디디며 파란 유리 부서지듯이,
　　　휘두른 채찍에 하늘 바람 갈라졌도다.

---

32 蘇軾(소식, 1037 - 1101년, 字 子瞻, 號 東坡居士) - 北宋의 文學家, 政治家, 藝術家, 端明殿學士 겸 翰林學士, 禮部尙書 역임. 散文, 詩, 詞, 賦의 각 장르에서 모두 성취. 書法과 繪畵에 뛰어난 성취. 文學과 藝術史上 뛰어난 通才. 蘇軾은 散文에서는 '唐宋四家'(韓愈, 柳宗元, 歐陽脩, 蘇軾). 古文으로는 '唐宋八大家'의 한 사람. 父親 蘇洵(소순), 동생 蘇轍(소철)과 함께 '三蘇'로 통칭.

귓전에 울리는 천군 만마 포효소리에,

물보라 속에서 二龍 함께 뛰어날았다.

西川의 영명한 主君 위기를 벗고나니,

南陽의 걸출한 두분 영웅을 상봉한다.

오늘도 檀溪는 동으로 흘러가는데,

龍馬탄 英主는 어디에 머무르는가?

川流에 쓸쓸히 혼자서 탄식하나니,

空山엔 노을만 비껴서 가득하구나.

三分한 세솥발 꿈은 저멀리 사라졌고,

공연한 자취는 그냥 세상에 떠돌더라.

原文

玄德躍過溪西, 顧望東岸. 蔡瑁已引軍趕到溪邊, 大叫, "使君何故逃席而去?" 玄德曰, "吾與汝無讎, 何故欲相害?" 瑁曰, "吾並無此心, 使君休聽人言."

玄德見瑁手將拈弓取箭, 乃急撥馬望西南而去. 瑁謂左右曰, "是何神助也!" 方欲收軍回城, 只見西門內趙雲引三百軍趕來.

第三十四回 蔡夫人隔屛聽密語 劉皇叔躍馬過檀溪 中 節錄

현덕은 檀溪(단계)를 건너 서쪽 언덕에서 동편을 바라보았다. 채모는 벌써 군사를 거느리고 강가에 이르러 소리쳤다.

"使君께서 무슨 일로 자리를 피해 떠나셨습니까?"[33]

현덕이 말했다.

"나와 너는 원수진 일도 없는데, 무슨 까닭으로 나를 죽이려는가?"

"저는 결코 그런 마음이 없으니 사군께서는 다른 사람의 말을 믿지 마십시오."

玄德은 채모 손으로 화살을 뽑아 활에 재는 것을 보고[34] 급히 말머리를 돌려 서남쪽으로 달렸다. 채모는 측근을 둘러보며 말했다.

"神의 도움이 아니라면 무엇이겠나!"

채모가 군사를 수습하여 성으로 돌아가려 하자, 서문에서 군사 3백을 거느리고 급하게 달려오는 趙雲이 보였다.

---

33 使君何故逃席而去 – 逃는 달아날 도. 逃席 – (연회석에서) 인사말도 없이 나가다.

34 手將拈弓取箭 – 拈은 집을 념(염).

35 伏龍鳳雛何人也?
복 룡 봉 추 하 인 야

伏龍과 鳳雛는 어떤 사람입니까?

소설이지만 주인에게 해악을 끼친다는 的盧馬(적로마)를 타고 檀溪(단계)를 뛰어 넘은 것은 하늘의 뜻일 것이다. 이는 운명을 스스로 개척한다는 영웅의 의지를 하늘이 돕는다는 뜻으로 해석할 수도 있다. 玄德은 水鏡先生 司馬徽(사마휘)[1]를 만난다. 이는 徐庶(서서)에 이어 諸葛亮(제갈량)의 등장을 등장시키기 위한 전주곡이다. 예로부터 '인재를 얻는 자는 번창하고(得人者昌), 인재를 잃으면 망한다(失人者亡).'고 하였으니, 훌륭한 인재를 얻고자 하는 현덕의 갈망을 느낄 수 있다.

原文

水鏡請入草堂, 分賓主坐定. 玄德見架上滿堆書卷,

---

1 司馬徽(사마휘, ?-208年, 字 德操) - 徽는 아름다울 휘. 水鏡은 호칭. 潁川郡(영천군) 陽翟縣(양책현, 今 河南省 禹州市) 출신. 司馬徽 淸雅한 성품에, 결코 남의 단점을 말하지 않았으며, 閑雲野鶴처럼 생활하며 결코 남과 다투지 않았으며 인물을 잘 알아보았다. 조조가 형주를 차지한 뒤에 사마휘를 포로로 잡은 뒤 중용하려고 했으나 사마휘는 곧 병사했다.

窓外盛栽松竹, 棋琴於石床之上, 清氣飄然.

水鏡問曰, "明公何來?"

玄德曰, "偶爾經由此地, 因小童相指, 得拜尊顔, 不勝欣幸."

水鏡笑曰, "公不必隱諱, 公今必逃難至此."

玄德遂以襄陽一事告之. 水鏡曰, "吾觀公氣色, 已知之矣."

因問玄德曰, "吾久聞明公大名, 何故至今猶落魄不偶耶?"

玄德曰, "命途多蹇, 所以至此."

水鏡曰, "不然, 蓋因將軍左右 不得其人耳."

玄德曰, "備雖不才, 文有孫乾, 糜竺, 簡雍之輩, 武有關, 張, 趙雲之流, 竭忠輔相, 頗賴其力."

水鏡曰, "關, 張, 趙雲, 皆萬人敵, 惜無善用之人. 若孫乾, 糜竺輩, 乃白面書生耳, 非經綸濟世之才也."

國譯

水鏡선생은 현덕을 청하여 草堂에 들어가 손님과 주인으로 좌정하였다. 현덕이 보니, 서가에는 書卷이 가득 쌓였고, 창문 밖에는 소나무와 대나무가 무성했으며,[2] 石床에는 바둑판과 비파(琴)가 놓여 있어 청아한 기품이 뚜렷하였다.[3] 水鏡이 물었다.

"明公께서는 어떻게 여기까지 오셨습니까?"

"우연히 이곳을 지나다가[4] 小童이 알려준 대로 尊顔(존안)을 뵈오니 큰 기쁨입니다."[5]

司馬徽(사마휘)

수경선생이 웃으며 말했다.

"공께서는 숨길 필요가 없으니, 틀림없이 곤경을 벗어나서 여기

---

2 架上滿堆書卷, 窗外盛栽松竹 – 架는 시렁 가. 堆는 흙무더기 퇴. 쌓다. 卷은 책 권, 둘둘 말을 권. 書卷은 書籍. 窗은 지게문 창(窓의 本字). 栽는 심을 재. 심어 가꾸다.

3 淸氣飄然 – 飄는 흩날릴 표. 훌쩍 오고가다. 飄然은 바람에 나부끼다.

4 偶爾經由此地 – 偶는 짝 우, 꼭두각시 우. 우연히. 爾는 어조사 이, 너 이. 偶爾(우이)는 우연히, 간혹, 때때로.

5 不勝欣幸 – 不勝은 매우, 대단히, ~을 견디지 못하다. 欣은 기뻐할 흔.

까지 왔을 것입니다."**6**

이에 현덕은 襄陽城에서의 일을 전부 말했다. 그러자 수경이 말했다.

"저는 공의 기색을 보고 벌써 알고 있었습니다."

그러면서 연이어 물었다.

"저는 오랫동안 明公의 大名을 알고 있었습니다만, 무슨 연고로 지금까지도 이처럼 실의에 빠졌고 運(운)도 없습니까?"**7**

"운명에 굴국이 많다 보니 이렇게 되었습니다."**8**

그러자 수경이 말했다.

"그렇지 않으니, 아마 장군 좌우에 유능한 인재가 없기 때문입니다."**9**

"제가 비록 재주가 없지만 문사로는 孫乾(손건), 糜竺(미축), 簡雍(간옹) 같은 인재가 있고 무장으로는 관우와 장비, 그리고 조운 같

---

6 公不必隱諱 公今必逃難至此 – 隱은 숨을 은. 諱는 꺼릴 휘. 회피하다, 숨기다. 隱諱(은휘)는 꺼리는 바 있어 숨기고 말하지 않다. 逃는 달아날 도. 逃難(도난)은 피난하다. 곤경에서 피하다.

7 何故至今猶落魄不偶耶 – 魄은 넋 백, 형체 백. 落魄(낙백)은 실의에 빠지다(不得志). 偶는 짝 우. 不偶(불우)는 運氣가 좋지 않다. 古人은 짝수를 吉祥, 홀수를 不祥으로 여겼다. 耶는 어조사 야. 의문, 반문, 추측, 감탄 표시.

8 命途多蹇 所以至此 – 途는 길 도(道 同). 命途는 命運, 運命. 蹇은 발을 절 건, 머무를 건. 곤궁하다, 순조롭지 않다. 所以는 앞의 이유 때문에 ~되었다. 결과나 결론을 나타냄.

9 蓋因將軍左右 不得其人耳 – 蓋 덮을 개. 가리다, 어쩌면, 아마도. 其는 그러(저러)한 것. 其人은 그러한 사람. 적임자. 자리에 적합한 인재.

은 무리가 충성을 다하여 저를 돕고 있어 그들 도움에 의지하고 있습니다."[10]

이에 수경이 말했다.

"관우, 장비, 조운 등은 모두 만인을 대적할 수 있지만[11] 그들을 잘 지휘할 인물이 없어 아쉽습니다. 그리고 손건이나 미축 같은 무리는 그저 白面書生일뿐 세상을 經綸(경륜)하고 이끌 인재는 아닙니다."[12]

原文

玄德曰, "備亦嘗側身以求山谷之遺賢, 奈未遇其人何!"

水鏡曰, "豈不聞孔子云, 十室之邑, 必有忠信. 何謂無人?"

玄德曰, "備愚昧不識, 願求指敎."

水鏡曰, "公聞荊,襄諸郡小兒之謠乎? 其謠曰, '八九年間始欲衰, 至十三年無子遺. 到頭天命有所歸,

---

10 頗賴其力 - 頗는 치우칠 파. 꽤, 상당히. 賴는 힘입을 뢰.

11 皆萬人敵 - 敵은 대항하다, 역량이 맞먹다. 필적하다.

12 乃白面書生耳 非經綸濟世之才也 - 白面書生은 글줄이나 읽을 줄 알았지 세상 경험이 없는 사람. 經綸濟世(경륜제세)는 정치적 식견을 가지고 세상을 濟度하다.

泥中蟠龍向天飛.'此謠始於建安初. 建安八年, 劉景
升喪卻前妻, 便生家亂, 此所謂'始欲衰'也.'無子
遺'者, 謂景升將逝, 文武零落無子遺矣.'天命有歸',
'向天飛.'蓋應在將軍也."

玄德聞言驚謝曰, "備安敢當此!"

水鏡曰, "今天下之奇才, 盡在於此, 公當往求之."

玄德急問曰, "奇才安在? 果係何人?"

水鏡曰, "伏龍鳳雛, 兩人得一, 可安天下."

玄德曰, "伏龍鳳雛, 何人也?" 水鏡撫掌大笑曰,
"好! 好!"

玄德再問時, 水鏡曰, "天色已晚, 將軍可於此暫宿
一宵, 明日當言之."

卽命小童具飲饌相待, 馬牽入後院喂養.

현덕이 말했다.

"저 또한 일찍이 행실을 바로 하며 山谷에 있는 숨은 현인을 만나
려 했습니다만,[13] 아직 그런 분을 못 만났으니 어찌하겠습니까!"[14]

---

13 備亦嘗側身以求山谷之遺賢 – 側은 기울 측. 곁, 옆. 側身은 몸가짐을 조심하다.
遺는 남길 유, 버릴 유. 遺賢은 隱逸(은일), 출사하지 않고 숨어 있는 賢者.

"공자께서도 '작은 마을일지라도 틀림없이 忠信스러운 사람이 있다.'고 하였으니, 어찌 사람이 없다고 말할 수 있겠습니까?

"저는 우매하여 모르고 있으니 좀 가르쳐 주시기 바랍니다."[15]

"公께서도 형주나 양양 일대 여러 郡에서 아이들의 부르는 노래를 아시지 않습니까? 그 노랫말에 '8, 9연간에 쇠퇴하기 시작해서 13년에 남은 자식이 없네.[16] 끝에는 천명이 가는 곳 있으니, 진흙 속에 웅크렸던 용이 하늘로 오르는구나.'[17]라고 하였습니다. 이 노래는 (獻帝) 建安 초년(서기 196년)에 시작되었습니다. 建安 8년(서기 203)에, 劉景升(유경승, 劉表)은 전처를 잃자마자 집안이 어지러워졌으니, 이것이 노래에서 말한 '쇠퇴하기 시작하여'입니다. '남은 것이 없다.'는 말은 유경승이 죽어(서기 208년) 文武 신하가 모두 零落(영락)했기에 남은 사람이 없을 것입니다. '천명의 귀부한다.'는 말이나 '하늘로 날아오른다.'는 말은 아마 모두 장군에게 호응할 것입니다."

현덕이 그 말을 듣고 놀라며 "제가 어찌 그렇겠습니까!"라고 말했다.

---

14 奈未遇其人何 – 奈何(내하)는 어떻게 하나? 奈~何의 문장 형식임(~는 목적어).

15 備愚昧不識, 願求指教 – 昧는 새벽 매. 동틀 무렵. 어둡다. 愚昧(우매)는 어리석고 어둡다. 不識(부지)는 알지 못하다. 指教는 가르침, 지도하다, 가르치다.

16 八九年間始欲衰 至十三年無子遺 – 衰는 쇠약할 쇠. 子은 외로울 혈, 고단할 혈. 遺는 남을 유.

17 泥中蟠龍向天飛 – 泥는 진흙 니(이). 蟠은 서릴 반. 도사리고 있는.

水鏡이 말했다.

"지금 천하의 奇才가 모두 여기에 모였으니 공께서는 직접 찾아 가십시오."

"奇才가 어디에 계십니까? 그런 분이 정말 누구입니까?" [18]

"伏龍(복룡)과 鳳雛(봉추)[19] 두 사람 중 한 사람만 얻어도 천하를 안정시킬 수 있을 것입니다."

"복룡과 봉추란 누구입니까?"

수경선생은 손뼉을 치며 "좋아요! 좋아요!"라며 크게 웃었다.[20]

현덕이 다시 물으려 하자, 수경이 말했다.

"날이 이미 저물었으니 장군께서 이곳에서 하룻밤 쉬시면, 내일 꼭 말씀드리겠습니다."

수경선생은 어린 하인에게 음식을 갖춰 저녁을 대접하였고[21] 적

---

18 果係何人 - 係는 맬 계. ~이다. 是와 同, 文言文에서 사용됨.

19 伏龍鳳雛 - 伏은 엎드릴 복. 伏龍은 숨어 있는 능력자를 의미하나, 여기서는 臥龍, 諸葛亮(제갈량)을 의미. 鳳은 봉새 봉. 鳳雛(봉추)는 鳳의 새끼. 雛는 병아리 추. 어린, 갓 난(鳥類에만 사용). 龐統(방통, 179 - 214년, 字 士元)을 지칭. 방통은 襄陽郡 襄陽縣(今 湖北省 襄陽市 襄州區) 출신. 별호는 鳳雛(봉추). 臥龍 諸葛亮과 함께 유명. 유비는 '臥龍, 鳳雛 二者 중 得一하면 可安 天下라.' 는 司馬徽(사마휘)의 말을 생각하고 방통을 副軍師로 임명한다. 曹魏의 荀彧(순욱)과 荀攸(순유)에 비교될만한 인물. 유비의 軍師中郞將 역임. 적벽대전 중 조조에게 連環計(연환계)를 건의. 落鳳坡(낙봉파)에서 죽었다. 正史《三國志 蜀書》7권,〈龐統法正傳〉에 입전.

20 水鏡撫掌大笑曰 - 撫는 어루만질 무. 치다(拊). 掌은 손바닥 장. 撫掌(무장)은 손뼉을 치다. 拍手.

21 具飲饌相待 - 飲은 마실 음. 饌은 반찬 찬. 음식. 待는 기다릴 대. 대접하다.

로마를 후원으로 끌어다가 여물을 먹이게 하였다.[22]

原文

玄德飮膳畢, 卽宿於草堂之側. 玄德因思水鏡之言,
寢不成寐. 約至更深, 忽聽一人叩門而入, 水鏡曰,
"元直何來?"

玄德起床密聽之, 聞其人答曰, "久聞劉景升善善惡
惡, 特往謁之. 及至相見, 徒有虛名, 蓋善善而不能
用, 惡惡而不能去者也. 故遺書別之, 而來至此."

水鏡曰, "公懷王佐之才, 宜擇人而事, 奈何輕身往
見景升乎? 且英雄豪傑, 只在眼前, 公自不識耳."

其人曰, "先生之言是也."

第三十五回 玄德南漳逢隱淪 單福新野遇英主 中 節錄

國譯

玄德은 식사를 마친 뒤,[23] 곧 草堂의 곁에 있는 별채로 옮겨 자리

---

22 馬牽入後院喂養 – 牽은 끌 견. 喂는 먹일 외(위). 喂養(외양)은 가축을 먹이다, 기
　르다.

23 玄德飮膳畢 – 膳은 반찬 선. 饌(반찬 찬)과 同. 飮膳(음선)은 술과 안주. 식사. 畢
　은 마칠 필.

에 누웠으나 바로 잠을 이룰 수 없었다. 대략 한밤이 되자, 갑자기 어떤 사람이 대문을 두드리고 들어오는데 水鏡이 물었다.

"元直(원직)이 무슨 일인가?"

현덕이 침상에서 일어나 가만히 그 사람의 대답을 들어보았다.

"오래 전부터 劉景升(劉表)이 善을 좋아하고 惡을 미워한다고[24] 들었기에, 찾아가 만나보았더니 다만 虛名뿐이었습니다.[25] 어쩌면, 선인을 좋아하는 하지만 등용하지 못하고, 악인을 미워해도 제거하지 못하는 그런 사람이었습니다. 그래서 서신을 남겨 작별하고 여기로 왔습니다."

그러자 수경이 말했다.

"公은 王者를 보좌할 재능을 갖고 있으니[26] 의당 사람을 골라 섬겨야 하는데, 어찌하여 가벼히 유경승을 찾아가 만났는가?[27] 그리고 英雄豪傑(영웅호걸)은 정말 눈앞에 있는데도 公이 스스로 알아보질 못했을 뿐이요."

그 사람은 "선생의 말씀이 맞습니다."라고 말했다.

---

24 善善惡惡(선선오악) - 좋고 나쁜 것을 분명히 하다.

25 徒有虛名 - 徒는 무리 도. 걷다, 다만, 겨우.

26 公懷王佐之才 - 懷는 품을 회. 宜는 마땅할 의. 王佐之才는 王者를 보좌할만한 재능. 宰相이 될 만한 사람.

27 奈何輕身~ - 奈何(내하)는 어찌(如何), 왜? 어찌 하겠는가?(反問).

36 元直走馬薦孔明
<small>원 직 주 마 천 공 명</small>

서서는 말을 달려와 공명을 천거하다.

水鏡선생 집에서 현덕은 徐庶〔서서, 單福(선복)〕를 만난 뒤, 徐庶의 도움으로 樊城(번성)을 차지한다. 그러나 조조의 모사 程昱(정욱)의 책략으로 모친의 가짜 편지를 받은 서서는 許都로 돌아간다.

서서는 현덕과 헤어지면서 제갈량을 천거하면서 현덕에게 직접 방문하라고 권유한다. 현덕과 서서의 이별 장면은 매우 상세 장황하게 서술되었다. 이는 유비가 인재를 아끼면서도 다정다감한 군자라는 뜻을 강조하려는 의도일 것이다. 그리고 극적으로 구성되었다.

서서는 안 보일 정도로 멀리 가다가 되돌아와서 제갈량을 천거한다. 사실 자신은 후임의 천거는 헤어지면서 해결해야 할 가장 중요한 일일 것이다. 그런데 마치 자신의 주머니 속에 갖고 있던 물건을 깜박 잊고 있다가 되돌려주듯 말하고 다시 떠나간다. 이는 독자나 청중의 관심을 끌기 위한 작자의 의도일 것이다.

原文

玄德不忍相離, 送了一程, 又送一程. 庶辭曰, "不勞使君遠送, 庶就此告別." 玄德就馬上執庶之手曰,

"先生此去, 天各一方, 未知相會却在何日!"

說罷, 淚如雨下. 庶亦涕泣而別. 玄德立馬於林畔, 看徐庶乘馬與從者匆匆而去. 玄德哭曰, "元直去矣! 吾將奈何?"

凝淚而望, 却被一樹林隔斷. 玄德以鞭指曰, "吾欲盡伐此處樹木."

衆問何故玄德曰, "因阻吾望徐元直之目也."

正望間, 忽見徐庶拍馬而回. 玄德曰, "元直復回, 莫非無去意乎?"

遂欣然拍馬向前迎問曰, "先生此回, 必有主意?"

庶勒馬謂玄德曰, "某因心緒如麻, 忘却一語. 此間有一奇士, 只在襄陽城外二十里隆中. 使君何不求之?"

玄德曰, "敢煩元直爲備請來相見."

玄德은 차마 헤어질 수가 없어[1] 1리를 더 따라 가고, 또 1리를 따라갔다. 徐庶(서서)[2]가 인사를 하며 말했다.

1 不忍相離 – 不忍은 차마 ~ 하지 못하다. 離는 떠날 리.
2 徐庶(서서, 字 元直) – 原名은 福(복). 한미한 가문 출신. 《三國演義》에서는 서서의

"使君께서 멀리 송별하시는 폐를 더 끼칠 수 없어 저는 여기서 떠나겠습니다."

그러자 현덕은 서서의 말에 다가가 서서의 손을 잡고 말했다.

"이번에 선생과 헤어지면 서로 다른 하늘일 것이니 언제 서로 만날지 알 수 없구려!"

말을 마친 현덕은 눈물을 비 오듯 흘렸다. 서서 역시 눈물을 흘리면서 떠나갔다. 玄德은 숲가에 말을 세우고[3] 서서가 말을 타고 그 일행과 함께 총총히 떠나가는 것을 바라보았다.[4] 현덕이 울먹이며 말했다.

"元直이 떠나갔구나! 나는 이제 어찌 해야 하나?"

눈물을 머금고 바라보던 현덕은 서서 일행이 수풀에 가려지자[5] 채찍으로 가리키며 말했다.

"저 숲의 나무를 모두 베어버리고 싶구나."

여러 사람이 현덕에게 까닭을 묻자, 현덕이 말했다.

"저 숲이 徐元直이 떠나는 모습을 가리기 때문이다."[6]

본명이 單福(선복, 單은 성 선)으로 나왔다. 豫州 潁川郡 長社縣(今 河南省 許昌市) 출신. 서서는 제갈량을 추천한 뒤에 모친 때문에 조조에 귀부했지만, 조조는 서서를 크게 발탁하지 않았다. 서서는 魏 文帝 黃初 연간에 右中郎將, 御史中丞을 역임했다.

3 立馬於林畔 – 畔은 밭두둑 반. 강이나 도로 등의 가장자리. 境界.

4 匆匆而去 – 匆은 바쁠 총. 匆匆은 분주한 모양.

5 却被一樹林隔斷 – 隔은 사이 뜰 격, 막힐 격. 隔斷(격단)은 가로막다.

6 因阻吾望~ – 阻는 막을 조.

서서를 멀리 바라보고 있는데, 갑자기 서서가 되돌아 말을 달려 오기 시작했다. 현덕이 말했다.

"원직이 돌아오는데 떠날 마음이 없어진 것 아닌가?"[7]

그리고서는 현덕도 기뻐하며 서서에게 달려가 물었다.

"선생이 돌아왔으니 틀림없이 무슨 일이 있습니까?"

서서는 현덕 가까이 와서 말했다.

"제 심사가 실타래처럼 엉켜 말씀 드리지 못한 일이 있습니다.[8] 이 근처에 奇才(기재) 한 분이 사시는데 바로 양양성 밖 20리 되는 隆中 (융중)이란 곳입니다.[9] 사군께서 찾아가 보지 않으시겠습니까?"

현덕이 말했다.

"번거롭겠지만[10] 원직께서 내가 그분을 만날 수 있게 불러 주십 시오."

庶曰, "此人不可屈致, 使君可親往求之. 若得此人,

---

7 莫非無去意乎 — 莫非(막비)는 설마 ~란 말인가?, 혹시 ~이 아닐까?, ~임에 틀림 없다, ~아닌 것이 없다.(추측이나 반문을 표시)

8 某因心緒如麻 — 緒는 실마리 서. 心緒는 마음, 생각. 麻는 삼 마. 삼베 가닥.

9 襄陽城外二十里隆中 — 隆은 땅 높을 융, 높일 융. 성대하다. 隆中은 제갈량이 거 주하는 마을 이름.

10 敢煩元直爲備~ — 敢은 감히 ~ 하다. 煩은 괴로울 번. 번거롭다, 힘들겠지만.

無異周得呂望，漢得張良也."玄德曰,"此人比先生
才德何如?"

庶曰,"以某比之，譬猶駑馬並麒麟，寒鴉配鸞鳳耳.
此人每常自比管仲,樂毅.以吾觀之，管,樂殆不及此
人.此人有經天緯地之才，蓋天下一人也."玄德喜曰,
"願聞此人姓名."

庶曰,"此人乃瑯琊陽都人，復姓諸葛，名亮，字孔
明.乃漢司隸校尉諸葛豐之後.其父名珪，字子貢，爲
泰山郡丞，早卒.亮從其叔玄.玄與荆州劉景升有舊,
因往依之，遂家於襄陽.後玄卒，亮與弟諸葛均躬耕
於南陽，嘗好爲梁父吟.所居之地，有一岡，名臥龍
岡，因自號爲臥龍先生.此人乃絕代奇才，使君急宜
枉駕見之.若此人肯相輔佐，何愁天下不定乎?"

玄德曰,"昔水鏡先生曾爲備言,'伏龍鳳雛，兩人得
一，可安天下.'今所云莫非卽伏龍鳳雛乎?"

庶曰,"鳳雛乃襄陽龐統也.伏龍正是諸葛孔明."

玄德踴躍曰,"今日方知伏龍鳳雛之語.何期大賢只
在目前.非先生言，備有眼如盲也!"

第三十六回 玄德用計襲樊城 元直走馬薦諸葛 中 節錄

徐庶走馬薦諸葛(서서주마천제갈)

繡像 三國志演義(수상 삼국지연의) – 上海 鴻文書局 印行, 국립중앙도서관 소장

徐庶가 말했다.

"이 사람은 사람을 시켜 찾아오게 할 수 없으니[11] 使君께서 친히

---

11 此人不可屈致 – 屈은 굽힐 굴. 屈致(굴치)는 섭섭하게 초청하다(委屈招致의 줄임).

찾아가서 모셔야 합니다. 만약 이 사람을 모셔올 수만 있다면 周 문왕이 呂望(呂尙, 太公望)을 얻고 漢 高祖가 張良(장량)을 얻은 것과 같을 것입니다."[12]

그러자 현덕이 물었다.

"이 분의 才德을 선생에 비한다면 어떠합니까?"

서서가 말했다.

"저를 이 사람에 譬喩(비유)하자면, 駑馬(노마)가 麒麟(기린)과 나란히 서 있고, 寒鴉(한아, 까마귀)가 鸞鳳(난봉)과 짝이 되는 것과 같을 것입니다.[13] (徐庶는 駑馬이며 寒鴉이기에 비교가 안 된다는 뜻.) 이 사람은 늘 자신을 管仲(관중)과 樂毅(악의)[14]와 비슷하다고 생각하고 있습니다. 그러나 제가 볼 때, 관중과 악의가 아마 이 사람을 따라오지 못할 것입니다.[15] 이 분은 經天緯地(경천위지)의 재능

---

12 無異周得呂望 漢得張良也 - 周는 周나라의 文王과 실질적 건국자인 武王(文王의 아들). 呂望(여망)은 呂尙(여상, 太公望), 呂尙은 文王, 武王을 도와 周 건국에 공헌. 漢은 漢 高祖 劉邦. 張良(장량, 字 子房)은 項羽(항우)를 타도. 漢初 三杰(삼걸, 蕭何, 張良, 韓信)의 한 사람.

13 譬猶駑馬並麒麟, 寒鴉配鸞鳳耳 - 譬는 비유할 비. 駑는 둔할 말 노. 並은 나란할 병. 나란히 서다. 麒는 기린 기. 수컷 기린. 仁獸. 麟은 암 기린 린. 鴉는 까마귀 아. 寒鴉는 갈 까마귀. 鸞은 난새 난(란). 봉황과 비슷한 傳說上의 靈鳥.

14 管仲(관중)과 樂毅(악의) 管仲(관중, 前 725 - 645년, 名 夷吾, 字 仲) - 春秋時代 齊의 宰相, 桓公(환공)이 전 중국의 패권을 장악하도록 도왔다. 春秋시대 法家의 대표 인물. 중국 재상의 典範, 管鮑之交(관포지교)의 주인공. 《史記 管仲列傳》이 있다. 樂毅(악의, 생졸년 미상) - 戰國時代 燕의 大將, 趙, 韓, 魏, 楚, 燕의 5國 군대를 연합해 齊를 大破하고 70餘 城을 빼앗아 威名을 떨쳤다.

15 管樂殆不及此人 - 殆는 위태로울 태. 거의, 대개, 대체로, 아마도.

이니[16] 아마 천하에 제1일 것입니다."

현덕은 좋아하며 "그분의 성명은 알고 싶습니다."라고 말했다. 이에 서서가 말했다.

"이 분은 瑯琊郡(낭야군) 陽都縣(양도현) 사람인데,[17] 복성으로 諸葛(제갈)이며 이름은 亮(량)[18]이고, 字는 孔明(공명)입니다. 바로 前漢 司隸校尉(사예교위)이었던 諸葛豐(제갈풍)[19]의 후손입니다. 이 분의 부친 이름은 珪(규), 字는 子貢(자공, 正史에는 君貢)인데 泰山 郡丞

---

16 經天緯地 – 經은 씨날 경. 세로의 줄. 緯는 씨 위. 가로의 줄(실). 경천위지는 천하를 다스리다. 재능이 대단히 뛰어나다.

17 乃瑯琊陽都人 – 瑯은 옥돌 낭(랑), 琊는 땅이름 야. 徐州 관할 瑯琊(琅邪)는 군명. 치소는 開陽縣, 今 山東省 남부의 臨沂市(임기시). 陽都縣(양도현)은, 今 山東省 남부 臨沂市 沂南縣에 해당.

18 諸葛亮(제갈량, 181 – 234년10월) – 諸는 모두 제. 온갖, 여러. 葛은 칡 갈. 亮은 밝을 량. 드러내다. 諸葛은 複姓. 琅邪(낭야) 諸葛氏. 중국 역사상 저명한 정치가, 군사전략의 1인자, 발명가이며 문장가. 청년 시기에 南陽郡에서 농사지으며 독서, 그 지역에서 臥龍(와룡)이라는 별호로 통칭. 유비의 三顧茅廬(三顧草廬)를 받고, 출사하여 蜀漢의 건립과 안정을 이룩했다. 작위는 武鄕侯, 先主 및 後主 劉禪(유선)을 보필, 5차에 걸친 북벌 曹魏, 五丈原에서 他界, 시호는 忠武이다. 제갈량의 재능과 인격은 후세의 존경을 받았으니, 그의 일생은 '鞠躬盡瘁(국궁진췌)하여 死而後已(사이후이)라.'고 한마디로 요약할 수 있다. 중국인들에게 충신과 지혜의 대표적 인물로 각인되었는데, 이런 이미지는 아마 앞으로도 바뀌지 않을 것이다.

19 諸葛豐(제갈풍, 字는 少季) – 琅邪郡(낭야군) 사람이다. 明經으로 郡의 文學이 되었는데 강직하기로 특별히 이름이 났다. 貢禹(공우)가 어사대부가 되자, 제갈풍을 속리로 삼았다가 侍御史(시어사)에 천거하였다. 前漢 元帝가 제갈풍을 발탁하여 司隸校尉(사예교위)에 임명하였는데 사람을 가리지 않고 죄지은 자를 검거하였기에 長安 사람들이 이를 두고 '이 넓은 세상에 하필 제갈풍을 만났다.(間何闊, 逢諸葛.)'고 하였다. 《漢書》77권, 〈蓋諸葛劉鄭孫毋將何傳〉에 입전.

(군승, 泰山郡 副郡守)이었지만 일찍 죽었습니다.[20] 제갈량은 그 숙부인 諸葛玄(제갈현)을 따라왔습니다. 제갈현과 荊州刺史(자사)인 劉景升(유경승, 劉表)이 친했기에 형주로 찾아왔다가 결국 襄陽(양양)에 살게 되었습니다. 뒷날 숙부인 제갈현도 죽자, 제갈량은 동생인 諸葛均(제갈균)과 함께 이곳 南陽郡에 직접 농사를 지으면서[21] 梁父吟(양보음)[22]을 즐겨 읊고 있습니다. 제갈량이 사는 곳에 작은 언덕이 하나 있는데, 이름이 臥龍岡(와룡강)[23]이라서 제갈량은 스스로 臥龍先生을 자칭하고 있습니다. 이 분은 絶代[24]의 奇才이니 使君께서 서둘러 급히 찾아가 만나십시오.[25] 만약 이 분이 사군을 돕겠다

---

20 부친 諸葛珪(제갈규, ?‒187년, 字가 君貢)는 後漢末에 太山郡丞(태산군승, 태산군 副郡守)였다. 제갈량은 어려 부친을 여의었는데(제갈량의 母親 章氏는 제갈규보다 먼저 죽었다), 從父(종부, 叔父)인 諸葛玄(제갈현, ?‒197년)이 袁術(원술)에 의해 豫章 태수가 되자, 제갈현은 제갈량과 동생 諸葛均(제갈균)을 데리고 부임하였다. 마침 漢朝에서는 朱皓(주호)를 선임하여 제갈현을 후임으로 발령하였다. 제갈현은 평소에 荊州牧인 劉表(유표)와 친분이 있어 유표를 찾아가 의지하였다.

21 제갈량에게는 친형 諸葛瑾(제갈근, 174‒241년, 字 子瑜)이 있었는데, 제갈근은 東吳에 출사하였다. 동생 諸葛均(제갈균)은 와룡강에서 제갈량과 함께 생활하다가 나중에 蜀漢에 출사하여 長水校尉를 역임했다.

22 梁父吟(양보음, 梁甫吟) ‒ 泰山 동쪽 梁父山 일대에 전하는 民謠(민요), 작자 無名氏. 주 내용은 齊國 宰相 晏嬰(안영)의 공적을 칭송하는 노래지만, 그 뜻을 다양하게 해석할 수 있다. 諸葛亮의 부친 諸葛珪가 梁父 縣尉를 역임했기에 回鄕의 뜻으로도 새길 수 있다. 본래 泰山에서는 하늘에, 梁甫에서는 땅에 대한 제사를 지냈으며, '人死葬梁甫山'이라 하였다.

23 名臥龍岡 ‒ 岡은 산등성이(山脊) 강, 小山也.

24 此人乃絶代奇才 ‒ 絶代는 當代에 견줄만한 것이 없다. 絶世와 同.

25 使君急宜枉駕見之 ‒ 枉은 굽을 왕. 굽히다, 자신을 낮추다. 駕는 멍에 가. 수레. 枉駕는 枉臨(왕림)하다. 자신을 낮추면서 찾아가다.

면 천하 평정을 어찌 걱정하시겠습니까?"

玄德이 말했다.

"그전에 水鏡先生이 내게 말한 '伏龍(복룡)이나 鳳雛(봉추), 둘 중 한 사람만 얻어도 천하를 안정시킬 수 있다.'고 하였습니다. 지금 말한 그분이 바로 복룡이나 봉추가 아닙니까?"[26]

서서가 말했다. "봉추는 襄陽(양양) 땅의 龐統(방통)입니다. 복룡이 바로 諸葛孔明입니다."

현덕은 크게 좋아하며 말했다.[27]

"오늘에서야 복룡과 봉추의 뜻을 알았습니다. 그렇게 위대한 현인이 눈앞에 계신 줄 어찌 생각했겠습니까? 선생의 말이 아니었으면, 유비는 눈이 있어도 盲人(맹인)과 같을 것입니다!"

---

26 今所云莫非卽~ - 莫非는 ~이 아닌 것이 없다.

27 玄德踴躍曰 - 踴은 뛸 용. 춤추다. 踊과 같음. 躍은 뛸 약. 가볍게 뛰다.

유 현 덕 삼 고 초 려
37 劉玄德三顧草廬
유현덕이 삼고초려하다.

> 徐庶가 떠난 뒤 司馬徽(사마휘)가 玄德을 한 번 더 찾아온다. 사마휘
> 는 떠나면서 현덕의 확고한 의지를 보고서 "臥龍(와룡)이 드디어 得
> 其主했으나 不得其時하니, 惜哉(석재)라!" 하면서 仰天大笑(앙천대소)
> 한다.
> 이후에 현덕은 臥龍岡(와룡강)을 찾아가나 두 번 헛걸음한다. 그러나
> 소설에서는 헛걸음을 하는 과정도 아주 상세히 묘사하여 諸葛亮(제
> 갈량)에 대한 관심을 최대한 끌어 올린다.

原文

玄德來到莊前, 下馬親叩柴門, 一童出問.

玄德曰, "漢左將軍 宜城亭侯 領豫州牧 皇叔劉備
特來拜見先生."

童子曰, "我記不得許多名字."

玄德曰, "你只說劉備來訪." 童子曰, "先生今早少
出."

玄德曰, "何處去了?" 童子曰, "蹤跡不定, 不知何處去了."

玄德曰, "幾時歸?" 童子曰, "歸期亦不定, 或三五日, 或十數日."

玄德惆悵不已. 張飛曰, "旣不見, 自歸去罷了."

玄德曰, "且待片時." 雲長曰, "不如且歸, 再使人來探聽."

玄德從其言, 囑付童子, "如先生回, 可言劉備拜訪."

遂上馬, 行數里, 勒馬回觀隆中景物, 果然 山不高而秀雅, 水不深而澄淸. 地不廣而平坦, 林不大而茂盛. 猿鶴相親, 松篁交翠, 觀之不已.

國譯

玄德이 제갈량의 집에 와서 말에서 내려 직접 사립문을 두드리자[1] 동자가 나와 물었다. 이에 현덕이 말했다.

"나는 漢의 左將軍으로 宜城亭侯(의성정후)이고 豫州牧을 겸임하는 皇叔인 유비인데 선생을 뵙고자 이렇게 왔도다."

그러자 동자가 말했다.

"저는 그렇게 많은 이름을 외울 수가 없습니다."

---

1 下馬親叩柴門 - 叩는 두드릴 고. 柴는 땔나무 시. 柴門은 사립문.

"너는 유비가 찾아왔다고 말씀드려라."

"선생님께서는 오늘 아침 일찍 외출하셨습니다."

"어디에 가셨는가?"

"가시는 곳이 일정치 않아[2] 어디로 가셨는지 모릅니다."

"언제 돌아오시는가?"

"귀가할 기간도 일정하지 않습니다. 때로는 3~5일, 혹은 십여 일만에도 돌아오십니다."

玄德은 그저 실망할 뿐이었다.[3] 그러자 장비가 말했다.

"기왕 만날 수 없으니 그냥 돌아가야 합니다."[4]

"조금만 더 기다려 보자."[5]

그러자 운장이 말했다.

"일단 돌아갔다가 사람을 보내 알아보는 것이 좋을 것 같습니다."

현덕은 운장의 말에 따라 동자에게 부탁하였다.

"선생께서 돌아오시면 유비가 찾아왔었다고 말씀드려라."

일행은 말에 올라 몇 리를 가다가 말을 멈추고 隆中(융중)의 경치를 돌아보았는데,[6] 산은 높지 않아도 빼어나고, 물은 깊지 않아도

---

2 蹤跡不定 – 蹤은 자취 종. 跡은 자취 적. 蹤跡(종적)은 발자취, 밟아 따라가다.

3 玄德惆悵不已 – 惆는 실망할 추. 悵은 슬퍼할 창. 惆悵(추창)은 실망하는 모양. 不已는 ~해 마지 않다.

4 自歸去罷了 – 罷는 그만둘 파. 罷了는 ~일 뿐이다. 그냥 돌아가면 됩니다.

5 且待片時 – 아쉬움이 많아 금방 돌아가기가 서운하다는 뜻. 片時는 잠깐, 잠시.(片刻과 同)

6 勒馬回觀隆中景物 – 勒馬(늑마)는 고삐를 당겨 말을 멈추게 하다. 景物은 풍경, 풍물.

劉玄德三顧茅廬(유현덕삼고모려)
繡像 三國志演義(수상 삼국지연의) – 上海 鴻文書局 印行, 국립중앙도서관 소장

맑았다. 경작지는 넓지 않아도 평탄하고, 수풀은 광대하지 않아도 무성했다. 원숭이와 학이 어울려 놀고, 소나무와 대나무가 섞여 푸르니 볼만한 것이 많았다.[7]

原文

(前略) 三人回至新野, 過了數日, 玄德使人探聽孔明. 回報曰, "臥龍先生已回矣." 玄德便敎備馬.

張飛曰, "量一村夫, 何必哥哥自去? 可使人喚來便了."

玄德叱曰, "汝豈不聞孟子云, '欲見賢而不以其道, 猶欲其入而閉之門也.' 孔明當世大賢, 豈可召乎?"

遂上馬再往訪孔明. 關張亦乘馬相隨. 時値隆冬, 天氣嚴寒, 彤雲密布. 行無數里, 忽然朔風凜凜, 瑞雪霏霏, 山如玉簇, 林似銀粧. 張飛曰, "天寒地凍, 尚不用兵, 豈宜遠見無益之人乎? 不如回新野以避風雪."

玄德曰, "吾正欲使孔明知我慇懃之意. 如弟輩?冷, 可先回去."

---

7 猿鶴相親 松篁交翠 – 猿은 원숭이 원. 篁은 대나무 황, 대 숲. 翠는 푸를 취.

飛曰, "死且不怕, 豈怕冷乎? 但恐哥哥空勞神思."

玄德曰, "勿多言, 只相隨同去."

國譯

(前略)[8]

3인이 新野縣으로 돌아와 며칠을 지낸 뒤, 현덕은 사람을 보내 공명의 소식을 알아보았다. "臥龍先生이 돌아왔습니다."는 소식이 왔다. 현덕은 바로 말을 준비케 하였다. 그러자 장비가 말했다

"村夫 하나 때문에 하필 형님이 직접 가셔야 합니까? 사람을 보내 불러 오면 됩니다."[9]

현덕이 질책했다.

"자네는 '현인을 만나려 하면서 정도를 다르지 않는다면 들어오기를 바라면서 문을 닫는 것과 마찬가지라.'는 孟子(맹자)의 말을 들어보지도 못했느냐?[10] 공명은 이 시대의 大賢이시니 어찌 오라고 부를 수 있겠느냐?"

그리고는 말에 올라 다시 공명을 만나러 갔다. 관우와 장비도 말

---

8 (前略) - 諸葛亮의 친우인 崔州平과 劉備의 대화 내용. 博陵(박릉)의 崔州平(최주평, 생졸년 미상. 이름 失傳, 州平은 그의 字) - 博陵(박릉) 安平縣(今 河北省 남부 衡水市 安平縣) 출신, 後漢 太尉를 역임한 崔烈(최열)의 아들. 《三國演義》에서는 유비가 三顧茅廬(삼고모려)할 때 제일 먼저 최주평을 만나 제갈량인 줄 알았다. 두 번째 갔을 때는 제갈량이 최주평과 함께 외출하였기에 만나지 못한다.

9 可使人喚來便了 - 喚은 부를 환. 喚來는 불러서 오게 하다.

10 欲見賢而不以其道 ~ -《孟子 萬章 下》에 나오는 말.

을 타고 뒤따랐다. 그때는 한겨울이라서 날이 몹시 추웠고[11] 눈이 내릴 듯 짙은 구름이 꽉 껴있었다.[12] 몇 리를 가지도 못했는데, 갑자기 북풍이 매섭게 불고 흰 눈이 휘날리니[13] 산들은 옥돌을 모아 놓은 것 같고, 숲은 은으로 단장한 것 같았다.[14] 그러자 장비가 말했다.

"날은 춥고 땅이 얼면 군사도 움직이지 않는데, 어찌 무익한 사람을 만나러 멀리까지 가야겠습니까? 新野로 돌아가 눈보라를 피해야 합니다."

현덕이 말했다.

"나는 공명에게 나의 정성을 보여줘야 한다.[15] 아우들이 추위가 두려우면[16] 먼저 돌아가게나."

장비가 말했다.

"죽음도 두렵지 않거늘, 어찌 추위를 겁내겠습니까? 다만 형님께서 헛고생하며 마음 쓰는 것이 걱정입니다."[17]

---

11 時值隆冬 – 值는 값 치. ~를 만나다, ~때를 만나다. 隆冬(융동)은 한겨울.

12 彤雲密布 – 彤은 붉을 동. 彤雲은 짙은 구름, 붉은 노을(구름). 陰雲.

13 忽然朔風凜凜 瑞雪霏霏 – 朔은 초하루 삭, 북쪽 삭. 朔風은 북풍. 凜은 찰 늠(름). 凜凜(늠름)은 매섭게 춥다, 위엄이 있는. 瑞는 상서로울 서. 瑞雪(서설)은 때맞춰 내리는 눈. 霏는 비나 눈이 오는 모양 비. 霏霏(비비)는 비나 눈이 매우 많이 내리다. 날아 흩어지다.

14 山如玉簇 林似銀妝 – 簇은 가는 대나무 족, 화살촉 촉. 무리, 떨기로 모여 자라다. 妝은 꾸밀 장. 분바르다, 단장하다.

15 我慇懃之意 – 慇은 아플 은. 懃은 정성 근. 慇懃(은근)은 정성스럽다. 은근히.

16 如弟輩怕冷 – 如는 만일, 또는, 그리고. 怕는 두려울 파.

17 但恐哥哥空勞神思 – 哥는 노래 가, 姓을 부를 가. 哥哥(가가)는 형, 오빠(남녀 모두에 사용). 여자가 애인이나 남편을 부르는 애칭. 아우는 弟弟. 空勞는 헛고생.

"여러 말 하지 말고 따라올 테면 같이 가세."

（前略）玄德待其歌罷, 上草堂施禮曰, "備久慕先生, 無緣拜會. 昨因徐元直稱薦, 敬至仙莊, 不遇空回. 今特冒風雪而來, 得瞻道貌, 實爲萬幸!"

那少年慌忙答禮曰, "將軍莫非劉豫州, 欲見家兄否?"

玄德驚訝曰, "先生又非臥龍耶?"

少年曰, "某乃臥龍之弟諸葛均也. 愚兄弟三人, 長兄諸葛瑾, 現在江東孫仲謀處爲幕賓. 孔明乃二家兄."

玄德曰, "臥龍今在家否?"

均曰, "昨爲崔州平相約, 出外閒遊去矣."

玄德曰, "何處閒遊?"

均曰, "或駕小舟, 游於江湖之中. 或訪僧道於山嶺之上, 或尋朋友於村落之間. 或樂琴棋於洞府之内. 往來莫測, 不知去所."

玄德曰, "劉備直如此緣分淺薄, 兩番不遇大賢!"

均曰, "小坐獻茶."

張飛曰, "那先生旣不在, 請哥哥上馬."

玄德曰, "我旣到此間, 如何無一語而回?"

第三十七回 司馬徽再薦名士 劉玄德三顧草廬 中 節錄

國譯

(前略)[18]

현덕은 그 노래가 끝나기를 기다렸다가 초당에 올라 예를 표하고 서 말했다.

"저는 오랫동안 선생을 흠모하였으나 뵐 인연이 없었습니다. 그전에 徐元直(徐庶)의 칭송과 천거가 있어 삼가 여기를 찾아왔었지만[19] 만나지 못하고 돌아갔습니다. 오늘 風雪을 무릅쓰고 찾아와 도인의 모습을 뵈오니[20] 정말 큰 기쁨입니다!"

그 젊은 사람이 황망히 답례하며 말했다.

"장군께서는 바로 저의 가형을 뵈러 오셨던 劉豫州가 아니십니까?"

---

18 (前略) - 臥龍의 友人 石廣元과 孟公威의 詩歌와 대화, 그리고 孔明의 아우 諸葛均이 부르는 노래.

19 敬至仙莊 - 敬은 삼가, 副詞로 쓰였다. 仙莊은 仙人의 집, 諸葛亮의 집.

20 得瞻道貌 - 瞻은 볼 첨. 뵙다.

그러자 현덕이 놀라 이상히 여겨 물었다.

"선생은 臥龍이 아니십니까?"

"저는 와룡의 동생인 諸葛均(제갈균)입니다. 저의 형제가 셋인데, 長兄이신 諸葛瑾(제갈근)은 지금 江東에서 孫仲謀(손중모, 孫權) 아래서 막료로 있습니다. 孔明은 저의 둘째 형이십니다."

"臥龍선생께서는 지금 안 계십니까?"

"어제 崔州平과 약속이 있어 놀러 외출하셨습니다."

"어디로 놀러 가셨습니까?"

"간혹 작은 쪽배로 江湖에 노닙니다.[21] 때로는 산속으로 고승이나 도사를 찾아가거나, 가끔은 마을로 벗을 방문합니다.[22] 아니면 초막에서 琴(금)을 타거나 바둑을 둡니다.[23] 그 왕래를 예측할 수 없어 계신 곳을 알 수 없습니다."

이에 현덕이 탄식하였다.

"유비가 이처럼 연분이 천박하여 두 번이나 大賢을 만나지 못하다니!"

제갈균은 "잠시 계시면 차를 올리겠습니다."

장비가 재촉했다.

"그 선생이 없다 하니 형님께서는 빨리 돌아가십시다."

---

21 或駕小舟 - 駕는 멍에 가. 탈 것, 타다, 몰다.
22 或尋朋友於村落之間 - 尋은 찾을 심. 방문하다.
23 或樂琴棋於洞府之內 - 棋는 바둑 기. 碁와 同. 洞府는 洞窟(동굴), 신선이 사는 곳. 도사의 거처.

현덕이 말했다.

"내가 여기까지 왔는데 어찌 말 한마디 없이 돌아가겠는가?"[24]

---

24 劉備는 자신의 간절한 뜻을 孔明에게 편지로 남기고 돌아가려 할 때, 孔明의 장인 黃承彦(황승언)을 만난다. 《襄陽記》에 의하면, 黃承彦(황승언)은 南陽의 명사였는데 제갈량에게 말했다. "내가 듣기로, 자네가 擇婦한다는데 나에게 못생긴 딸이 하나 있어 노랑머리에 안색도 검지만, 재주가 있으니 짝이 될 만하네." 이에 제갈량이 결혼했는데 그곳 마을 사람들에게 '孔明처럼 장가들지 말지어니(莫作孔明擇婦), 바로 황승언의 못난 딸을 얻는다(正得阿承醜女).' 는 속언이 퍼졌다고 한다. 제갈량의 부인 황씨는 천문, 지리에 밝았고(上通天文下察地理), 韜略(도략)과 遁甲(둔갑)에 관한 모든 책을 섭렵한(凡韜略遁甲諸書 無所不曉) 奇才였다. 제갈량의 모든 학문이 황씨의 도움으로 대성할 수 있었다고 한다. 뒷날 제갈량이 죽자 황씨도 따라 죽었는데, 황씨는 운명하면서 아들 제갈첨에게 "충효에 힘쓰라"고 유언하였다.

초 당 상 공 명 주 침

38 草堂上孔明畫寢

草堂에서 孔明이 낮잠을 자다.

우리는 보통 三顧草廬(삼고초려)라 하지만 漢語辭典에는 三顧茅廬(삼고모려)로 나온다. 茅는 '띠'를 말하는데, 多年生 풀이다. 곧 '띠로 덮은 집'이니 草堂, 草廬(초려, 廬는 오두막집 려)이다. 삼고초려에 대한 부차적 설명은 '극진한 예를 갖추어 초빙하다'이다. 우리가 보통 사용하는 삼고초려는 제갈량이 曹魏 정벌에 앞서 後主에게 올린 〈出師表〉의 '先帝께서는 저를 비천하다 여기지 아니하고 황공하게도 몸을 낮추시어, 臣의 초가로 세 번이나 찾아오셔서(三顧臣於草廬之中), 臣에게 당시 정세에 관하여 물으셨습니다.'에서 나온 말이다. 소설에 묘사된 유비의 지극한 정성을 절록했다.

原文

離草廬半里之外, 玄德便下馬步行, 正遇諸葛均. 玄德忙施禮, 問曰, "令兄在莊否?"

均曰, "昨暮方歸. 將軍今日可與相見." 言罷, 飄然自去.

玄德曰, "今番僥倖, 得見先生矣!"

張飛曰, "此人無禮! 便引我等到莊也不妨! 何故竟自去了!"

玄德曰, "彼各有事, 豈可相强?"

三人來到莊前叩門, 童子開門出問.

玄德曰, "有勞仙童轉報, 劉備專來拜見先生."

童子曰, "今日先生雖在家, 但現在草堂上畫寢未醒."

玄德曰, "旣如此, 且休通報."

分付關張二人, 只在門首等着. 玄德徐步而入, 見先生仰臥於草堂几席之上. 玄德拱立階下.

國譯

(제갈량의) 草廬(초려) 반리를 남겨두고[1] 玄德은 바로 말에서 내려 걸어가다가 마침 諸葛均(제갈균)을 만났다. 현덕은 황망히 인사를 하며 "형님께서는 댁에 계십니까?"라고[2] 물었다. 제갈균이 대답했다.

---

1 離草廬半里之外 – 廬는 오두막집 여(려). 劉備가 세 번째로 孔明을 찾아갈 때는 建安 13년(서기 208년) 봄이었다.

2 令兄在莊否 – 否는 의문문 말미에 붙어 의문을 표시하는 助詞. 口語의 麽(ㅁ me), 嗎(mà)와 같다.

"어제 저녁 때 마침 귀가하셨습니다. 장군께서는 오늘 만나실 수 있습니다."

말을 마친 제갈균은 飄然(표연)히 갈 길을 갔다.[3] 현덕은 "이번엔 다행히도 선생을 만나보겠다!"라고[4] 말했다. 그러자 장비가 말했다.

"저 사람이 무례하군! 우리를 집까지 안내하고 가도 되잖은가![5] 어찌 그냥 혼자 가버리는가!"[6]

현덕이 말했다.

臥龍崗(와룡강)
河南省 서남부 南陽市 臥龍區

"저 사람도 자기 일이 있거늘 어찌 강요할 수 있겠나?"

세 사람이 초려에 도착하자 童子가 사립문을 열고 나와 물었다.

---

3 飄然自去 – 飄는 회오리바람 표. 飄然(표연)은 둥실 떠가는 모양, 훌쩍 가버리다.

4 今番僥倖 – 僥는 요행 요. 倖은 요행 행. 僥倖(요행)은 운이 좋다, 다행히.

5 便引我等到莊也不妨 – 我等은 우리들. 也는 문장 가운데에서 語氣를 잠깐 멈추는 의미로 쓰였다. 不妨은 무방하다, 괜찮다.

6 何故竟自去了 – 竟은 다할 경. 다만, ~뿐, ~만, 의외에.

현덕이 말했다.

"어렵겠지만 유비가 선생을 뵈러 왔다고 전해주게나."

동자가 말했다.

"오늘은 선생님께서 계시지만, 지금 초당에서 낮잠을 주무시는데 아직 안 일어나셨습니다."[7]

"그렇다면 아직은 알리지 마라."

현덕은 관운장과 장비 두 사람에게 밖에서 기다리게 하였다. 그리고 현덕은 천천히 걸어 들어갔는데, 선생은 초당의 침석 위에 반듯하게 누워 잠을 자고 있었다.[8] 현덕은 계단 아래에서 두 팔을 모으고 서있었다.[9]

半晌, 先生未醒. 關張在外立久, 不見動靜, 入見玄德, 猶然侍立. 張飛大怒, 謂雲長曰, "這先生如何傲慢! 見我哥哥侍立階下, 他竟高臥, 推睡不起! 等我去屋後放一把火, 看他起不起!"

---

7 晝寢未醒 - 晝寢(주침)은 낮잠. 醒은 깰 성. 잠에서 깨다.

8 見先生仰臥於草堂几席之上 - 이 문장은 피동문. 几는 안석 궤. 几席(궤석)은 낮은 침상. 仰臥는 반듯하게 누워있다.

9 拱立階下 - 拱은 두 손 맞잡을 공.

雲長再三勸住. 玄德仍命二人出門外等候. 望堂上時, 見先生翻身將起, 忽又朝裡壁睡着. 童子欲報. 玄德曰, "且勿驚動."

又立了一個時辰, 孔明纔醒, 口吟詩曰,

大夢誰先覺, 平生我自知.

草堂春睡足, 窗外日遲遲.

孔明吟罷, 翻身問童子曰, "有俗客來否?"

童子曰, "劉皇叔在此, 立候多時."

孔明乃起身曰, "何不早報! 尚容更衣."

遂轉入後堂. 又半晌, 方整衣冠出迎. 玄德見孔明身長八尺, 面如冠玉, 頭戴綸巾, 身披鶴氅, 飄飄然有神仙之概. 玄德下拜曰,

"漢室末胄, 涿郡愚夫, 久聞先生大名, 如雷貫耳. 昨兩次晉謁, 不得一見, 已書賤名於文几, 未審得入覽否?"

孔明曰, "南陽野人, 疏懶性成, 屢蒙將軍枉臨, 不勝愧赧."

第三十八回 定三分隆中決策 戰長江孫氏報讐 中 節錄

한참이 지나도[10] 선생은 깨지 않았다. 관운장과 장비는 밖에 오래 있어도 아무런 동정이 없자 들어와 보니 현덕은 시립한 그대로였다. 장비가 크게 화를 내면서 운장에게 말했다.

"저 선생이 어찌 저리 오만한가![11] 우리 형님을 시립하였는데, 저 사람은 높은데 누워 자는 척하며 끝까지 안 일어나네! 내가 집 뒤에 불을 질러도 아니 일어나겠나!"

운장이 두 번 세 번 말렸다. 현덕은 두 사람에게 나가서 기다리라고 하였다.[12] 침상에 누워있던 선생이 몸을 뒤척이며[13] 일어나려 하다가 안쪽 벽을 보고 그대로 잠을 잤다.[14] 동자가 말씀드리려 하자 "깨우지 말라."고 현덕이 말했다. 다시 1시간이 지나자, 공명은 그때서야 잠을 깨면서[15] 시를 읊었다.

「깊은 꿈에서 누가 먼저 깨는가?

나는 내 한평생을 알겠노라.

---

10 半晌 – 晌은 한낮 상. 한나절. 半刻. 물시계로 시간을 잴 때 하루를 100刻으로 계산했다. 지금은 15분을 1刻이라 한다. 기다리는 사람은 7, 8분도 오랜 시간이다. 半晌(반상)은 한참 동안.

11 這先生如何傲慢 – 這는 이 저. 傲는 업신여길 오. 거만하다. 慢은 느릴 만, 거만할 만.

12 出門外等候 – 等候(등후)는 기다리다.

13 先生翻身將起 – 翻은 뒤집을 번. 翻身은 몸을 돌리다, 뒤치다, 뒤척거리다.

14 忽又朝裡壁睡着 – 朝(cháo)는 ~으로 향하다(動詞), ~을 향하여(介詞).

15 孔明纔醒 – 纔는 겨우 재(才 cái). 醒은 술 깰 성. 잠이 깨다.

봄날 草堂에 실컷 잠을 자니,

아직 창밖에 해는 길기만 하다.」[16]

읊기를 마친 공명이 몸을 돌려 동자에게 물었다.

"속세에서 찾아온 손님이 계신가?"

"여기 劉皇叔께서 오랫동안 서 계셨습니다."

공명이 일어나며 말했다.

"왜 빨리 깨우지 않았는가! 옷을 갈아입어야겠다."

그리고는 후당으로 들어갔다. 또 한참이 지나서야 공명이 의관을 갖추고 나와 현덕을 맞이했다. 玄德이 볼 때, 공명은 8척 신장에 준수한 얼굴이며,[17] 머리에는 綸巾(윤건)을 쓰고[18] 鶴氅衣(학창의)를 입었는데[19] 그 飄飄(표표)한 모습은 신선의 자태와 같았다.[20] 玄德의 拜禮하며 말했다.

"漢室의 먼 후예이나 涿郡(탁군) 출신의 어리석은 사람으로 오랫

---

16 窓外日遲遲 - 窓은 창문 창. 窗의 本字. 遲는 늦을 지. 느리다. 遲遲는 꾸물대는 모양, 해가 긴 모양.

17 冠玉 - 冠에 매다는 玉이지만, 남자의 美貌를 표현한다.

18 頭戴綸巾 - 戴는 머리에 일 대. (머리에) 쓰다. 綸은 청색 실 륜, 푸른 인끈 관. 綸巾(윤건)은 諸葛亮이 처음 만들어 쓴 두건으로 諸葛巾이라고도 부른다. 綸巾은 중국어로 'guānjīn' 이기에 우리말로도 '관건' 으로 읽어야 하나 보통 '윤건' 으로 通한다.

19 身披鶴氅 - 披는 입을 피. 氅은 새의 날개 창. 鶴氅(학창)은 학의 깃털로 만든 옷.

20 飄飄然有神仙之槪 - 飄는 회오리바람 표. 飄飄然(표표연)은 경쾌하게 나부끼는 모양. 속세를 떠난 것 같은 모습의. 槪는 절개 개. 氣風.

동안 선생의 大名을 듣고 흠모하였습니다.[21] 앞서 두 번이나 배알
코자 했으나[22] 뵙지를 못했고 이미 서신에 이름을 써 올렸지만 혹
살펴보셨는지 모르겠습니다."

이에 공명이 말했다.

"南陽의 野人으로 소략하고 게으른 습성이 몸에 배어,[23] 누차 將
軍의 枉臨을 받았으니 부끄러울 뿐입니다.[24]

---

21 如雷貫耳 – 貫耳(관이)는 소문이 자자하여 익히 전해 듣다. '舊聞大名 如雷貫耳'
   는 처음 만났을 때 건네는 상투적 인사말.

22 昨兩次晉謁 – 晉은 나아갈 진. 進과 같은 의미.(晉은 俗字). 晉謁(진알)은 뵙다,
   알현하다.(晉見)

23 疏懶性成 – 疏는 트일 소. 소홀하다(疏略). 懶는 게으를 나(懶怠).

24 屢蒙將軍枉臨, 不勝愧赧 – 屢는 자주 누(루). 蒙은 입을 몽. 枉臨은 왕림하다. 지
   체를 낮추고 누추한 곳에 찾아오다. 愧는 부끄러울 괴. 赧은 얼굴 붉힐 난. 愧赧
   (괴난)은 부끄러워 얼굴이 붉어지다. 不勝은 ~을 감당하지 못하다.

39 定三分隆中決策
정 삼 분 융 중 결 책

천하를 三分하는 융중에서 책략

劉備와 諸葛亮이 처음 대면하고 유비가 초빙의 뜻을 밝히자, 제갈량은 "장군께서는 왜 美玉을 버리고 돌멩이를 찾으려 하십니까?" 하면서 사양한다. 그러나 유비의 간청에 감동한 제갈량은 유비에게 天下 三分의 隆中(융중) 對策을 설명한다.

原文

玄德曰, "大丈夫抱經世奇才, 豈可空老於林泉之下? 願先生以天下蒼生爲念, 開備愚魯而賜敎."

孔明笑曰, "願聞將軍之志."

玄德移座促席而告曰, "漢室傾頹, 奸臣竊命, 備不量力, 欲伸大義於天下, 而智術淺短, 迄無所就. 惟先生開其愚而拯厄, 實爲萬幸."

孔明曰, "自董卓造逆以來, 天下豪傑並起. 曹操勢不及袁紹, 而竟能克紹者, 非惟天時, 抑亦人謀也. 今操已擁百萬之衆, 挾天子以令諸侯, 此誠不可與爭鋒. 孫權據有江東, 已歷三世, 國險而民附, 此可用爲援, 而不可圖也. 荊州北據漢沔, 利盡南海, 東連吳會, 西通巴蜀, 此用武之地, 非其主不能守. 是殆天所以資將軍, 將軍豈可棄乎?"

國譯

현덕이 말했다.

"대장부가 經世할 奇才(기재)를 갖고서 어찌 산림에 묻혀 그냥 늙을 수 있겠습니까?[1] 선생께서는 온 세상의 백성들을 위해서라도[2] 우둔한 저를 깨우쳐 가르침을 주시기 바랍니다."[3]

孔明이 웃으며 말했다.

"장군의 뜻이 어떠신지 알고 싶습니다."

현덕은 자리를 고쳐 다가앉으며 말했다.[4]

"漢室이 기울진 뒤로 간악한 자들이 천명을 훔쳤으니, 저는 부족

---

1 豈可空老於林泉之下 – 豈可(기가)는 어찌 ~해도 좋단 말인가?, 어찌 ~할 수 있는가? 空은 부질없이, 헛되이, 덧없이. 空老는 할 일 없이 늙어가다. 林泉은 숲과 냇물, 세상을 버리고 은거하는 곳.

2 天下蒼生爲念~ – 蒼은 푸를 창. 진한 청색(예 蒼天), 회백색(예 蒼白). 蒼生은 일반 백성. 蒼民.

3 開備愚魯而賜敎 – 開는 깨우치다. 魯는 미련할 노. 愚魯는 어리석다. 바보 같은.

4 移座促席而告曰 – 促은 재촉할 촉. 促席은 가까이 앉다, 무릎을 맞대다.

한 능력이나 대의를 천하에 실천하고 싶지만 지혜가 얕고 모자라서 여태껏 성취한 바가 없습니다.[5] 다만 선생께서 저의 어리석음을 깨우쳐 주고, 재앙에서 구원해 주신다면[6] 큰 복이 될 것입니다."

孔明이 말했다.

"董卓(동탁)이 반역하자[7] 천하의 호걸이 모두 들고 일어났습니다. 조조의 세력은 袁紹(원소)에 미치지 못했지만 조조가 원소를 이긴 것은 天時만이 아니라 사람의 지모였습니다.[8] 지금 조조는 백만의 군사에 천자를 끼고서 제후들을 호령하고 있으니, 사실상 그와는 세력을 다툴 수 없습니다. 손권이 강동을 차지했는데 이미 三世를 거치면서 국토는 험고하고 백성이 따르니, 손권을 후원세력으로 이용할 만하지만 없앨 수는 없습니다. 지금 荊州(형주)는 북쪽으로 漢水와 沔水(면수)가 막아주고, 남해에 이르는 넓은 땅에 동쪽으로는 吳에 연접했으며, 서쪽으로는 巴蜀(파촉)에 통할 수 있으니,[9] 형주는 전략적 요충지이니(用武之地)[10] 그만한 능력자가 아니라면

---

5 智術淺短, 迄無所就 – 智術은 권모술수. 淺短(천단)은 얕고 짧다. 迄은 이를 흘. 迄今의 축약. 끝내. 지금껏.

6 開其愚而拯厄 – 拯은 구원할 증. 厄은 재앙 액.

7 自董卓造逆以來 – 造逆은 造反. 반역.

8 非惟天時, 抑亦人謀也 – 惟는 오직 유. 天時는 하늘이 준 좋은 기회. '天時不如地利 地利不如人和' –《孟子 公孫丑章》. 抑은 누를 억. 혹은, 그렇지 않으면, 다만, 그렇다면.

9 利盡南海 東連吳會 西通巴蜀 – 여기 南海는 중국의 서남부에 대한 지칭. 당시로서는 미개지였다. 巴는 파초 파. 春秋時代 나라 이름 파. 漢의 巴郡. 지금 四川省 東部. 重慶市 일원. 蜀은 周의 제후국명. 漢의 蜀郡, 지금 四川省의 成都 일대.

10 用武之地 – 군사적 전략적 요충지.

차지할 수 없습니다. 이는 아마 하늘이 장군에게 근거지로 준 것이리니[11] 장군께서 이를 어찌 버릴 수 있겠습니까?"

定三分隆中決策(정삼분융중결책)
繡像 三國志演義(수상 삼국지연의) − 上海 鴻文書局 印行, 국립중앙도서관 소장

---

11 是殆天所以資將軍 − 殆는 위태로울 태. 대개, 거의, 가까스로. 아마도 ~이다. 是
殆는 이것(這是). 是는 代詞. 資는 재물 자. 바탕. 바탕으로 삼다.

"益州險塞, 沃野千里, 天府之國, 高祖因之以成帝業. 今劉璋闇弱, 民殷國富, 而不知存恤, 智能之士, 思得明君. 將軍旣帝室之冑, 信義著於四海, 總攬英雄, 思賢如渴. 若跨有荊益, 保其巖阻, 西和諸戎, 南撫彝越, 外結孫權, 内修政理. 待天下有變, 則命一上將, 將荊州之兵, 以向宛洛. 將軍身率益州之衆, 以出秦川, 百姓有不簞食壺漿以迎將軍者乎? 誠如是, 則大業可成, 漢室可興矣. 此亮所以爲將軍謀者也. 惟將軍圖之."

言罷, 命童子取出畫一軸, 掛於中堂, 指謂玄德曰,

"此西川五十四州之圖也. 將軍欲成霸業, 北讓曹操占天時, 南讓孫權占地利, 將軍可占人和. 先取荊州爲家, 後卽取西川建基業, 以成鼎足之勢, 然後可圖中原也."

"益州(익주)[12]는 지형이 험고하면서도 천리에 걸친 기름진 들이

___
12 益州險塞 ─ 益州는 益州刺史部. 後漢 益州의 치소는 廣漢郡 雒縣(낙현), 今 四川

있어 하늘의 재물 창고와도 같아[13] 漢 高祖(고조, 劉邦)도 이를 바탕으로 帝業을 성취하였습니다.[14] 지금 (益州牧인) 劉璋(유장)은 우매한데다가 나약하며,[15] 백성은 살림이 넉넉하고 益州도 富裕하지만 (劉璋은) 백성을 돌볼 줄 모르기에[16] 유능한 인재들은 明君을 기다리고 있습니다. 장군께서는 漢 황실의 후예로 천하에 信義를 지켜 널리 알려졌고 사방의 영웅들을 끌어들이면서[17] 賢者 그리기를 목마른 자가 물을 찾는 듯하고 있습니다. 만약 장군께서 형주와 익주를 차지하고서, 험고한 지형으로 방어하며[18] 서쪽으로 여러 만이들

省 德陽市 관할 廣漢市. 漢中郡, 巴郡, 廣漢郡, 蜀郡, 犍爲郡, 牂柯郡, 益州郡, 越嶲郡(월수군), 永昌郡, 廣漢屬國, 蜀郡屬國, 犍爲屬國 등을 관장했다.

13 沃野千里 天府之國 – 沃은 물 댈 옥. 기름진 땅(平美之地). 天府는 땅이 비옥하고 자원이 많은 지역, 富裕하고 인구가 많은 城. 제갈량은 유비의 현 상황을 타개하기 위해서는 用武之地로 荊州를, 天府之地로 沃野千里인 益州 점유를 권했다.

14 高祖因之以成帝業 – 高祖(劉邦)는 咸陽에 먼저 입성했지만, 항우의 군사력에 밀려 關中을 차지하지 못하고 漢中王으로 이 지역에 들어와 세력을 키운 뒤, 項羽를 타도했다.

15 今劉璋闇弱 – 璋은 반쪽 홀 장. 闇은 문 닫을 암, 어둘 암. 闇弱은 暗弱과 同. 劉璋(유장, 162 – 220년, 字 季玉)은 부친 劉焉(유언)의 뒤를 이어 益州牧이 되었다가 劉備에게 패배한 뒤에 益州를 떠나 형주에서 죽었다. 한마디로 유약하고 무능했다. 《後漢書》 75권, 〈劉焉袁術呂布列傳〉 참고. 정사 《삼국지 촉서 劉二牧傳》에 立傳.

16 民殷國富 而不知存恤 – 殷은 성할 은. 豊盛하다. 나라 이름. 恤은 구휼할 휼. 동정하다. 存恤은 백성을 위로하고 돌보다.

17 總攬英雄, 思賢如渴 – 總은 거느릴 총. 하나로 하다. 攬은 잡을 남(람). 손에 쥐다. 總攬은 한손에 장악하다.

18 若跨有荊益 保其巖阻 – 跨는 건널 과. 뛰어넘다. 걸터앉다. 巖은 바위 암. 阻는

을 화합하고, 남쪽으로 越人(월인)들을 무마하면서,[19] 밖으로는 손권과 결속하고 내부적으로 선정에 힘써야 합니다. 그러면서 천하 형세의 변화를 기다렸다가 뛰어난 장수에게 명령하여 형주의 군사를 거느리고 (북쪽으로) 남양군과 낙양으로 진출해야 합니다.[20] 그러면서 장군께서는 익주의 군사를 거느리고 秦川(진천, 關中)으로 진격한다면 백성들이 광주리에 음식을 담고 술이나 간장을 넣은 병을 들고〔簞食壺漿(단사호장)〕[21] 장군을 맞이하지 않는 자가 있겠습니까? 정말 이렇게만 할 수 있다면 대업을 성취할 수 있고 漢室 부흥도 가능할 것입니다. 이것이 제가(亮) 장군을 위해 생각한(謀) 것입니다. 장군께서는 도모하시기 바랍니다."

말을 마친 공명은 동자에게 두루마리 그림 하나를 가져오게 하여 대청 가운데 걸어놓고[22] 현덕에게 지도를 가리키며 말했다.

"이것이 西川 54州[23]의 지도입니다. 장군께서 霸業(패업)을 이루

험할 조.

19 西和諸戎 南撫彝越 – 戎은 오랑캐 융. 무기, 중국 서쪽의 여러 이민족에 대한 총칭. 撫는 어루만질 무. 彝는 떳떳할 이, 법도 이. 四川, 雲南 貴州 일대에 거주하는 소수민족. 越은 넘을 월. 나라 이름. 越人.

20 以向宛洛 – 宛은 굽을 완. 宛縣. 南陽郡의 치소. 洛은 강 이름 낙. 洛水, 洛陽.

21 簞食壺漿 – 簞은 대광주리 단. 食은 먹을 식, 밥 사. 壺는 병 호. 漿은 미음 장. 간장. 壺漿(호장)은 병에 담은 간장. 簞食壺漿은 병사들을 환영하기 위해 준비한 음식.

22 命童子取出畫一軸 掛於中堂 – 畫는 그림 화. 그을 획, 글씨 획, 여기서는 地圖. 軸은 굴대 축. 두루마리. 掛는 걸 괘. 걸어놓다. 中堂은 거실 정면 중앙.

23 西川는 益州를 지칭. 중국 古代의 地名, 그 範圍는 대략 今 四川省과 重慶市 일

고자 하신다면, 북쪽은 天時를 차지한 조조에게 넘겨주고, 남쪽은 地利를 차지한 손권에게 양보하되 장군께서는 人和를 얻어야 합니다. 그리하여 먼저 荊州를 근거지로 삼아 뒷날 西川을 차지하여 나라의 기초를 다지며 세발 솥(鼎足, 정족)과 같은 형세를 갖춘 뒤에 中原을 도모할 수 있을 것입니다."[24]

原文

玄德聞言, 避席拱手謝曰, "先生之言, 頓開茅塞, 使備如撥雲霧而睹靑天. 但荊州劉表益州劉璋, 皆漢室宗親, 備安忍奪之?"

孔明曰, "亮夜觀天象, 劉表不久人世. 劉璋非立業之主, 久後必歸將軍."

玄德聞言, 頓首拜謝. 只這一席話, 乃孔明未出茅廬, 已知三分天下, 眞萬古人不及也! 後人有詩贊曰

원. 《三國演義》에서 益州를 지칭하는 말로 자주 사용. 당시 익주자사부의 관할에 郡과 縣이 있었지 州는 없었다. 54州란 말은 아마 《三國演義》가 成書되는 明代의 지방제도라고 이해해야 한다.

24 以成鼎足之勢 然後可圖中原也 – 鼎은 세발솥 정. 鼎足之勢는 세발솥처럼 안정된 형세. 中原은 黃河의 중류, 하류 지역, 중국의 핵심 중앙부. 이를 보통 제갈량의 '隆中對(융중대)'라고 한다. 이 융중대의 요점은 '北은 天時를 얻은 曹操가 있어 不可取하고, 東南에서 地利를 얻은 孫權을 후원세력으로 만들면서 三分天下하되 人和를 바탕으로 세력을 키우면서 漢室 중흥을 도모하자.'는 뜻이었다.

豫州當日嘆孤窮, 何幸南陽有臥龍.

欲識他年分鼎處, 先生笑指畫圖中.

玄德拜請孔明曰, "備雖名微德薄, 願先生不棄鄙賤, 出山相助. 備當拱聽明誨."

孔明曰, "亮久樂耕鋤, 懶於應世, 不能奉命."

玄德泣曰, "先生不出, 如蒼生何?" 言畢, 淚沾袍袖, 衣襟盡濕. 孔明見其意甚誠, 乃曰, "將軍既不相棄, 願效犬馬之勞."

玄德大喜, 遂命關張入拜獻金帛禮物. 孔明固辭不受. 玄德曰, "此非聘大賢之禮, 但表劉備寸心耳."

孔明方受. 於是玄德等在莊中共宿一宵. 次日, 諸葛均回, 孔明囑付曰, "吾受劉皇叔三顧之恩, 不容不出. 汝可躬耕於此, 勿得荒蕪田畝. 待吾功成之日, 卽當歸隱."

第三十八回 定三分隆中決策 戰長江孫氏報讎 中 節錄

國譯

玄德이 듣고서는 자리에서 물러나 拱手(공수)하며 사례하였다.[25]

---

25 避席拱手謝曰 − 避席(피석)은 앉았던 자리에서 일어나 옆으로 물러서다. 공경의 뜻을 표현. 拱은 손 맞잡을 공. 拱手는 두 손을 포개어 잡다.

"선생의 말씀에 꽉 막혔던 것이 갑자기 뚫린 듯하며,[26] 저로 하여금 雲霧(운무)를 걷어내고 靑天을 보는 듯합니다.[27] 그러나 荊州의 劉表(유표)와 益州의 劉璋(유장)은 모두 漢室의 종친인데, 제가 어떻게 탈취할 수 있겠습니까?"

그러자 공명이 말했다.

"제가 밤에 天象(천상, 天文)을 보았더니, 劉表는 오래 살지 못합니다. 유장은 대업을 이룰 主君이 되지 못하니 얼마 후에 반드시 장군에게 귀부할 것입니다."

玄德은 공명의 말에 고개를 크게 숙여 사례하였다.[28] 공명의 一場 설명은 그가 초가를 떠나기 전에 천하가 삼분될 것을 미리 예측한 것이니 참으로 萬古의 그 누구도 따라갈 수 없는 안목이었다.[29] 뒷날 어떤 사람이 시를 지어 찬탄하였다.

劉豫州는 그날 자신의 고달픈 신세를 탄식했나니,

南陽郡에 그때 臥龍이 있으니 얼마나 다행이던가!

魏蜀吳가 뒷날 鼎立될 형세를 알고 있었으니,

웃으면서 孔明은 지도를 걸어놓고 설명하였다.

---

26 頓開茅塞 - 頓은 머리를 조아릴 돈. 잠시 멈추다. 돌연히. 茅는 띠 모. 풀. 塞은 막힐 색.

27 撥雲霧而睹靑天 - 撥은 걷어낼 발. 밀어내다, 헤치다. 睹는 볼 도.

28 頓首拜謝 - 頓首(돈수)는 머리를 땅에 닿도록 숙여서 절을 하다.

29 이는 당시 정세에 대한 총체적 개괄이고 정밀분석이었으며, 三國 정립을 예견한

현덕은 공명을 모시려는 뜻을 말했다.

"제가 아직 명성도 없고 덕행도 부족하지만 선생께서 비천한 저를 버리지 마시고 하산하여 도와주시기 바랍니다. 이 유비는 선생의 가르침을 삼가 따르겠습니다."

그러자 공명이 말했다.

"저는 오랫동안 농사를 즐겼기에 세상 변화에 대응하지 못하기에 명을 받들 수 없습니다."[30]

그러자 현덕이 눈물을 흘리며 말했다.

"선생께서 출사하지 않으시면 이 백성들을 어찌해야 합니까?"

말을 마친 유비는 눈물이 소매에 떨어져 옷자락이 다 젖었다.[31] 공명은 현덕의 뜻이 진정임을 알고서 말했다.

"장군께서 버리지 않으신다면 저는 정성으로 장군을 모시겠습니다."[32]

현덕은 크게 기뻐하며 운장과 장비를 불러 금은과 비단 등 예물

제갈량의 혜안이었다.

30 亮久樂耕鋤 懶於應世 不能奉命 – 耕은 밭갈이 할 경. 鋤는 호미 서. 김을 매다. 耕鋤(경서)는 농사 일. 懶는 게으를 나(라). 應世(응세)는 世運에 따르다. 時勢의 추이.

31 淚沾袍袖, 衣襟盡濕 – 淚는 눈물 루(누). 沾은 더할 첨. 袍는 겉옷 포. 袖는 소매 수. 襟은 옷깃 금. 濕은 젖을 습.

32 願效犬馬之勞 – 效는 본받을 효. 힘을 다하다, 바치다. 犬馬之勞는 犬馬의 일. 上典을 충성스럽게 따르고 모시다. 상관이나 타인을 위해서 열심히 일하겠다는 뜻의 謙辭(겸사).

을 올리게 하였다. 그러나 공명은 고사하며 받지 않았다. 그러자 현덕이 말했다.

"이는 大賢을 모시는 예물이 아닌 그저 조그만 진심입니다."

공명은 받아들였다. 이에 현덕 등은 농장에서 함께 하룻밤을 묵었다. 다음 날 제갈균이 돌아오자, 공명이 부탁하며 말했다.

"나는 劉皇叔의 三顧의 은덕을 입어 출사하지 않을 수 없다. 너는 여기서 농사를 지으며 농토를 황폐하게 묵이지 말라.[33] 내가 성공하는 날 여기로 돌아와 은거하리라."[34]

---

33 勿得荒蕪田畝 – 荒은 거칠 황. 蕪는 거칠어질 무. 畝는 이랑 무(묘).

34 처음 출사하는 제갈량은 바로 돌아올 날의 자신을 그리고 있었다. 그러나 그는 서기 234년 五丈原에서 생을 마쳤고 다시는 와룡강에 돌아오지 못했다. 제갈량이 유비를 따라 나서는 건안 13년(208년) 봄에 161년생인 유비는 48세, 181년생 제갈량은 28세의 젊은이였다. 22세에 결혼한 제갈량은 28세에 국가 생존과 발전 전략을 구상하고 실천했으며, 외교의 책임자였다.

40 博望坡軍師用兵
박 망 파 군 사 용 병

박망파에서 軍師가 용병하다.

현덕은 공명을 맞이한 뒤 軍師(군사)로서 각별한 대우를 한다. 그러나 관우와 장비는 28세의 孔明을 아직은 신뢰하지 않았다. 軍師 공명은 博望坡(박망파)에서 처음 用兵한다.[1]

原文

却說 玄德自得孔明, 以師禮待之. 關張二人不悅曰,
"孔明年幼, 有甚才學! 兄長待之太過! 又未見他眞
實效驗!"

玄德曰, "吾得孔明, 猶魚之得水也. 兩弟勿復多言."

---

1 博望坡(박망파)의 전투는 獻帝 建安 7년(서기 202년)에 있었다. 200년 관도싸움에서 조조가 원소를 격파한 뒤에 배후 불안 요소를 제거하려고 曹操가 大將 夏侯惇을 보내 博望이란 곳에서 劉備와 교전했었다. 물론 이때는 제갈량 등장 이전이다. 그러나 소설에서는 제갈량의 첫 번째 성공으로 바뀌었다. 그리고 博望이란 지명은 여러 곳인데, 河南省 南陽市 관할 新野縣은 湖北省과 접경이나, 박망파가 구체적으로 어디인가는 알 수 없다.

關張見說, 不言而退. 一日, 有人送犛牛尾至. 玄德取尾親自結帽. 孔明入見, 正色曰, "明公無復有遠志, 但事此而已耶?"

玄德投帽於地而謝曰, "吾聊假此以忘憂耳."

孔明曰, "明公自度比曹操若何?" 玄德曰, "不如也."

孔明曰, "明公之眾, 不過數千人, 萬一曹兵至, 何以迎之?"

玄德曰, "吾正愁此事, 未得良策."

孔明曰, "可速招募民兵, 亮自教之, 可以待敵."

玄德遂招新野之民, 得三千人. 孔明朝夕教演陣法. 忽報曹操差夏侯惇引兵十萬, 殺奔新野來了. 張飛聞知, 謂雲長曰, "可着孔明前去迎敵便了."

國譯

한편, 玄德은 孔明을 등용한 이후 스승으로 예우하였다. 운장과 장비는 싫어하며 말했다.

"공명은 나이도 어린데 무슨 才學이 있겠나?[2] 형님께서 너무 지

---

2 有甚才學 – 甚은 심할 심. 매우, 무슨? 什(shén)과 同. 무엇, 무슨. 什么(shénme).
  才學은 才能이나 學識.

나치십니다. 또 공명의 진짜 실력도 알지 못합니다!'

현덕이 말했다.

"나와 공명의 만남은 물고기가 물을 만난 것과 같다. 두 아우는 다시 여러 말 하지 말라."

운장과 장비는 꾸중을 듣고[3] 말없이 물러났다. 하루는 어떤 사람이 검은 소(야크, yak)의 꼬리를 보내왔다.[4] 현덕은 그 꼬리털로 직접 모자를 만들고 있었다. 공명이 들어와 보고서는 정색을 하고 말했다.

"명공께서는 원대한 뜻을 버리셨기에 지금 이런 일로 소일하십니까?"

현덕은 만들던 모자를 던져버리고 사과하였다.

"내가 잠깐 이걸로 걱정을 잊으려 했습니다."[5]

그러자 공명이 물었다.

"명공께서는 조조와 비교할 때 어떻다고 생각하십니까?"[6]

"나는 조조만 못합니다."

"명공의 군사는 불과 수천 명인데, 만일 조조의 군사가 닥친다면 어떻게 맞아 싸우겠습니까?"

---

3 關張見說 – 見은 동사 앞에 쓰여 피동을 나타냄. 說은 꾸짖다, 타이르다. 見說은 꾸중을 듣다.

4 有人送犛牛尾至 – 有人은 어떤 사람. 犛는 검은 소(黑牛) 리. 犛牛는 야크(yak) 검은 소. 尾는 꼬리 미.

5 吾聊假此以忘憂耳 – 聊는 애오라지 료. 잠시, 약간. 假는 거짓 가. 가령, 만약.

6 明公自度比曹操若何 – 自度는 스스로 헤아리다. 若何는 어떠한가?

"나도 걱정을 했습니다만 아직 좋은 방책이 없습니다."

"가능한 빨리 民兵을 모집한다면 제가 직접 훈련시켜 침입에 대비하겠습니다."

현덕은 新野縣에서 민병 3천 명을 모집했다. 공명은 아침저녁으로 陣法(진법)을 훈련시켰다. 갑자기 조조가 夏侯惇(하후돈)에게 10만 군사를 주어 신야현으로 공격해 온다는 보고가 들어왔다.[7] 장비는 소식을 듣고 운장에게 말했다.

"孔明이 앞에 나가 적을 맞아 싸우면 그만입니다."

原文

正說之間, 玄德召二人入, 謂曰, "夏侯惇引兵到來, 如何迎敵?"

張飛曰, "哥哥何不使 '水' 去?"

玄德曰, "智賴孔明, 勇須二弟, 何可推諉?"

關張出, 玄德請孔明商議.

孔明曰, "但恐關張二人, 不肯聽吾號令. 主公若欲亮行兵, 乞假劍印."

---

7 殺奔新野來了 – 殺은 싸우다, 돌격하다, 쇄도하다. 奔은 달릴 분. 殺奔은 쳐들어오다.

玄德便以劍印付孔明, 孔明遂聚集衆將聽令. 張飛謂雲長曰, "且聽令去. 看他如何調度."

孔明令曰, "博望之左有山, 名曰豫山, 右有林, 名曰安林, 可以埋伏軍馬. 雲長可引一千軍往豫山之前, 先且埋伏, 等彼軍至, 放過休敵. 其輜重糧草, 必在後面, 但看南面火起, 可縱兵出擊, 就焚其糧草. 翼德可引一千軍去安林背後山谷中埋伏, 只看南面火起, 便可出, 向博望城舊屯糧草處縱火燒之. 關平劉封可引兵五百軍, 預備引火之物, 於博望坡後兩邊等候, 至初更兵到, 便可放火矣."

又命於樊城取回趙雲, 令爲前部, 不要贏, 只要輸. "主公自引一軍爲後援. 各須依計而行, 勿使有失."

國譯

(운장과 장비가) 한창 이야기를 할 때, 玄德이 두 사람을 들어오게 부른 뒤 말했다.

"夏侯惇의 군사가 쳐들어오는데 어떻게 맞아 싸우겠는가?"

그러자 장비가 말했다.

"형님께서 만난 그 물(水, 孔明)을 왜 출전시키지 않으십니까?"[8]

────────

8 哥哥何不使'水'去 - 水는 孔明을 지칭. 劉備가 孔明을 얻은 뒤 '猶魚之得水也'라

"지략은 공명에게 의지하지만 勇戰은 두 아우를 믿는데 왜 떠넘기려 하는가?"[9]

관우와 장비가 나간 뒤 현덕은 공명을 불러 상의하였다. 이에 공명이 말했다.

"운장과 장비 두 사람이 나의 지휘를 받아들이지 않을까 걱정입니다.[10] 주공께서 저의 지휘를 바라신다면 대장검과 인수를 내려주십시오."[11]

현덕은 곧바로 지휘 검과 인수를 공명에게 내려주었고, 공명은 여러 장수를 모아 군령을 듣게 하였다. 장비가 운장에게 말했다.

"일단 명령을 받으러 갑시다. 그가 어떻게 지휘하는지 한번 들어 보지요."[12]

공명이 명령하였다.

"博望坡(박망파)의 좌측에 豫山(예산)이라는 산이 있고, 우측에는 安林(안림)이란 숲이 있는데 군마를 매복할 수 있습니다. 운장은 1천 군사를 거느리고 예산으로 가서 일단 매복한 다음에 적의 군사를 기다리되 적을 그냥 보내고 상대하지 마시오. 적의 군수물자와

했던 말을 비꼬았다.

9 何可推諉 – 諉는 번거로울 위. 핑계를 대다. 推諉(추위)는 남에게 떠넘기다, 책임을 전가(회피)하다.

10 不肯聽吾號令 – 聽은 듣다, 따르다, 복종하다. 號令은 명령. 軍令.

11 主公若欲亮行兵 乞假劍印 – 行兵은 用兵하다. 乞은 빌 걸. 바라다. 假는 빌려주다, 내려주다. 劍印은 大將劍과 印綬(인수). 劉備의 권력을 대표할 수 있는 상징.

12 看他如何調度 – 調度는 지시(하다), 지도(하다), 꾀하다, 획책하다.

군량과 마초는 틀림없이 뒤에 따라올 것이니, 남쪽에서 불길이 솟으면 군사를 풀어 공격하며 그 군량과 마초를 소각하시오. 翼德도 1천 군사를 거느리고 안림의 뒤편 골짜기에 매복하였다가 남쪽에서 불길이 치솟으면 바로 출격하되 博望城의 옛 군량과 마초 보관소에 불을 질러 소각하시오.[13] 關平(관평)[14]과 劉封(유봉)[15]은 각각 5백 군사를 거느리고 미리 불쏘시개 등을 준비하여 박망파의 뒤쪽 양편에서 기다리다가 초저녁에 적병이 도착하면 곧 불을 지르며 공격하라."

그리고 樊城(번성)의 趙雲(조운, 子龍)을 불러들여 선봉으로 삼아 하후돈과 싸우되 이기려 하지 말고 싸움에 밀려 후퇴하라고[16] 지시하였다. 그리고 말했다.

"主公께서는 일군을 거느리고 뒤에서 구원하십시오. 각자 계획대로 실행하되 실패하지 마십시오."

雲長曰, "我等皆出迎敵, 未審軍師却作何事?"

---

13 縱火燒之 - 縱火(종화)는 放火.

14 關平(관평, 178 - 220년) - 關羽의 長子. 뒷날 東吳에 패전한 뒤 관우와 함께 죽었다.

15 劉封(유봉, ? - 220년) - 原名 寇封(구봉) 劉備의 養子.

16 不要贏 只要輸 - 贏은 이익이 남을 영. 경기나 전투에서 이기다. 輸는 나를 수. 승부에서 지다. 도박에서 잃다.

孔明曰，"我只坐守此城." 張飛大笑曰，"我們都去廝殺，你卻在家裡坐地，好自在!"

孔明曰，"劍印在此，違令者斬!"

玄德曰，"豈不聞運籌帷幄之中 決勝千里之外? 二弟不可違令."

張飛冷笑而去. 雲長曰，"我們且看他的計應也不應，那時却來問他未遲."

(前略) 却說 孔明收軍，關張二人相謂曰，"孔明真英傑也!" 行不數里，見糜竺糜芳引軍簇擁着一輛小車，車中端坐一人，乃孔明也. 關張下馬拜伏於車前. 須史，玄德趙雲劉封關平等皆至，收聚眾軍，把所獲糧草輜重，分賞將士，班師回新野. 新野百姓望塵遮道而拜，曰，"吾屬生全，皆使君得賢人之力也!"

孔明回至縣中，謂玄德曰，"夏侯惇雖敗去，曹操必自引大軍來."

玄德曰，"似此如之奈何?" 孔明曰，"亮有一計，可敵曹軍."

第三十九回 荊州城公子三求計 博望坡軍師初用兵 中 節錄

雲長이 물었다.

"우리가 출전하여 적과 싸울 때, 軍師께서는 무슨 일을 하실 것입니까?"[17]

공명은 "나는 여기 성을 지킬 것입니다."라고 말했다.

그러자 장비가 크게 웃으며 말했다.

"우리가 모두 싸우는 동안, 당신은 집에 앉아 있겠다니 참 좋겠습니다!"[18]

그러자 공명은 말했다.

"대장검이 여기 있나니, 위반자는 참수하겠다!"

이에 현덕이 말했다.

"천막 안에서 전략을 결정하여 천리 밖에서 승리를 결정짓는다는 말도 들어보지 못했는가?[19] 두 아우는 군령을 어기지 말라."

장비는 제갈량을 냉소하며 출전했다. 운장이 말했다.

"우리는 그 작전이 맞는지 안 맞는지 그때 가서 따져 물어도 늦지 않을 것이다."

---

17 未審軍師却作何事 - 審은 살필 심. 상세히 알다. 未審은 모르다(未知). 軍師는 參謀, 軍事(軍內의 작전, 人事, 刑罰, 監軍)에 관한 일을 총괄하는 지위, 현재로 말한다면 군대의 參謀長 정도.

18 好自在 - 好는 잘, 쉽게, 아주, 참말로. 自在는 편안하다, 안락하다, 자유롭다.

19 運籌帷幄之中 決勝千里之外 - 籌는 산가지 주. 셈(算)하는 대나무 쪽. 運籌는 方策을 짜다. 帷는 휘장 유. 幄은 휘장 악. 帷幄(유악)은 軍幕, 군사용 텐트. 運籌帷幄은 장막 안에서 작전 계획을 짜다. 決勝은 승리를 차지하다

(前略)²⁰

한편 공명이 군사를 불러 모으자 운장과 장비 두 사람이 서로 말했다.

"孔明은 진정 英傑(영걸)이로다!"

몇 리를 가지 못했는데 糜竺(미축)과 糜芳(미방)²¹이 군사로 호위하며 작은 수레 하나를 호위하고 오는데,²² 수레 안에는 공명이 단정히 앉아 있었다. 관우와 장비는 말에서 내려 수레 앞에 엎드렸다. 곧이어 玄德과 趙雲, 유봉과 관평 등이 모두 도착하여 모든 군사를 수습하여 철수했는데 노획한 군량과 마초, 여러 치중 물자를 장수와 사졸에게 상으로 하사하고,²³ 신야현으로 회군하였다.²⁴ 신야현의 백성들은 피어오르는 흙먼지를 보고 달려 나와 길에서 절하며 말했다.²⁵

"우리들이 살아난 것은 모두 사군께서 현인의 도움을 얻었기 때문입니다!"

공명이 신야현에 돌아와 현덕에게 말했다.

---

20 前略 – 하후돈과 于禁(우금)의 魏 十萬軍을 박망파의 좁은 협곡으로 유인하여 화공으로 격파하는 내용.

21 糜竺糜芳 – 人名. 糜는 죽 미. 竺은 대나무 축. 芳은 꽃다울 방.

22 簇擁着一輛小車 – 簇은 가는 대나무 족, 화살촉 촉. 擁은 안을 옹. 簇擁(족옹)은 떼 지어 둘러싸다. 輛은 수레 량.

23 把所獲糧草輜重 – 輜는 짐수레 치. 輜重(치중)은 여러 군수품.

24 班師回新野 – 班은 나눌 반. 班師는 군대를 철수시키다, 개선하다.

25 望塵遮道而拜 – 遮는 가릴 차. 막다, 감추다. 遮道는 길을 막다.

"하후돈이 비록 패전하고 철수했지만 틀림없이 조조가 직접 대군을 이끌고 공격해올 것입니다."

현덕이 물었다.

"그렇게 되면 어찌해야 합니까?"

공명이 말했다.

"저에게 계책이 하나 있으니 조조의 군사를 상대할 수 있습니다."

41 趙雲單騎救阿斗

조 운 단 기 구 아 두

趙雲은 單騎로 阿斗를 구출하다.

형주의 劉表가 죽은 뒤 蔡부인과 아들 劉琮(유종)은 형주를 조조에게 넘겨준다. 제갈량은 新野縣(신야현)을 불태우고[1] 유비는 백성들과 함께 樊城(번성)[2]으로 피신하였다가 襄陽(양양)을 거쳐 (南郡) 江陵(강릉)[3]으로 피난한다. 이 과정에서 유비는 가족과도 헤어지게 된다. 피난 행렬 속에서 趙雲은 유비의 아들 阿斗(아두)[4]를 구출한다.

原文

當時夏侯恩自恃勇力, 背着那劍, 只顧引人搶奪擄掠, 不想撞着趙雲, 被他一槍刺死, 奪了那口劍, 看靶

---

1 이는 正史《三國志》에 기록이 없다.

2 樊城(번성)은 보루, 작은 성 이름. 당시 襄陽郡 관할, 今 湖北省 襄陽市 樊城區. 漢水 남안.

3 江陵은 縣名. 荊州 관할 南郡의 治所, 今 湖北省 중남부 江漢平原에 위치한 荊州市 관할 江陵縣.

4 阿斗(아두)는 유비의 적장자 劉禪의 어릴 적 별호. 趙雲(조운, 子龍)이 當陽(당양) 長坂坡(장판파)에서 아두를 구출한 것은《三國演義》의 명장면의 하나이다.

上有金嵌 '青釭' 二字, 方知是寶劍也. 雲插劍提槍, 復殺入重圍. 回顧手下從騎, 已沒一人, 只剩得孤身. 雲並無半點退心, 只顧往來尋覓. 但逢百姓, 便問糜夫人消息.

忽一人指曰, "夫人抱着孩兒, 左腿上着了槍, 行走不得, 只在前面牆缺內坐地."

趙雲聽了, 連忙追尋. 只見一個人家, 被火燒壞土牆, 糜夫人抱着阿斗, 坐於牆下枯井之傍啼哭. 雲急下馬伏地而拜.

夫人曰, "妾得見將軍, 阿斗有命矣. 望將軍可憐他父親飄蕩半世, 只有這點骨血. 將軍可護持此子, 教他得見父面, 妾死無恨!"

國譯

그때 夏侯恩(하후은)은 자신의 勇力을 믿고[5] 등에 그 칼을 차고, 부하들과 함께 오로지 강탈과 노략질하는데 정신을 팔다가,[6] 뜻밖

---

5 當時夏侯恩自恃勇力 - 夏侯恩(하후은)은 가공인물. 曹操를 수행하며 그의 보검을 관리했다. 曹操에게 倚天(의천)과 青釭(청강)의 두 寶劍이 있었다. 倚天劍은 자신이 차고, 青釭劍은 夏侯恩이 지고 수행케 하였다. 恃는 믿을 시.

6 只顧引人搶奪擄掠 - 顧는 돌아볼 고. (정신을) 집중하다, 정신을 팔다. 搶은 부딪칠 창, 겁탈할 창. 搶奪(창탈)은 강탈하다. 擄는 사로잡을 노. 掠은 노략질할 약

에 趙雲과 조우하여,[7] 조운의 창에 찔려 그대로 죽으며 칼을 빼앗겼는데,[8] 조운이 칼을 살펴보니 자루에 황금으로 '靑釭(청강)'이라는 두 글자가 상감된 것을[9] 보고, 그때서야 보검이라는 것을 알았다. 조운은 칼을 메고 창을 잡고 다시 여러 겹 적진으로 달려갔다. 조운이 수하에 따르는 기병을 돌아보니 아무도 없고 단지 혼자뿐이었다. 그런데도 조운은 물러날 생각을 하지 않고 이리저리 돌아보며 찾아다녔다.[10] 백성을 볼 때마다 糜夫人(미부인)[11]의 소식을 물었다.

趙雲(조운)

(략). 擄掠(노략)은 약탈하다.

7 不想撞着趙雲 – 撞은 칠 당. 부딪치다.

8 奪了那口劍 – 奪了는 빼앗겼다. 동작의 완료. 口는 칼을 세는 量詞.

9 看靶上有金嵌 '靑釭' 二字 – 靶는 고삐 파. 칼자루. 嵌은 산 깊을 감. 새겨 넣다. 끼워 넣다. 금속을 파낸 자리에 다른 금속을 부어넣다. 象嵌(상감). 釭은 등불 강, 등잔 강.

10 只顧往來尋覓 – 尋은 찾을 심. 覓은 찾을 멱. 尋覓(심멱)은 찾다. 尋求.

11 糜竺(미축, ? – 221년, 字 子仲)은 徐州 東海國 朐縣(구현, 今 江蘇省 連雲港市)의 富商 출신인데, 미축의 여동생이 유비의 糜夫人(미부인, 三國演義에는 糜)이다. 유비는 미축한테서 많은 경제적 도움을 받았다.《三國演義》에서는 趙雲이 當陽縣 長板(장판)이란 곳에서 유선을 안고 쫓기는 미부인을 구했지만, 미부인은 유선을 조운에게 넘겨주고 우물에 뛰어들어 죽는 것으로 되어있다. 正史《三國志 蜀書》4권, 〈二主妃子傳〉에는 미부인에 관한 기록이 없다.《三國志 蜀書》8권, 〈許糜

그러다가 어떤 사람이 한쪽을 가리키며 "부인이 아이를 안고서[12] 왼쪽 허벅지에 상처를 입어 걸을 수가 없어[13] 앞쪽에 무너진 담 밑에 앉아 있다."고 말했다.

趙雲이 듣고서는 황급히 찾아 나섰다. 어떤 민가의 불타고 무너진 흙담 아래에서[14] 미부인은 阿斗(아두)를 안고,[15] 말라버린 우물 곁에서 훌쩍이고 있었다.[16] 조운은 급히 말에서 내려 땅에 엎드려 절을 했다. 미부인이 말했다.

"제가 장군을 만났으니 이제 아두는 살았습니다.[17] 장군께서는 정처 없이 떠도는 아이 부친의 반평생에[18] 단 하나뿐인 혈육을 가엾게 여겨 살펴주십시오. 장군께서 이 아이를 지켜 아버지를 만나게 해준다면 저는 죽어도 한이 없습니다!"

孫簡伊秦傳〉의 糜竺傳(미축전) 참고.

12 夫人抱着孩兒 – 抱着은 안고 있다. 孩는 어린아이 해. 孩兒.

13 左腿上着了槍 行走不得 – 腿는 허벅지 퇴. 槍은 창 창. 창에 찔리다. 行走不得은 걷지 못하다.

14 被火燒壞土牆 – 불에 타 무너진 흙 담. 壞는 무너질 괴. 牆은 담 장. 벽.

15 糜夫人抱着阿斗 – 糜夫人(미부인)은 미축의 여동생. 阿斗의 生母는 甘夫人이다. 阿는 언덕 아. 兒名, 姓 앞에 쓰여 친밀함을 나타내는 접두사.

16 坐於牆下枯井之傍啼哭 – 枯는 마를 고. 枯井은 물이 마른 샘. 啼는 울 제. 哭은 울 곡.

17 妾得見將軍 阿斗有命矣 – 妾은 여인이 자신을 낮춘 말. 有命은 목숨을 건지다.

18 飄蕩半世 – 飄는 회오리바람 표. 蕩은 흔들릴 탕. 방탕하다, 떠돌다.

雲曰，"夫人受難，雲之罪也. 不必多言，請夫人上馬. 雲自步行死戰，保夫人透出重圍."

糜夫人曰，"不可. 將軍豈可無馬? 此子全賴將軍保護. 妾已重傷，死何足惜! 望將軍速抱此子前去，勿以妾爲累也."

雲曰，"喊聲將近，追兵已至，請夫人速速上馬."

糜夫人曰，"妾身委實難去，休得兩誤."

乃將阿斗遞與趙雲曰，"此子性命全在將軍身上!"

趙雲三回五次，請夫人上馬，夫人只不肯上馬. 四邊喊聲又起. 雲屬聲曰，"夫人不聽吾言，追軍若至，爲之奈何?"

糜夫人乃棄阿斗於地，翻身投入枯井中而死. 趙雲見夫人已死，恐曹軍盜屍，便將土牆推倒，掩蓋枯井. 掩訖，解開勒甲絛，放下掩心鏡，將阿斗抱護在懷，綽槍上馬.

早有一將，引一隊步軍至，乃曹洪部將晏明也，持三尖兩刃刀來戰趙雲. 不三合，被趙雲一槍刺倒，殺散衆軍，衝開一條路.

趙子龍單騎救主(조자룡단기구주)
繡像 三國志演義(수상 삼국지연의) - 上海 鴻文書局 印行, 국립중앙도서관 소장

조운이 말했다.

"부인의 이 고생은 저의 허물입니다. 여러 말 하시지 말고 빨리 말에 타십시오. 저는 걸으면서 힘껏 싸워 부인께서 포위를 벗어나도록 지키겠습니다."

미부인이 말했다.

"안 됩니다. 장군께서 말이 없어서야 되겠습니까? 이 아이는 전적으로 장군의 손에 달렸습니다. 저는 이미 상처가 깊으니 죽은들 어떻겠습니까! 장군께서는 이 아이를 안고 빨리 떠나시어 저 때문에 지체하지 마십시오."[19]

"적의 함성이 가까우니 추격병이 곧 닥칠 것인데 빨리 말에 오르십시오."

"저는 정말 갈 수가 없으니 둘 다 잘못되면 안 됩니다."[20]

미부인은 아이를 조운에게 넘겨주려 하면서 "이 아이 목숨은 전적으로 장군에게 달렸습니다."라고 말했다. 조운이 서너 번 부인에게 말을 타라고 권유했지만, 미부인은 말을 타려 하지 않았다. 사방에서 함성이 다시 들려왔다. 조운이 큰 소리로 말했다.[21]

"부인께서 제 말을 안 따르는데 추격 군이 닥치면 어떻게 하시겠

19 勿以妾爲累也 – 累는 번거롭다. 결점, 힘들다, 누차.
20 妾身委實難去 休得兩誤 – 委는 맡길 위. 포기하다, 떠밀다. 委實은 확실히, 정말로. 休得은 ~ 하지 말라.
21 雲厲聲曰 – 厲는 사나울 여(려). 세찬, 엄한. 厲聲은 성난 목소리로.

습니까?"

그러자 미부인은 아두를 땅에 내려놓고 몸을 일으켜 마른 샘물에 뛰어 들어 죽어버렸다.[22] 조운은 미부인이 죽은 것을 보고 조조의 군사가 시신을 훼손할까봐 담장을 무너트려 우물을 메웠다.[23] 그리고서는 갑옷을 조이는 실끈을 풀고, 가슴을 덮는 청동 판을 떼어낸 뒤에,[24] 아두를 품에 안고 창을 짚고서 말에 올라탔다.[25] 그러는 동안에 조조의 장수 하나가 군사를 거느리고 들이닥쳤는데 바로 曹洪(조홍)[26]의 부장인 晏明(안명)이었다. 안명은 끝이 3개인 양날 칼을 잡고 조운에게 도전하였다. 그러나 3합을 싸우지 못하고 조운의 창에 찔려 쓰러졌으며, 조운은 적군을 죽이면서 길을 찾아 탈출하였다.

---

22 翻身投入枯井中而死 – 翻은 뒤집을 번. 翻身은 몸을 돌리다.

23 便將土牆推倒 掩蓋枯井 – 倒는 넘어질 도. 거꾸로, 쓰러트리다. 掩은 가릴 엄. 蓋는 덮을 개.

24 解開勒甲絛 放下掩心鏡 – 絛는 실끈 조. 掩心(엄심)은 掩胸(엄흉). 가슴을 덮다. 鏡은 거울 경. 青銅鏡은 청동 판.

25 綽槍上馬 – 綽은 너그러울 작. 손에 쥐다.

26 曹洪(조홍, ?–232년, 字 子廉) – 조조의 사촌동생이나 젊은 시절에 曹조(조비)에게 돈을 빌려주지 않아 私怨으로 조비(文帝)는 즉위 후에 하옥되었다. 卞太后(변태후)의 구원으로 면죄되었으나 출옥 후 서민으로 강등되었다. 조비가 죽고 明帝(曹叡)가 즉위한 뒤에 작위가 복구되었다. 대의를 따르고 조조를 지키는 등 충직했지만 금전에는 아주 인색했었다. 正史《三國志 魏書》9권,〈諸夏侯曹傳〉에 입전.

(前略) 却說 曹操在景山頂上, 望見一將, 所到之處, 威不可當, 急問左右是誰. 曹洪飛馬下山大叫曰"軍中戰將可留姓名!" 雲應聲曰, "吾乃常山趙子龍也!" 曹洪回報曹操. 操曰, "眞虎將也! 吾當生致之." 遂令飛馬傳報各處, "如趙雲到, 不許放冷箭, 只要捉活的." 因此趙雲得脫此難. 此亦阿斗之福所致也.

第四十一回 劉玄德攜民渡江 趙子龍單騎救主 中 節錄

國譯

(前略)[27]

한편 조조가 景山(경산)의 꼭대기에서 적장 하나가 가는 곳마다 그 위세를 당하지 못하는 것을 멀리서 바라보고서 급히 측근에게 적장이 누구인가를 물었다. 이에 曹洪(조홍)이 쏜살같이 내려가 큰 소리로 물었다.

"軍中의 장군은 성명을 말해보라!"[28]

그러자 곧 조운이 말했다.

"나는 常山郡 출신[29] 趙子龍이다!"

---

27 (前略) – 趙雲이 張郃(장합) 등 조조의 部將들과 싸우는 내용.

28 可留姓名 – 성명을 말하라! 留는 남길 류(유). ~에 전하다, 물려주다.

29 常山郡(國)의 치소는 元氏縣, 今 河北省 石家莊市 관할 元氏縣. 眞定은 河北省

조홍이 조조에게 보고하였다. 조조는 "정말 무서운 장수로다!(虎將!) 나는 저를 산 채로 보고 싶다."라고 말했다. 그리고서 급히 전령을 보내 각 군영에 알렸다.

"만약 趙雲을 만나더라고 몰래 활을 쏘지 말고 산 채로 사로잡아라!"[30]

이에 조운은 그 난관을 벗어날 수 있었다. 이 또한 阿斗의 福이라 할 수 있다.[31]

서남부 石家莊市 관할 定正縣. 趙雲(子龍)의 고향.

30 不許放冷箭 只要捉活的 – 冷箭(냉전)은 갑자기 날아오는 화살(暗箭). 남몰래 사람을 해침. 的은 여기서는 동작을 하는 방법이나 목적 등을 강조하여 설명한다. (例) ~ 很注意的 ~을 매우 주의하다.)

31 此亦阿斗之福所致也 – 阿斗의 福. 劉禪(유선, 207 – 271년, 字 公嗣)은 蜀漢 昭烈帝 劉備와 甘夫人(감부인) 所生, 17세 즉위, 223 – 263년 재위, 三國 中 재위가 最長인 皇帝. 魏에 멸망당한 뒤, 西晉에서 271년에 65세로 죽었다. 당시로서는 장수했고 개인적으로는 유복한 일생이었다. 무능 인물의 대명사. '朱門出阿斗(권세가에서 아두 같은 못난 아들이 나오고), 寒門出壯元(한미한 가문에서 장원이 나온다).' '諸葛有智(제갈량은 지모가 있고), 阿斗有權(아두에게는 권력이 있다).' '不要做阿(아두의 軍師가 되느니), 斗的軍師 寧可帮好漢背馬鞭(차라리 잘난 사내를 도와 마부가 되는 것이 낫다).' 등 많은 속담이 있다.

42 翼德大鬧長坂橋
익덕대료장판교

익덕이 장판교에서 호통을 치다.[1]

《三國演義》에서 趙雲은 변함없는 충성심, 뛰어난 무예와 용기, 그리고 고매한 인격을 가진 인물로 묘사되었다. 그에 비하여 장비는 용감하지만 거칠고, 때로는 지혜로운, 그래서 더 친근감이 느껴지는 캐릭터로 묘사되었다.

장비가 (荊州 관할 當陽郡의) 長坂橋(장판교)에서 조조와 그 부장들에게 호통을 친 것은 과장이 좀 심한 허구이지만 아주 재미있는 대목이다.

原文

趙雲得脫, 望長板橋而走. 只聞後面喊聲大震. 原來文聘引軍趕來. 趙雲到得橋邊, 人困馬乏. 見張飛挺矛立馬於橋上, 雲大呼曰, "翼德援我!"

飛曰, "子龍速行, 追兵我自當之."

---

1 張翼德大鬧長板橋 – 鬧는 시끄러울 료(뇨). 소란을 피우다. 大鬧(대뇨)는 큰 소란을 피우다.

雲縱馬過橋, 行二十餘里, 見玄德與眾人憩於樹下.
雲下馬伏地而泣. 玄德亦泣.

雲喘息而言曰, "趙雲之罪, 萬死猶輕! 糜夫人身帶
重傷, 不肯上馬, 投井而死. 雲只得推土牆掩之. 懷抱
公子, 身突重圍. 賴主公洪福, 幸而得脫. 適纔公子尚
在懷中啼哭, 此一會不見動靜, 想是不能保也."

遂解視之. 原來阿斗正睡着未醒. 雲喜曰, "幸得公
子無恙!" 雙手遞與玄德.

玄德接過, 擲之於地曰, "爲汝這孺子, 幾損我一員
大將!"

趙雲忙向地下抱起阿斗, 泣拜曰, "雲雖肝腦塗地,
不能報也!" 後人有詩曰,

　　曹操軍中飛虎出, 趙雲懷內小龍眠.
　　無由撫慰忠臣意, 故把親兒擲馬前.

國譯

趙雲는 포위를 벗어나 장판교를 향하여 달렸다. 뒤에서는 함성
이 크게 진동했다.[2] 이는 원래 文聘(문빙)[3]이 군사를 이끌고 추격하

---

2 只聞後面喊聲大震 – 喊은 소리 함. 외치다, 부르다. 震은 벼락 진. 진동하다, 울리다.

3 文聘(문빙, 생졸년 미상, 字 仲業)은 본래 유표의 부장이었다. 正史《三國志 魏書》

翼德大鬧長坂橋(익덕대료장판교)

繡像 三國志演義(수상 삼국지연의) - 上海 鴻文書局 印行, 국립중앙도서관 소장

18권, 〈二李臧文呂許典二龐閻傳〉에 立傳. 문빙은 江夏太守로 10여 년을 재직하
며 위엄과 은혜를 베풀어 그 명성은 적국 吳에도 알려져, 적국이 감히 침입하지
못했다.

는 소리였다. 조운이 장판교에 왔을 때 사람도 말도 모두 완전히 지쳤다. 조운은 말을 탄 장비가 창을 빼어들고 장판교 위에 서있는 것을 보고 크게 소리 질렀다.

"익덕은 나를 도와 달라!"

장비가 말했다.

"子龍은 빨리 가시오! 추격병은 내가 막겠소!"

조운은 말을 달려 장판교를 지나 20여 리를 더 가니 현덕이 여러 사람들과 나무 아래에 쉬고 있었다. 조운은 말에서 내려 땅에 엎드려 울었다. 현덕도 같이 눈물을 흘렸다. 조운이 숨을 헐떡이며 말했다.⁴

"저의 잘못은 1만 번을 죽어도 오히려 가벼울 것입니다!⁵ 미부인께서 중상을 입었기에 말을 타려 하지 않고 우물에 투신하여 돌아가셨습니다. 저는 겨우 흙담을 무너트려 우물을 메웠습니다. 그리고 공자를 품에 넣고 여러 겹 포위를 뚫었습니다. 主公의 洪福에 힘입어 다행히 벗어날 수 있었습니다. 조금 전까지 公子는 품 안에서 울고 있었는데⁶ 지금은 아무 움직임이 없으니⁷ 제가 잘못 지켜드린 것 같습니다."

---

4 雲喘息而言日 – 喘은 숨 헐떡거릴 천. 息은 숨 쉴 식. 쉬다.

5 萬死猶輕 – 萬死하더라도 오히려 가볍다. 지은 죄가 너무 무겁다.

6 適纔公子尙在懷中啼哭 – 適은 마침 적. 이제 막, 방금. 纔는 겨우 재. 조금 전. 어느 시점에 비로소 어떤 동작이 일어남. 懷는 품을 회. 품안. 啼는 울 제.

7 此一會不見動靜 – 一會는 잠시, 곧, 짧은 시간에. 動靜은 인기척, 움직이다.

그리고 갑옷을 풀어 보았다. 그런데 阿斗는 한참 잠이 들어 깨지 않았다.[8] 조운이 기뻐하며 말했다. "다행히도 공자께서 아무 탈이 없으십니다!"[9]

조운이 두 손으로 아두를 현덕에게 안겨주었다. 현덕은 아두를 받더니 그대로 땅에 던져 놓으면서 말했다.

"이 어린 것 때문에[10] 하마터면 대장 하나를 잃을 뻔했구나!"

그러자 조운은 황망히 땅에서 아두를 끌어안고 울며 절하면서 말했다.

"제가 죽어 간뇌로 땅을 적시더라도 이 은덕을 갚지 못할 것입니다."

뒷날 어떤 시인이 이를 읊었다.

曹操의 軍中을 뚫고 飛虎처럼 탈출하니,
趙雲의 품에서 어린 龍은 잠이 들었다.
忠臣의 뜻을 어떻게 위로할 수 없어서,[11]
故意로 어린 자식을 말 앞에 내던졌다.[12]

---

8 原來阿斗正睡著未醒 – 原來는 원래, 알고 보니. 睡는 잠잘 수. 醒은 깰 성.

9 幸得公子無恙 – 恙은 근심 양. 탈, 질병.

10 爲汝這孺子 – 爲는 ~때문에. 這는 이 저. 孺는 젖먹이 유, 孺子는 어린아이.

11 無由撫慰忠臣意 – 撫는 어루만질 무. 慰는 위로하다. 撫慰는 위로하다.

12 '劉備摔阿斗 — 收買人心'(유비가 아두를 땅에 버리다. – 인심을 얻으려 하다.) 라는 중국 속담(歇后語, 헐후어)도 있다.

却說 文聘引軍追趙雲至長板橋, 只見張飛倒竪虎鬚, 圓睜環眼, 手綽蛇矛, 立馬橋上. 又見橋東樹林之後, 塵頭大起, 疑有伏兵, 便勒住馬不敢近前.

俄而曹仁, 李典, 夏侯惇, 夏侯淵, 樂進, 張遼, 張郃, 許褚等都至. 見飛怒目橫矛, 立馬於橋上, 又恐是諸葛孔明之計, 都不敢近前, 紮住陣腳, 一字兒擺在橋西, 使人飛報曹操.

操聞知, 急上馬, 從陣後來. 張飛圓睜環眼, 隱隱見後軍青羅傘蓋, 旄鉞旌旗來到, 料得是曹操心疑, 親自來看.

飛乃厲聲大喝曰, "我乃燕人張翼德也! 誰敢與我決一死戰?" 聲如巨雷. 曹軍聞之, 盡皆股慄.

曹操急令去其傘蓋, 回顧左右曰, "我向曾聞雲長言, 翼德於百萬軍中, 取上將之首, 如探囊取物. 今日相逢, 不可輕敵."

한편, 文聘(문빙)은 군사를 이끌고 조운을 추격하여 장판교에 이르렀는데, 다만 張飛가 호랑이 수염(虎鬚, 호수)을 거꾸로 세우고,[13] 동그란 눈을 부릅뜬 채, 손에 구불구불한 창(蛇矛, 사모)을 쥐고 말을 탄 채 장판교 위에 서있는 것을 보았다. 그리고 교량의 동쪽 수풀에서는 흙먼지가 크게 피어오르고 있어 복병이 있는 것 같아[14] (문빙은) 말을 멈춘 채 감히 더 나가질 못했다.

잠시 뒤에[15] 曹仁(조인), 李典(이전), 夏侯惇(하후돈), 夏侯淵(하후연), 樂進(악진), 張遼(장료), 張郃(장합), 許褚(허저) 등이 모두 도착했다. 이들은 장비가 화난 눈으로 창을 비껴들고 교량에 말을 타고 있는 것을 보고서는 이것도 제갈공명의 계략인 것 같아 모두가 가까이 접근하지 못하고 진의 맨 앞줄에 자리를 잡고 다리의 서쪽에 一字로 벌여 선 채[16]사람을 시켜 조조에게 급히 보고하였다.

조조는 보고를 받고서 급히 말에 올라 진영의 뒤쪽에 도착했다. 장비의 크게 뜬 동그란 눈에 부대의 뒤쪽에서 푸른 비단의 해 가리개(日傘)와 도끼를 그린 깃대나 여러 깃발들이 다가오는 것이 어슴푸레 보이자[17] 장비는 조조가 의심이 들어 직접 나와서 확인하는

---

13 只見張飛倒豎虎鬚 ~ - 倒는 거꾸로 도. 豎는 세울 수. 똑바로 세우다. 鬚는 수염 수.

14 塵頭大起 疑有伏兵 - 塵은 티끌 진. 塵頭는 먼지(頭는 접미사). 疑는 의심이 들다.

15 俄而曹仁~ - 俄는 잠깐 아. 곧, 금새, 별안간.

16 紮住陣脚 一字兒擺在橋西 - 紮은 묶을 찰, 머무를 찰. 紮住는 자리를 잡다. 주둔하다. 陣脚(진각)은 진지의 맨 앞. 擺는 벌일 파. 늘어서다.

17 隱隱見後軍靑羅傘蓋, 旄鉞旌旗來到 - 隱隱(은은)은 어슴푸레하다. 보일락 말락

것이라 짐작하였다.[18]

　이에 장비가 큰 소리를 질렀다.

　"나는 燕人 張翼德이다! 감히 나와 죽도록 싸울 자 누구인가?"[19]

　그 목소리는 마치 천둥소리와 같았다. 조조의 군사들이 듣고서는 모두 다리가 후들거렸다.[20]

　조조는 급히 일산을 접게 시킨 뒤에[21] 측근을 둘러보며 말했다.

　"내가 전에 雲長한테 翼德은 백만 대군 중에서 上將의 수급을 잘라오기를 마치 주머니에서 물건을 꺼내듯 한다고[22] 들었었다. 오늘 만나보니 가벼이 상대할 수가 없도다."

原文

　言未已, 張飛睜目又喝曰, "燕人張翼德在此! 誰敢來決死戰?"

　曹操見張飛如此氣槪, 頗有退心. 飛望見曹操後軍陣脚移動, 乃挺矛又喝曰, "戰又不戰, 退又不退, 却

─────────

　　하다. 羅는 그물 라. 벌리다. 비단. 傘蓋(산개)는 日傘(일산). 傘은 우산 산. 旄는 깃대 장식 모. 鉞은 도끼 월. 旌은 깃발 정.

18 料得是曹操心疑 ─ 料는 되질할 요(료). 헤아리다, 짐작하다.

19 誰敢與我決一死戰 ─ 誰는 누구 수. 불특정인을 나타냄. 敢은 감히, 감히 ~하다.

20 盡皆股慄 ─ 股는 다리 고. 慄은 두려워할 율(률). 股慄(고율)은 다리가 떨리다.

21 曹操急令去其傘蓋 ─ 傘은 우산 산. 蓋는 덮을 개. 傘蓋(산개)는 日傘(일산).

22 如探囊取物 ─ 探은 찾을 탐. 더듬다, 뒤지다. 囊은 주머니 낭.

是何故!"

　喊聲未絶, 曹操身邊夏侯傑驚得肝膽碎裂, 倒撞於馬下. 操便回馬而走. 於是諸軍衆將一齊望西逃奔.

　正是, 黃口孺子, 怎聞霹靂之聲, 病體樵夫, 難聽虎豹之吼. 一時棄槍落盔者, 不計其數. 人如潮湧, 馬似山崩, 自相踐踏. 後人有詩曰,

　　長板橋頭殺氣生,　橫槍立馬眼圓睜.
　　一聲好似轟雷震,　獨退曹家百萬兵.

　却說 曹操懼張飛之威, 驟馬望西而走, 冠簪盡落, 披髮奔逃. 張遼, 許褚趕上扯住轡環. 曹操倉皇失措. 張遼曰, "丞相休驚. 料張飛一人, 何足深懼! 今急回軍殺去, 劉備可擒也."

　曹操方纔神色稍定, 乃令張遼, 許褚 再至長板橋探聽消息.

　第四十二回 張翼德大鬧長板橋 劉豫州敗走漢津口 中 節錄

國譯

　조조의 말이 끝나기도 전에 장비가 눈을 부릅뜨고 또 소리를 질

렀다.[23]

"燕人 장익덕이 여기 있다. 누가 나와 죽을 때까지 싸우겠는가?"

조조는 장비의 이 같은 기개를 보고서는 도망치고 싶은 생각뿐이었다.[24] 장비는 조조 뒤에 있는 군사의 대열이 움직이는 것을 보고 창을 휘두르며 또 소리쳤다.

"싸워 안 싸워? 후퇴냐 아니냐? 어쩌자는 거야!"

함성이 끝나기도 전에 曹操 곁에 있던 夏侯傑(하후걸)[25]이 놀라 간담이 찢어졌는지 말 아래로 거꾸로 굴러 떨어졌다.[26] 이에 조조는 바로 말머리를 돌려 달아났다. 이에 군대의 모든 장수들이 일제히 서쪽으로 달아나기 시작했다. 이는 바로 젖비린내 나는 어린아이가 벼락 치는 소리를 어찌 들으며,[27] 병든 나무꾼이 호랑이의 포효를 견디지 못하는 것과 같았다.[28] 일시에 창을 버리고 투구를 떨어트리는 자를 헤아릴 수가 없었다.[29] 군사들은 마치 썰물이 빠지

---

23 張飛睜目又喝曰 – 睜은 노리고 볼 정. 喝은 꾸짖을 갈. 마시다, 크게 소리치다.

24 頗有退心 – 頗는 자못 파, 치우칠 파. 매우. 頗有는 적지 않다, 흔히 있다.

25 夏侯傑(하후걸) – 가공인물.

26 驚得肝膽碎裂 倒撞於馬下 – 驚은 놀랄 경. 碎는 부서질 쇄. 裂은 찢어질 렬(열). 倒撞(도당)은 거꾸로 처박다.

27 黃口孺子 怎聞霹靂之聲 – 黃口는 노란 부리, 어린애. 애송이. 孺는 젖먹이 유. 怎은 어찌 즘. 어떻게. 霹은 벼락 벽. 靂은 벼락 칠 역(력). 霹靂(벽력)은 벼락.

28 病體樵夫 難聽虎豹之吼 – 樵는 땔나무 초. 樵夫는 나무꾼. 虎豹(호표)는 호랑이. 吼는 울 후. 포효(咆哮)하다.

29 一時棄槍落盔者 – 棄는 버릴 기. 盔는 투구 회.

듯, 軍馬는 산이 무너지듯[30] 서로가 서로를 짓밟았다.[31] 뒷날 시인이 이를 두고 읊었다.

長板橋 교량 위에 살기가 등등하니
말위에 창을 잡고 화난 눈 부릅떴다.
크나큰 고함 마치 벼락에 천둥 같아[32]
혼자서 조조 백만 대군을 물리쳤다.

한편, 조조는 장비의 위세에 눌려 말을 몰아 서쪽으로 달아났는데[33] 머리에 쓴 관과 비녀도 모두 떨어트리고, 산발한 채 마구 도주하였다.[34] 장료와 허저가 쫓아와 말고삐를 잡아 멈추게 했다.[35] 조조는 너무 두려워 제정신이 아니었다.[36] 이에 장료가 말했다.

"승상께서는 진정하십시오, 짐작컨대, 장비 한 사람이야 무엇이 두렵겠습니까? 급히 군사를 돌려 추격하면 유비를 잡을 수 있습니다."

---

30 人如潮湧, 馬似山崩 − 潮는 조수 조. 湧은 샘솟을 용. 崩은 무너질 붕.

31 自相踐踏 − 踐은 밟을 천. 踏은 밟을 답.

32 一聲好似轟雷震 − 好似(호사)는 마치 ~같다. 轟은 울릴 굉. 震은 벼락 진.

33 懼張飛之威 驟馬望西而走 − 懼는 두려울 구. 驟는 말 빨리 달릴 취.

34 冠簪盡落 披髮奔逃 − 簪은 비녀 잠. 披는 헤칠 피. 髮은 터럭 발. 머리카락. 奔은 달릴 분. 급히 뛰다, 달아나다. 逃는 달아날 도.

35 扯上扯住轡環 − 扯는 찢어버릴 차. 당기다, 끌다. 轡는 고삐 비.

36 曹操倉皇失措 − 倉皇은 ~할 겨를이 없다. 失措(실조)는 갈팡질팡하다.

조조는 겨우 정신을 가다듬었고,[37] 바로 장료와 허저를 시켜 다시 장판교에[38] 가서 소식을 알아보게 했다.

---

37 曹操方纔神色稍定 – 方纔(方才)는 방금, 막, 겨우. 神色은 안색, 표정. 稍는 점점 초. 稍定은 조금씩 안정되다.

38 再至長板橋探聽消息 – 板은 널빤지 판, 坂은 비탈 판, 阪은 비탈 판. 판본에 따라 다르다.

^{공 명 용 언 격 손 권}
43 孔明用言激孫權
孔明은 말로써 孫權을 격분케 하다.

생존을 위한 근거지조차 없는 유비에게 조조의 남하는 큰 위협이었
다. 유비와 제갈량은 손권과 연합하되 남북 대치 상황을 만들어 그
중간에서 독자 세력을 형성한다는 장기적 전략을 세운다. 유비는 이
장기적 계략에 의거하여 江東에 가서 손권을 설득하는 막중한 임무
를 수행할 인물을 찾는다. 이때 제갈량이 말한다.

"만약 강동에서 우리에게 사람을 보내오면, 제가 배를 타고 강동에
가서 세 치의 살아 있는 혀를 이용하여(憑三寸不爛之舌) 손권을 설득
하겠습니다."

이후 제갈량은 노숙을 따라 柴桑(시상)[1]으로 東吳를 방문하여 群儒(군
유)들과 舌戰(설전)을 벌인 다음에 孫權(182 – 252년)을 만난다. 기록
상으로 보면, 제갈량은 서기 181년 출생이니 손권보다 한 살 많았다.
하여튼 28, 27세, 패기만만한 영웅의 智略(지략) 싸움이었다. 제갈량
은 손권과 周瑜(주유)를 유세와 협상으로 설득하여 적벽대전(서기
208년)으로 연결시킨다.

---

1 柴桑縣(시상현) – 豫章郡 나중에는 江夏郡 소속, 今 江西省 최북단 九江市 서남.
鄱陽湖와 長江의 합류 지점. 吳의 세력거점, 金陵으로 천도한 이후에도 행정 겸
군사도시였다. 孫權은 211年에 秣陵(말릉, 建業, 今 南京)으로 옮기고, 金陵邑 舊地
에 石頭城 요새를 축조하고 다음 해 建業으로 개칭한다. 서기 229년, 孫權이 칭제
한 뒤에, 건업은 명실상부한 帝京이 되었다.

魯肅曰, "適間所囑, 不可有誤."

孔明點頭應諾. 引至堂上, 孫權降階而迎, 優禮相待. 施禮畢, 賜孔明坐. 衆文武分兩行而立. 魯肅立於孔明之側, 只看他講話.

孔明致玄德之意畢, 偸眼看孫權, 碧眼紫鬚, 堂堂儀表. 孔明暗思, "此人相貌非常, 只可激, 不可說. 等他問時, 用言激之便了."

獻茶已畢, 孫權曰, "多聞魯子敬談足下之才, 今幸得相見, 敢求敎益."

孔明曰, "不才無學, 有辱明問."

權曰, "足下近在新野, 佐劉豫州與曹操決戰, 必深知彼軍虛實."

孔明曰, "劉豫州兵微將寡, 更兼新野城小無糧, 安能與曹操相持?"

權曰, "曹兵共有多少?"

孔明曰, "馬步水軍, 約有一百餘萬."

權曰, "莫非詐乎?"

孔明曰, "非詐也. 曹操就兗州已有靑州軍二十萬,

平了袁紹, 又得五六十萬, 中原新招之兵三四十萬,
今又得荊州之軍二三十萬, 以此計之, 不下一百五十
萬. 亮以百萬言之, 恐驚江東之士也."

國譯

魯肅(노숙)[2]이 말했다.

"조금 전에 부탁한 일을 잘못하면 안 됩니다."[3]

공명은 고개를 끄덕이며 응락하였다.[4] 안내를 받아 堂上에 이르
자, 손권은 층계를 내려와 공명을 맞이하며 예를 갖춰 대우하였다.
인사가 끝나자 공명에게 자리를 권했다. 모든 文, 武臣들은 양쪽에
줄지어 서있었다. 노숙은 공명의 곁에 서서 대화하는 공명을 지켜

---

2 노숙은 劉備를 만난 뒤, 諸葛亮과 함께 柴桑(시상)으로 돌아가 孫權과 諸葛亮의
만남을 주선했다. 魯肅(노숙, 172 - 217, 字 子敬) - 臨淮郡 東城縣(今 安徽省 중
동부 定遠縣)사람. 체격이 장대하고 젊어서도 큰 뜻을 품고 奇計를 잘 꾸몄다. 사
람이 엄정하면서도 검소했고, 군진에서도 책을 손에서 놓지 않았으며, 글을 잘 지
었고 생각이 깊으며 사리가 명철했다. 본래 부자였고 周瑜와 친교를 맺었다. 東吳
의 著名한 外交家, 政治家. 孫權을 위한 외교방책을 수립했고, 주유가 죽자 東吳
의 군사 전략을 운용하며 유비와 연합 조조와 대결했다. 周瑜, 魯肅, 呂蒙, 陸遜을
東吳의 四大都督이라 하지만 노숙은 都督(지역군 사령관)을 역임하지는 않았다.
正史《三國志 吳書》9권, 〈周瑜魯肅呂蒙傳〉에 입전.

3 適間所囑 不可有誤 - 適間은 금방, 방금, 요즈음. 囑은 부탁할 촉. → 魯肅은 諸葛
亮에게 曹操의 軍事力이 莫强하다는 사실을 말하지 말라고 여러 차례 당부했다.

4 孔明點頭應諾 - 點頭는 동의, 승인, 찬성의 뜻으로 머리를 끄덕이다.(點首). 諾은
대답할 낙(락).

보았다.[5]

공명이 유비의 뜻을 전달한 뒤 곁눈으로 손권을 보니, 손권은 푸른 눈에 자주색 수염에 그 의표가 당당하였다. 공명은 마음속으로 '이 사람의 외모가 특별한 만큼 좀 격분시켜야지 그렇지 않으면 설득하기 어려울 것이니,[6] 질문을 기다렸다가 말로 격분시켜야 한다.' 라고 생각하였다. 차를 다 마시자, 손권이 말했다.

魯肅(노숙, 172-217)

"魯子敬(魯肅)을 통해 足下의 재능에 대한 말을 많이 들었는데,[7] 오늘 이렇게 만났으니 많이 지도해 주시기 바랍니다."

이에 공명이 말했다.

"재주도 없고 학문도 없어 말씀을 욕되게 할 것 같습니다."

"족하께서 최근에 新野에 있으면서 劉豫州(玄德)를 도와 조조와 결전을 벌렸으니 조조군의 허실을 잘 아시겠습니다."

---

5 只看他講話 - 講은 말할 강. 의논하다. 講話는 이야기하다. 발언하다.
6 只可激 不可說 - 激은 찌를 격. 말을 과격하게 하다, 감정을 자극하다.
7 足下之才 - 足下는 貴下, 연상 또는 同年輩를 稱하는 敬辭.

"劉豫州께서는 병력도 미약하고 장수도 적은데다가 신야현은 작은 성이고 군량도 없었으니 어찌 조조와 맞설 수 있었겠습니까?"[8]

"조조의 병력은 모두 얼마나 됩니까?"

"기병과 보병, 수군을 합하면 대략 1백여 만이 될 것입니다."

"거짓말은 아니겠지요?"[9]

"거짓이 아닙니다. 조조가 兗州(연주)[10]를 차지할 때 이미 靑州의 군사 20만이 있었고, 袁紹(원소)를 평정하고 또 5, 60만 명을 얻었으며, 中原에서 새로 모집한 군사가 3, 40만에, 또 이번에 형주의 군사 2, 30만을 합쳤으니, 이를 계산한다면 150만보다 적지 않을 것입니다. 제가 1백만이라 말한 것은 江東의 인사들이 놀랄까 걱정한 것입니다.

原文

魯肅在旁, 聞言失色, 以目視孔明, 孔明只做不見.

權曰, "曹操部下戰將, 還有多少?"

孔明曰, "足智多謀之士, 能征慣戰之將, 何止一二

---

8 安能與曹操相持 – 安은 어찌. 持는 가질 지. 堅持하다, 대항하다, 대치하다.

9 莫非詐乎 – 莫은 말 막. 莫非는 설마 ~은 아니겠지?, 혹시 ~이 아닐까?

10 兗州(연주) – 兗은 믿을 연, 고을 이름 연. 낙양의 동북이 원소 근거지인 冀州이고, 연주는 낙양의 동쪽 여러 군. 연주의 동북, 지금의 山東반도 일대가 靑州이다. 그 연주의 동쪽, 청주의 남쪽이 徐州이다.

千人!"

　權曰, "今曹操平了荊楚, 復有遠圖乎?"

　孔明曰, "卽今沿江下寨, 準備戰船, 不欲圖江東, 待取何地?"

　權曰, "若彼有呑併之意, 戰與不戰, 請足下爲我一決."

　孔明曰, "亮有一言, 但恐將軍不肯聽從."

　權曰, "願聞高論."

　孔明曰, "向者宇内大亂, 故將軍起江東, 劉豫州收衆漢南, 與曹操並爭天下. 今操荓除大難, 略已平矣. 近又新破荊州, 威震海内, 縱有英雄, 無用武之地, 故豫州遁逃至此. 願將軍量力而處之. 若能以吳越之衆, 與中國抗衡, 不如早與之絶. 若其不能, 何不從衆謀士之論, 按兵束甲, 北面而事之?"

國譯

　魯肅(노숙)은 곁에 있으면서 공명의 말을 듣고 얼굴이 질려 공명에게 눈짓하였지만, 공명은 그저 못 본척하였다.[11]

---

11 孔明只做不見 – 做는 지을 주. 만들다, 일하다. ~인 체하다. 본래 作의 俗字. 作

손권이 물었다. "조조의 부하로 전투에 능한 장수는 어느 정도입니까?"

공명이 말했다.

"지략과 謀事에 뛰어난 책사나 전투에 능숙한 장수가 어찌 1, 2천 명에 그치겠습니까?"

"이번에 조조가 荊州와 楚(초)를 평정했는데 그래도 더 큰 의도가 있습니까?"[12]

"지금 조조는 長江을 따라 성채를 만들고 戰船을 준비하고 있는데, 江東을 원정하지 않는다면 어디를 취하겠습니까?"

"만약 조조에게 그런 병탄의 뜻이 있다면[13] 전쟁 여부에 대한 족하의 방책을 말해 보시오."

"저 제갈량에게 한 가지 의견이 있지만 장군께서 따르지 않을 것입니다."

"그래도 고명한 의견을 듣고 싶습니다."

"지난 번 천하가 크게 혼란할 때,[14] 장군께서는 江東에서 기병하셨고 劉豫州(劉備)[15]께서는 漢水 남쪽(漢南)의 군사를 모아 조조와

과 거의 같은 뜻으로 쓰인다. 구체적인 행동이나 동작을 표현할 때 做를 씀. 做는 名詞로 쓸 수 없다.

12 曹操平了荊楚 復有遠圖乎 - 荊楚는 荊州. 遠圖는 遠謀. 원대한 계획.

13 若彼有呑併之意 - 呑은 삼킬 탄. 併은 아우를 병. 呑併(탄병)은 併呑(병탄). 삼키다. 아우르다.

14 向者宇內大亂 - 向者 - 以前에, 從前에, 그 前에. 宇內는 天下.

15 劉豫州 - 劉備는 한때 豫州牧에 임명되었다.

천하를 놓고 다투었습니다. 지금 조조는 큰 환난을 제거하고 천하를 대략 평정하였습니다.[16] 조조는 최근 형주를 격파하여 海內에 위세를 떨치고 있으니, 설령 영웅일지라도 그 힘을 쓸만한 근거지가 없기에[17] 유예주께서는 조조를 피해 지금 이런 상황에 이르렀습니다. 만약 吳越(오월)의 군사를 보유하고서도 中國(中原, 曹操)과 힘을 다툴 수 없다면[18] 일찌감치 그들(황제를 끼고 있는 曹操 세력)과 단절해야 합니다. 만약 그렇게(中原 세력과 맞서는 일) 못한다면, 여러 謀士들의 의논에 따라 무기를 접고 갑옷을 벗은 뒤 신하의 자리에서 섬기는 일을 어찌 아니하겠습니까?[19] (曹操를 섬기면 된다는 뜻.)

原文

權未及答. 孔明又曰, "將軍外託服從之名, 內懷疑

---

16 今操芟除大難 略已平矣 – 芟은 풀을 벨 삼. 제거하다. 芟除(삼제)는 없애다. 삭제하다. 略은 다스릴 약. 천하를 경영하고 사방을 빼앗다. 여기서는 원소를 제거한 일.

17 縱有英雄, 無用武之地 – 縱은 설령. 劉備는 능력이 있지만, 지금은 근거지가 없어 힘을 못 쓴다는 의미.

18 若能以吳越之衆 與中國抗衡 – 吳越(오월)은 옛 吳와 越國의 땅. 손권의 바탕이 되는 長江 중하류 일대. 中國은 帝王의 都邑 地域. 黃河 유역. 衡은 저울대 형. 抗衡(항형)은 맞서다, 필적하다, 맞먹다.

19 北面 – 임금(皇帝)은 南面하니, 臣下는 북쪽을 향한다.

貳之見, 事急而不斷, 禍至無日矣."

權曰,"誠如君言, 劉豫州何不降操?"

孔明曰,"昔田橫齊之壯士耳, 猶守義不辱, 況劉豫州王室之冑, 英才蓋世, 眾士仰慕? 事之不濟, 此乃天也, 又安能屈處人下乎?"

孫權聽了孔明此言, 不覺勃然變色, 拂衣而起, 退入後堂. 眾皆哂笑而散. 魯肅責孔明曰,"先生何故出此言? 幸是吾主寬洪大度, 不卽面責. 先生之言, 藐視吾主甚矣."

孔明仰面笑曰,"何如此不能容物耶? 我自有破曹之計, 彼不問我, 我故不言."

肅曰,"果有良策, 肅當請主公求教."

孔明曰,"吾視曹操百萬之眾, 如群蟻耳! 但我一擧手, 則皆爲齏粉矣!"

第四十三回 諸葛亮舌戰群儒 魯子敬力排眾議 中 節錄

國譯

손권이 대답도 하기 전에 공명이 또 말했다.

"장군께서는 겉으로 복종이라는 명분을 따르면서, 안(內)으로 의

심하는데[20] 사태가 긴급하나 결단하지 않는다면 머지않아 화가 닥칠 것입니다.[21]

손권이 말했다.

"정말 당신의 말대로라면 劉豫州는 왜 조조에게 투항하지 않는가?"

"옛날 田橫(전횡)[22]은 齊의 壯士로 대의를 지켜 욕을 당하지 않았거늘, 하물며 劉豫州께서는 漢 왕실의 후손으로 그 英才가 세상에 널리 알려졌고[23] 많은 사인의 존경을 받거늘, 어찌 항복하겠습니까? 일이 잘 풀리지 않은 것은 하늘의 뜻인데, 어찌 다른 사람 아래에 굽힐 수 있겠습니까?"

손권은 공명의 말을 듣고, 자신도 모르고 발끈 안색을 바꾸고[24] 옷을 떨치며 일어나[25] 후당으로 가버렸다. 모든 신하들은 공명을

---

20 內懷疑貳之見 – 懷는 품을 회. 貳는 두 이. 疑貳(의이)는 의심하며 두 마음을 갖다.

21 曹操와 戰爭 與否는 曹操의 신하가 되느냐 아니냐의 문제이니, 곧 決斷해야 한다는 뜻.

22 田橫(전횡, ? – 前 202년) – 戰國시대 齊 王族의 후예, 한때 齊王으로 한고조에 맞섰다. 漢 高祖 劉邦에게 降服을 거부하고 자결하였다. 섬에 남아있던 그 部下 500명도 모두 自決했다.

23 況劉豫州王室之胄 英才蓋世 – 況은 모양 황. 하물며, 더군다나. 胄(肉部 5劃)는 후손 주. 맏아들. 후손. 胄(肉部 7劃)는 투구 주. 모양은 같으나 다른 글자이다. 蓋는 덮을 개. 蓋世는 세상에 으뜸가다. 세상을 압도하다.

24 不覺勃然變色 – 勃은 발끈할 발. 갑자기. 勃然(발연)은 안색이 변하는 모양.

25 拂衣而起 – 拂은 떨칠 불. 털다. 拂衣는 拂袖(불수).

비웃으며 흩어졌다.²⁶ 노숙도 공명을 책망하였다.

"선생은 왜 그런 말씀을 하십니까? 우리 주군의 도량이 넓고 커서 면전에서 직접 책망하지 않은 것이 다행입니다. 선생의 말씀은 우리 주군을 너무 업신여겼습니다."[27]

그러자 孔明은 고개를 들고 웃으면서 말했다.

"어찌 이리 속이 좁아 포용을 못하시는가! 나는 조조를 격파할 계책이 있는데, 나에게 묻지 않았기에 말하지 않았습니다."

"정말 좋은 방책이 있다면 이 노숙이 주군을 청해 듣도록 하겠습니다."

이에 공명이 말했다.

"나는 조조의 백만 대군을 마치 개미떼처럼[28] 생각할 뿐입니다. 만약 내가 손을 한번 휘두른다면 모두 가루가 될 것입니다."[29]

---

26 衆皆哂笑而散 − 哂은 비웃을 신. 哂笑(신소)는 비웃다, 嘲笑(조소)하다. 동맹을 구걸할 사람이 孫權의 화만 돋웠다고 비웃었다.

27 藐視吾主甚矣 − 藐는 작을 묘(막). 업신여기다. 藐視(묘시)는 경시하다, 깔보다.

28 如群蟻耳 − 蟻는 개미 의.

29 則皆爲虀粉矣 − 虀는 생채 제. 다지다. 虀粉(제분)은 잘게 부순 가루.

44 孔明用智激周瑜
공 명 용 지 격 주 유

孔明이 꾀를 써서 주유를 격분케 하다.

어느 조직이든 상대적인 두 개념, 태도나 세력이 존재한다. 예를 들면 主戰과 主和, 改革이나 保守, 아니면 挑戰(도전)이나 保身의 이념과 그에 따른 그룹이나 세력이 있다.
孔明이 생각한 유비의 생존과 발전 방략은 손권과 손잡고 조조에게 대항하면서 자생력을 길러 自存(자존)하는 것이었다. 그러기 위해서는 吳의 主戰派인 周瑜(주유)를 끌어들여야만 했다.

原文

至晩, 人報魯子敬引孔明來拜. 瑜出中門迎入. 叙禮畢, 分賓主而坐. 肅先問瑜曰, "今曹操驅衆南侵, 和與戰二策, 主公不能決, 一聽於將軍. 將軍之意若何?"

瑜曰, "曹操以天子爲名, 其師不可拒. 且其勢大, 未可輕敵. 戰則必敗, 降則易安. 吾意已決. 來日見主

116 삼국연의 원문 읽기 (下)

公, 便當遣使納降."

魯肅愕然曰, "君言差矣! 江東基業, 已歷三世, 豈可一旦棄於他人? 伯符遺言, 外事付託將軍. 今正欲仗將軍保全國家, 爲泰山之靠, 奈何亦從懦夫之議耶?"

瑜曰, "江東六郡, 生靈無限. 若罹兵革之禍, 必有歸怨於我, 故決計請降耳."

肅曰, "不然. 以將軍之英雄, 東吳之險固, 操未必便能得志也."

國譯

저녁 때, 魯子敬(魯肅)이 공명과 함께 찾아왔다는 보고가 들어왔다. 주유는 中門까지 나와 맞이하였다. 인사가 끝나자, 주인과 손님의 자리에 좌정하였다. 노숙이 먼저 주유에게 물었다.

"이번에 조조가 군사를 몰고 남침하는데[1] 講和(강화)나 전쟁의 두 방책을 놓고 주공(孫權)께서 결정할 수가 없어 장군의 의견을 물어보라고 하였습니다. 장군의 뜻은 어떠합니까?"[2]

주유가 말했다.

---

1 今曹操驅衆南侵 – 驅는 몰 구. 가축을 몰다, 빨리 달리다, 쫓아내다. 衆은 군사.

2 將軍之意若何 – 若은 같을 약. 若何(약하)는 어떠한가?

"조조는 천자를 명분으로 내세우니 그 군사에 맞설 수 없습니다. 거기다가 그 세력이 강대하니 가벼이 상대할 수도 없습니다. 싸운다면 우리가 필패할 것이니 투항이 쉽고도 안전합니다. 나의 뜻은 이미 결정되었습니다. 내일 주공을 만나, 곧 사자를 보내 항복하는 것이 좋다고 말할 것입니다."[3]

노숙이 깜짝 놀라면서 말했다.[4]

"장군의 말씀은 틀렸습니다. 江東에 터를 잡은 지 이미 三世를 지냈는데, 어찌 하루 아침에 타인에게 넘겨줄 수 있습니까?[5] 伯符(백부, 孫策의 字)의 유언에도 밖의 일은 장군에게 부탁하였습니다. 지금 장군께서 나라 지켜주기를 泰山같

周瑜(주유)

---

3 便當遣使納降 - 便當은 곧바로 ~해야 한다. ~이 편하다.

4 魯肅愕然曰 - 愕은 놀랄 악.

5 豈可一旦棄於他人 - 一旦 - 하루아침, 일단(아직 일어나지 않은, 假定). 棄는 버릴 기.

이[6] 믿고 있거늘, 어찌 겁쟁이와 같은 주장을 따를 수 있겠습니까?"[7]

그러자 주유가 말했다.

"江東 6郡의 백성은 무한히 많습니다. 만약 전쟁의 화를 입게 된다면[8] 모든 허물은 나에게 올 것이기에 투항하기로 결정한 것뿐입니다."

"그렇지 않습니다. 장군의 영웅과 같은 기개와 우리 東吳의 險固(험고)한 지형이 있어 조조는 절대로 쉽게 그 뜻을 이룰 수 없습니다."

原文

二人互相爭辯, 孔明只袖手冷笑.
瑜曰, "先生何故哂笑?"

6　爲泰山之靠 – 泰山은 높고 큰 산, 존경받는 사람. 靠는 기댈 고. 의지하다. 泰山은 五嶽의 하나. 古名 岱山(대산) 또는 岱宗, 山東省 중부, 泰安市 관내, 主峰 玉皇峰은 해발 1,532m. 오악은 北岳(北嶽)인 今 山西省의 恒山(항산, 常山), 西岳인 陝西省의 華山, 中岳인 河南省의 嵩山(숭산), 東岳인 山東省 泰山, 南岳인 湖南省 衡山(형산).

7　奈何亦從懦夫之議耶 – 奈何(내하)는 어찌하여, 反問의 형식으로 如何와 같음. 懦는 나약할 나. 懦夫는 겁쟁이.

8　若罹兵革之禍 – 罹는 근심할 이, 만날 이(리). 재난을 당하다, 병에 걸리다. 兵革은 무기와 갑옷, 전쟁.

孔明曰, "亮不笑別人, 笑子敬不識時務耳.

肅曰, "先生如何反笑我不識時務?"

孔明曰, "公瑾主意欲降操, 甚爲合理."

瑜曰, "孔明乃識時務之士, 必與吾有同心."

肅曰, "孔明, 你也如何說此?"

孔明曰, "操極善用兵, 天下莫敢當. 向只有呂布, 袁紹, 袁術, 劉表敢與對敵. 今數人皆被操滅, 天下無人矣. 獨有劉豫州不識時務, 强與爭衡. 今孤身江夏, 存亡未保. 將軍決計降曹, 可以保妻子, 可以全富貴. 國祚遷移, 付之天命, 何足惜哉!"

魯肅大怒曰, "汝敎吾主屈膝受辱於國賊乎!"

孔明曰, "愚有一計. 並不勞牽羊擔酒, 納土獻印. 亦不須親自渡江. 只須遣一個之使, 扁舟送兩個人到江上. 操若得此兩人, 百萬之衆, 皆卸甲捲旗而退矣."

瑜曰, "用何二人, 可退操兵?" 孔明曰, "江東去此兩人, 如大木飄一葉, 太倉減一粟耳. 而操得之, 必大喜而去."

二人이 서로 논쟁을 하는 동안, 孔明은 팔짱을 끼고 냉소하였다.[9]

주유가 물었다. "선생은 왜 비웃고 있습니까?"[10]

공명이 말했다.

"저는 다른 사람을 보고 웃은 것이 아니고 子敬께서 時務를 모르기에 웃었을 뿐입니다."

그러자 노숙이 물었다.

"선생은 왜 내가 시무를 모른다고 비웃습니까?"

공명이 말했다.

"公瑾(공근, 周瑜)께서 조조에게 투항하자는 주장이 이치에 매우 합당합니다."

주유가 말했다.

"공명은 시무를 잘 아는 사람입니다. 틀림없이 나와 같은 생각입니다."

그러나 노숙이 말했다.

"공명! 당신은 왜 그런 말을 합니까?"

孔明이 말했다.

"조조는 아주 用兵을 잘 하기에 천하의 누구도 당할 수 없습니

---

9 孔明只袖手冷笑 – 袖는 소매 수. 소매 속에 넣다. 袖手(수수)는 팔짱을 끼다. 상관 않다.

10 先生何故哂笑 – 哂은 비웃을 신. 哂笑(신소)는 비웃다.

다. 지난날의 呂布(여포), 袁紹(원소), 袁術(원술), 劉表(유표) 모두가 상대가 되지 못했습니다. 지금 이 여러 사람들이 모두 조조에게 망하여 천하에 맞설 자가 없습니다. 다만 劉豫州만은 時務를 잘 모르기에 조조와 싸우려 할 뿐입니다. 지금 江夏(강하)에서 외톨이가 되어 그 존망을 보장할 수가 없습니다. 장군께서 조조에게 투항한다면 처자를 살릴 수 있고 부귀를 온전히 누릴 수 있습니다. 나라 운명의 교체야[11] 하늘에 달렸거늘 어찌 애석하겠습니까!"

노숙이 대노하며 말했다.

"당신은 나의 주군께서 國賊(국적)인 조조에게 무릎을 꿇는 치욕을 겪으라는 말인가?"[12]

그러자 공명이 말했다.

"나에게 계책이 하나 있소이다. 결코 羊이나 술을 갖고 가거나, 땅이나 국서를 바칠 필요도 없습니다.[13] 또 친히 長江을 건너갈 필요도 없습니다.[14] 다만 사신을 한 사람 보내 조그만 배에 두 사람만 태워 가면 됩니다. 만약 조조가 이 두 사람만 차지한다면 백만 대군

---

11 國祚遷移 – 祚는 복 조. 國祚는 나라의 王位, 王朝. 나라의 복. 遷은 옮길 천. 遷移는 옮겨가다, 시세에 따라 변하다.

12 汝教吾主屈膝受辱~乎 – 教는 시키다. 屈은 굽힐 굴. 膝은 무릎 슬. 屈膝(굴슬)은 무릎을 꿇다, 굴복하다.

13 並不勞牽羊擔酒 – 並은 결코. 牽은 끌 견. 끌고 가다. 擔은 멜 담. 牽羊擔酒는 항복하는 者가 羊을 끌어다가 바치다. 본래는 '牽羊把茅'이지만 孔明이 쉽게 알 수 있는 '牽羊擔酒'로 바꾸어 말했다.

14 亦不須親自渡江 – 須는 모름지기 수. 不須는 ~할 필요가 없다.

은 즉시 갑옷을 벗고 깃발을 말아서 퇴각할 것입니다."[15]

주유가 물었다.

"어떤 두 사람으로 조조의 군사를 물리칠 수 있습니까?"

이에 공명이 말했다.

"江東 땅에서 이 두 사람을 보낸다면, 이는 큰 나무에서 잎 하나가 떨어지고 큰 창고에서 곡식 한 알 줄어드는 것과 마찬가지입니다.[16] 그러나 조조가 차지한다면 틀림없이 기뻐하며 물러날 것입니다."

原文

瑜又問果用何二人, 孔明曰, "亮居隆中時, 卽聞操於漳河新造一臺, 名曰銅雀, 極其壯麗. 廣選天下美女以實其中. 操本好色之徒, 久聞江東喬公有二女, 長曰大喬, 次曰小喬, 有沈魚落雁之容, 閉月羞花之貌. 操曾發誓曰, '吾一願掃平四海, 以成帝業, 一願得江東二喬, 置之銅雀臺, 以樂晚年, 雖死無恨矣.' 今雖引百萬之衆, 虎視江南, 其實爲此二女也. 將軍何不去尋喬公, 以千金買此二女, 差人送與曹操. 操

---

15 皆卸甲捲旗而退矣 – 卸는 풀 사. 捲은 감아 말 권. 退는 퇴각하다.

16 如大木飄一葉 太倉減一粟耳 – 飄는 회오리바람 표. 흩어지다. 太倉은 큰 창고. 粟은 알곡 속.

得二女, 稱心滿意, 必班師矣. 此范蠡獻西施之計, 何
不速爲之?"

瑜曰, "操欲得二喬, 有何證驗?"

孔明曰, "曹操幼子曹植, 字子建, 下筆成文. 操嘗
命作一賦, 名曰〈銅雀臺賦〉. 賦中之意, 單道他家合
爲天子, 誓取二喬."

瑜曰, "此賦公能記否?" 孔明曰, "吾愛其文華美,
嘗竊記之."

瑜曰, "試請一誦." 孔明卽時誦〈銅雀臺賦〉云,

國譯

周瑜(주유)[17]가 과연 어떤 두 사람을 보내느냐고 또 묻자, 공명이
말했다.

"내가 隆中(융중)에 살면서 조조가 漳河(장하)에 새로 누각을 하나

---

17 周瑜(주유, 175 – 210년, 字 公瑾) – 瑜는 아름다운 옥 유. 주유를 보통 '周郞'이라
는 애칭으로 부른다. 주유가 지휘한 赤壁之戰(건안 13년, 서기 208)은 以少勝多
의 전투로 유명하며, 이는 삼국정립의 계기가 되었다. 이 적벽대전을 치룬 2년
뒤에 주유는 36세로 병사했다. 魯肅, 呂蒙, 陸遜과 함께 吳의 四大都督으로 불린
다. 주유는 젊은 날에 일찍 출세했지만 언제나 謙虛 寬容하였으며 相貌가 堂堂
했고 음률에도 정통하여 '曲有誤하면 周郞이 돌아본다.'는 말이 생겼다. 孫策과
孫權도 주유를 높이 예우했으며, 아내 小橋(소교)는 國色이었고, 영웅과 國色 커
플에 대한 후세 사람의 心願을 北宋 文豪 蘇軾(소식)은〈念奴嬌/赤壁懷古〉에서
형상화하였다(서기 1082년).

짓고 이름을 銅雀臺(동작대)라 하였는데[18] 아주 壯大美麗(장대미려)
하다고 들었습니다. 조조는 널리 천하의 미녀를 뽑아 동작대를 채
웠습니다. 조조는 본래 호색하는 자라서 江東 喬公(교공)[19]에게 딸
이 둘 있고, 큰딸은 大喬(대교), 작은딸은 小喬(소교)라고 하는데[20]
모두 沈魚落雁(침어낙안)의 얼굴에 閉月羞花(폐월수화)[21]의 자태라는

---

18 即聞操於漳河新造一臺 名曰銅雀 - 漳은 강 이름 장. 銅은 구리 동. 雀은 참새
작. 銅雀(동작)은 청동으로 만든 봉황, 태평성대의 상징. 조조는 銅雀臺(동작대)
를 건안 15년(서기 210), 鄴縣(업현, 今 河北省 邯鄲市 臨漳縣 三臺村)에 건축했다.
이는 曹操가 袁紹를 격파한 뒤에 건립한 일종의 기념물이었다. 이어 나중에 金
虎臺와 冰井臺(빙정대)를 지어 三臺라 통칭하였다. 이는 建安 17年(212年)의 일
로 알려졌다. 당시 曹操는 〈登臺賦〉를 지었다. 따라서 주유와 공명이 만나는 서
기 208년에 동작대가, 또 〈동작대부〉도 있지 않았다. 이는 《삼국연의》 작가가
역사적 사실의 시간과 장소를 적당히 바꿔 구성했다는 뜻이다.

19 正史 《三國志 吳書》 9권, 〈周瑜魯肅呂蒙傳〉에는 「그때 橋公(교공)에게 두 딸이
있었는데 모두 國色이었다. 손책은 큰딸 大橋(대교)를, 주유는 小橋(소교)를 맞이
하였다(自納).」라고 기록했다. 正史 《三國志 吳書》에는 二橋의 부친인 廬江郡
(여강군) 橋公(교공)이 누구인지 설명이 없다. 《三國演義》에서는 橋公, 또는 喬國
老라 하면서 漢朝의 太尉를 역임한 橋玄(교현)으로 설정했지만 橋玄은 靈帝 光
和 6년(서기 183년)에 향년 75세로 죽었다. 당시 橋玄(교현, 字 公祖)은 靈帝 때
三公과 太尉를 역임했다. (《後漢書》 51권, 〈李陳龐陳橋列傳〉에 立傳되었다.) 교
현은 젊은 날의 조조에게 "天下가 크게 어지러울 텐데 命世之才가 아니면 不能
濟인데, 천하를 안정시킬 사람은 바로 당신이요."라고 말했다. 손책이 격파한
皖城(환성)은 袁術의 故地였기에 橋公(喬公)은 원술의 옛 부하로 대장군이었던
橋蕤(교유, ? - 197년)로 추정할 수 있다. 그렇다면 二橋는 승전의 결과로 얻은 여
인이었고, 그때까지 손책과 주유가 미혼일 수 없기에 正妻가 아닌 첩실로 맞이
했을 것이다.

20 大橋, 小橋를 《三國演義》에서는 大喬, 小喬로. 蘇軾(소식)의 〈念奴嬌〉에서는 嬌
(아리따울 교)로 표기했다.

21 沈魚落雁(침어낙안)과 閉月羞花(폐월수화)는 미인의 용모를 설명하는 成語이다.

것을 알고 있었습니다. 그래서 조조는 전부터 '내 소원 중 하나는 천하를 평정하여 帝業을 이룩하는 것이고, 또 다른 소원은 江東 땅의 二喬(이교)를 데려다가 동작대에 두고 만년을 즐길 수 있다면 죽어도 여한이 없을 것이다.' 라고 말했습니다. 지금 조조가 비록 백만 대군을 이끌고 강남을 虎視眈眈(호시탐탐) 노리는 것도 사실은 이 두 여인 때문입니다. 그러니 장군께서는 왜 빨리 교공을 찾아가[22] 천금을 주고서라도 그 두 딸을 데려다가 사람을 시켜 조조에게 보내면 되지 않겠습니까? 조조가 두 여인을 차지한다면 마음이 흡족하여 틀림없이 군사를 철수할 것입니다.[23] 이는 范蠡(범려)가 西施(서시)를 헌상한 계책[24]과 같으니, 왜 서두르지 않으십니까?"

　그러자 주유가 물었다.

중국인들이 꼽는 역사상 4대 四大美人은 西施(서시, 沈魚의 주인공), 王昭君(왕소군, 落雁의 주인공), 貂蟬(초선, 閉月의 주인공), 楊太眞(楊玉環, 楊貴妃, 羞花의 주인공)이다. 물론 초선은 가공인물이다.

22 將軍何不去尋喬公 - 尋은 찾을 심. 방문하다. 喬는 높을 교. 喬公(교공)은 《삼국연의》에서 喬國老로 나온다.

23 稱心滿意 必班師矣 - 稱은 저울질 할 칭. 헤아리다, 적당하다, 마음에 맞다. 班師(반사)는 군대를 철수하다, 개선하다.

24 范蠡(범려, 범리, 前 536 - 448년, 字 少伯) - 范은 풀이름 범, 성씨 범. 蠡는 나무좀 려, 벼슬 이름 리(lí), 보통 陶朱公(도주공)으로 불린다. 월왕 구천의 신하. 구천이 부차에 대한 복수를 성공하자, 범리는 서시를 데리고 五湖에 숨는다. 중국인의 財神으로 추앙받는다. 西施(서시)는 춘추시대 吳와 越이 다툴 때, 越王 勾踐(구천)이 范蠡(범리)의 계책에 의거 夫差(부차)에게 바친 미녀가 서시이다. 서시가 냇물에서 비단을 빨래할 때, 물고기도 서시의 미모가 부러워 물속에 가라앉는다는 沈魚(침어)의 주인공.

"조조가 二喬를 얻으려 한다는 무슨 증거라도 있습니까?"

그러자 공명이 말했다.

"曹操의 작은아들이 曹植(조식)[25]으로, 字는 子建인데 붓을 잡았다 하면 문장이 나옵니다. 조조가 전에 조식에게 賦(부)를 짓게 하였으니 이름하여 〈銅雀臺賦〉입니다. 〈동작대부〉는 조씨 일가가 천자가 되고 이교를 차지하겠다고 맹서하는 내용입니다."[26]

주유가 "그 부를 외울 수 있습니까?"라고 물었다. 그러자 공명이 말했다.

"나는 그 浮華美麗(부화미려)한 문장이 좋아서 전부터 그냥 외우고 있었습니다."[27]

주유가 "한번 외워 보시오."라고 말했다. 공명은 즉시 〈銅雀臺賦〉를 외웠다.

---

25 曹植(조식, 192 – 232년, 字 子建) – 曹操 第 4子, 卞氏嫡出의 第 三子, 曹丕 – 曹彰 – 曹植 順. 曹魏의 저명한 詩人. '才高八斗(八斗之才)' '七步成詩'의 주인공. 조식의 才華는 후세 시인의 推崇을 받았다. 曹操, 曹丕와 함께 시단의 '三曹'로 불림. 부친이나 형과는 달리 政務에는 전혀 손을 대지 않았다. 陳 思王은 죽은 다음의 시호이다. 曹植 작품은 1백여 편이 전하나 대부분 五言詩이고 후세에《陳思王集》이 편찬되었다. 조식의 詩作은 '骨氣奇高' 하다는 평을 듣는데 建安文學의 成就와 特色을 잘 나타내고 있다. 보통 알려진 〈七步詩〉는《三國演義》第 79回, 〈兄逼弟曹植賦詩〉에 수록되었다.

26 單道他家合爲天子 誓取二喬 – 單은 다만, 오로지. 道는 말하다(曰에 해당함.), 말로 감정을 표현하다. 誓는 맹세할 서.

27 嘗竊記之 – 竊은 훔칠 절. 슬그머니, 제가 그냥, 삼가. 자신을 드러내지 않으려는 겸손의 뜻으로 쓰인다. 記는 기록하다, 기억하다, 외우다.

(前略) 周瑜聽罷, 勃然大怒, 離座指北而罵曰, "老賊欺吾太甚!" 孔明急起止之曰, "昔單于屢侵疆界, 漢天子許以公主和親, 今何惜民間二女乎?"

瑜曰, "公有所不知. 大喬是孫伯符將軍主婦, 小喬乃瑜之妻也."

孔明佯作惶恐之狀, 曰, "亮實不知. 失口亂言, 死罪! 死罪!"

瑜曰, "吾與老賊誓不兩立!"

孔明曰, "事須三思, 免致後悔."

瑜曰, "吾承伯符寄託, 安有屈身降操之理? 適來所言, 故相試耳. 吾自離鄱陽湖, 便有北伐之心, 雖刀斧加頭, 不易其志也. 望孔明助一臂之力, 同破曹操."

孔明曰, "若蒙不棄, 願效犬馬之勞, 早晚拱聽驅策."

瑜曰, "來日入見主公, 便議起兵."

第四十四回 孔明用智激周瑜 孫權決計破曹操 中 節錄

(前略)[28]

주유는 다 듣고 나서 버럭 크게 화를 내며 자리에서 일어나 북쪽을 가리키며 "늙은 놈이 나를 아주 깔보는구나!"라고[29] 욕을 하였다. 그러자 공명이 서둘러 제지하며 말했다.

"옛날 (흉노족의) 單于(선우)[30]가 漢의 강역을 자주 침범하였는데 漢의 天子는 공주를 시집보내 和親하였는데, 지금 백성의 두 여인 보내는 것을 왜 아까워하십니까?"

주유가 말했다.

"公은 아직 모르고 있습니다. 大喬는 孫伯符(손백부, 孫策) 장군의 主婦이고, 小喬는 나의 아내입니다."[31]

---

28 前略 - 曹植의 〈銅雀臺賦〉全文. 孔明은 賦에 있는 '二橋'를 '二喬'로 읊어 周瑜의 분노를 격발케 했다.

29 老賊欺吾太甚 - 老賊은 曹操. 欺는 속일 기. 업신여기다, 깔보다.

30 單于(선우) - 單은 광대한 모양 선. 흉노족의 왕을 부르는 칭호. 선우의 姓은 攣鞮氏(연제씨)인데, 單于(선우)란 '광대한 하늘 모양'의 뜻. 흉노는 유목이 본업이기에 국가의 수도가 없지만 선우의 직할지를 單于庭(선우정)이라 하였다. 左, 右賢王과 左, 右谷蠡(우녹리, 鹿离 lùlí)와 좌우 大將, 昆邪王(혼야왕), 日逐王(일축왕) 등이 모두 선우 아래의 관직명이다. 전한 초기 강성했던 흉노는 무제 이후 쇠약해졌고 宣帝 재위 중에는 呼韓邪單于(호한야선우, 재위 前 58 - 31) 때 흉노는 선우가 남북으로 갈라진다. 호한야선우는 前 51년에 장안에 와서 선우로서는 최초로 中原의 황제(宣帝)를 알현한다. 元帝 마지막 해인 竟寧(前 33년)에 또 한 번 장안에 와서 和親하고 유명한 王昭君(왕소군)을 데리고 돌아갔다.

31 大喬是孫伯符將軍主婦 - 孫伯符는 孫策. 主婦는 一家之女主人, 本妻, 正室. 손책과 주유는 同壻(동서)로, 손책의 부인(또는 妾)이 大橋(대교), 주유의 부인이 小橋라고 했다. 손책이 26세에 죽었기에(서기 200) 대교의 신혼은 불과 몇 달이었

孔明은 거짓으로 황공한 척하면서 말했다.[32]

"저는 정말 몰랐습니다. 입을 함부로 놀려 실없는 말을 하였으니 죽을죄를 지었습니다."

주유가 말했다. "나는 조조 그 늙은 놈과 결코 같은 세상에 살 수 없다."[33]

공명이 말했다. "일은 3번 생각해야 후회가 없을 것입니다."

주유가 말했다.

"나는 伯符(백부, 손책)의 유언을 받았는데, 어찌 몸을 굽혀 조조에게 투항하겠습니까? 아까 한 말은 모두 일부러 해 본 말입니다. 내가 鄱陽湖(파양호)[34]를 떠날 때부터 곧 북벌을 결심했었으니, 비록 칼이나 도끼에 잘릴지언정 내 뜻은 바꿀 수 없습니다. 공명께서도 내가 조조를 격파할 수 있게 함께 도와주기 바랍니다."

공명이 말했다. "만약 저를 버리지 않는다면 저의 힘을 다 바쳐 조만간 적을 물리칠 방안대로 따르겠습니다."[35]

주유는 "내일 들어가 主公을 뵙고 곧 기병하도록 의논하겠습니다."라고 말했다.

고, 손책이 죽자 대교는 몇 달을 통곡하다가 절명했다는 이야기가 전한다. 그렇다면 서기 208년에 대교는 이미 저 세상 사람이었다.

32 孔明佯作惶恐之狀 – 佯은 거짓 양. 惶은 두려울 황. 당황하다, 惶恐해 하다.

33 吾與老賊誓不兩立 – 老賊은 영감태기, 놈, 새끼. 誓는 맹세할 서.

34 鄱陽湖(파양호) – 今 江西省 북부, 長江 남안에 위치한 거대한 담수호.

35 早晚拱聽驅策 – 早晚은 아침과 저녁, (미래의) 언제. 拱은 두 손 맞잡을 공. 拱聽은 두 손을 모아잡고 듣겠다, 순순히 따르겠다. 驅策은 (사람을) 부리다, 혹사하다. 使役하다.

45 用奇謀孔明借箭
孔明은 奇謀로 화살을 얻다.

소설에서 제갈량이 여섯 살이나 위인 周瑜(주유, 175년생)를 데리고
노는 장면 곳곳을 읽다보면《三國演義》를 만들고 다듬어온 중국인의
지혜에 감탄을 금할 수 없다.

제갈량이 조조로부터 화살 10만 개를 뺏은 것인데, 이를 굳이 '화살
을 빌렸다(借箭)'고 썼다. 그 화살은 나중에 조조 군사에게 되돌려줄
것이니, 빌려왔다는 말이 맞긴 맞는다. 조조의 군사는 열심히 화살을
만들어서 孔明에게 빌려 주었다가 되돌아오는 그 화살에 죽어갔다.

原文

次日, 聚衆將於帳下, 敎請孔明議事. 孔明欣然而
至. 坐定, 瑜問孔明曰, "卽日將與曹軍交戰, 水路交
兵, 當以何兵器爲先?"

孔明曰, "大江之上, 以弓箭爲先."

瑜曰, "先生之言, 甚合吾意. 但今軍中正缺箭用,

敢煩先生監造十萬枝箭, 以爲應敵之具. 此係公事,
先生幸勿推卻."

孔明曰, "都督見委, 自當效勞. 敢問十萬枝箭, 何
時要用?"

瑜曰, "十日之內, 可辦完否?"

孔明曰, "操軍卽日將至, 若候十日, 必誤大事."

瑜曰, "先生料幾日可辦完?"

孔明曰, "只消三日, 便可拜納十萬枝箭."

瑜曰, "軍中無戲言."

孔明曰, "怎敢戲都督! 願納軍令狀, 三日不辦, 甘
當重罰."

國譯

다음 날, 주유는 여러 장수를 지휘부에 모아놓고 의논할 일이 있
다면서 공명을 불렀다. 공명은 흔쾌히 찾아갔다.[1] 좌정하자, 주유
가 공명에게 물었다.

"곧 조조의 군사와 교전하게 된다면[2] 水路에서 싸워야 하는데,

---

1 孔明欣然而至 ‒ 欣은 기쁠 흔. 欣然은 기꺼이, 쾌히, 선뜻.

2 卽日將與曹軍交戰 ‒ 卽日은 그날, 당일, 수일 내. 將은 장차, 곧.

어떤 무기가 가장 중요하겠습니까?"[3]

"大江에서 싸우니 활과 화살이 우선입니다."

"선생의 말씀은 정말 제 생각과 같습니다. 그러나 지금 우리는 꼭 써야 할 화살이 부족한 실정입니다.[4] 어렵겠지만 선생께서 10만 개 화살을 만들어 적을 상대할 수 있도록 감독 좀 해주십시오. 이는 공적인 업무이니 선생께서 사양치 마시기 바랍니다."[5]

"도독께서 부탁하시는 일이니 응당 해야 할 일입니다. 화살 10만 개를 언제 쓸 것입니까?"

"열흘 안에 다 만들 수 있겠습니까?"[6]

"조조의 군사가 내일이라도 닥칠 수 있는데, 만약 열흘이나 기다려야 한다면[7] 틀림없이 대사를 그르칠 것입니다."

"선생께서는 며칠이면 다 조치할 수 있겠습니까?"

"그저 3일이면 화살 10만 개를 바칠 수 있습니다."

"軍中에 농담은 없습니다."

"어찌 도독에게 농담을 하겠습니까![8] 3일 내 해결하지 못할 경우, 원하신다면 중벌을 감수하겠다는 軍令狀(군령장)을 쓰겠습니다."

---

3 當以何兵器爲先 - 以~爲~는 ~을 ~이라 생각하다. 先은 先頭, 우선, 처음.

4 但今軍中正缺箭用 - 正은 꼭, 딱, 바로, 마침. 副詞로 쓰였다. 缺은 모자랄 결.

5 此係公事, 先生幸勿推卻 - 係는 是. ~이다. 幸은 바라다, 희망하다. 推却(추각)은 推辭, 사양하다, 거절하다.

6 可辦完否 - 辦은 힘쓸 판. (일 따위를) 맡아 처리하다.

7 若候十日 - 若은 만약. 候는 물을 후. 기다리다, 지키다.

8 怎敢戲都督 - 怎은 어찌 즘. 어떻게, 어찌 ~하랴. 反問. 戲는 희롱할 희.

用奇謀孔明借箭(용기모공명차전)
繡像 三國志演義(수상 삼국지연의) − 上海 鴻文書局 印行, 국립중앙도서관 소장

瑜大喜，喚軍政司當面取了文書，置酒相待曰，"待軍事畢後，自有酬勞."

孔明曰，"今日已不及，來日造起. 至第三日，可差五百小軍到江邊搬箭." 飲了數杯，辭去.

魯肅曰，"此人莫非詐乎?"

瑜曰，"他自送死，非我逼他. 今明白對眾要了文書，他便兩脅生翅，也飛不去. 我只分付軍匠人等，教他故意遲延，凡應用物件，都不與齊備. 如此，必然誤了日期. 那時定罪，有何理說? 公今可去探他虛實，卻來回報."

肅領命來見孔明. 孔明曰，"吾曾告子敬，休對公瑾說，他必要害我. 不想子敬不肯為我隱諱，今日果然又弄出事來. 三日內如何造得十萬箭? 子敬只得救我!"

肅曰，"公自取其禍，我如何救得你?"

孔明曰，"望子敬借我二十隻船，每船要軍士三十人，船上皆用青布為幔，各束草千餘個，分佈兩邊. 吾自有妙用. 第三日包管有十萬枝箭. 只不可又教公瑾得知, 若彼知之, 吾計敗矣."

肅應諾, 却不解其意, 回報周瑜, 果然不提起借船之
事, 只言孔明並不用箭竹翎毛膠漆等物, 自有道理.
瑜大疑曰, "且看他三日後如何回覆我!"

주유는 아주 좋아하며 軍政 담당 관리를 불러 바로 문서를 작성
케 한 뒤에 술자리를 마련하여 대접하면서 말했다.

"이번 작전 관련 업무가 끝나면 노고에 대한 보상이 있을 것입니
다."[9]

"오늘은 이미 어쩔 수 없고 내일부터 시작하겠습니다.[10] 3일째
되는 날 5백 명의 군졸을 보내 長江 가에서 화살을 가져가십시오."

공명은 술을 몇 잔 더 마시고 떠나갔다. 이에 노숙이 말했다.

"저 사람이 거짓은 아니겠지요?"

주유가 말했다.

"그는 제 발로 죽으려한 것이지 내가 강요하지 않았소.[11] 오늘 분
명히 여러 사람 앞에서 문서를 만들었으니 공명의 양 옆구리에 날

---

9 自有酬勞 – 酬는 술 권할 수. 응대, 보답하다. 酬勞는 勞苦에 대한 報酬(보수).

10 今日已不及 來日造起 – 不及은 (시간적으로) ~할 수가 없다. 造는 시작하다,
열다.

11 他自送死 非我逼他 – 送死는 헛되이 목숨을 잃다. 送命. 逼은 닥칠 핍. 핍박하다.

개가 생긴다 하여도 날아갈 수 없을 것이요.[12] 나는 이제 군대 내 기술자들에게 분부하여 고의로 지연케 할 것이고 필요한 물건들을 공급하지도 않을 것이요. 그렇게 하면 틀림없이 기일을 못 맞출 것이요. 그때에 죄를 판정한다면 무슨 핑계를 대겠는가? 공은 지금 가서 그의 허실을 탐문하여 되는대로 보고해 주시오."

노숙은 명령을 받고 공명을 찾아왔다. 그러자 공명이 말했다.

"내가 미리 당신에게 말한 것을 公瑾(周瑜)에게는 말해서는 안 되는데, 주유는 기어코 나를 해치려 할 것입니다. 나는 당신(子敬, 魯肅)이 나를 위해 좀 덮어주리라 생각했으나 그렇지 않았으니,[13] 오늘 예상대로 일이 벌어졌습니다. 3일 내에 화살 10만 개를 어떻게 만들 수 있습니까? 자경은 나 좀 도와주시오!"

노숙이 말했다. "公이 스스로 자초한 화인데, 내가 당신을 어떻게 돕겠습니까?"

孔明이 말했다.

"자경은 나에게 배 20척을 좀 빌려주시되,[14] 모든 배에 군사를 30명씩 태우고 배 위에 푸른 천으로 덮개를 씌우고, 풀을 묶은 다발

---

12 他便兩脅生翅 也飛不去 – 脅은 옆구리 협. 협박하다. 翅는 날개 시. 也는 여기서 는 '~하더라도'의 뜻. 가벼운 例를 들거나 완곡한 語氣를 표현.

13 不想子敬不肯爲我隱諱 – 노숙이 알고 있는 孔明의 의도를 周瑜에게 말 안할 줄 알았는데, 周瑜에게 다 말해버렸다는 뜻. 隱은 숨을 은. 諱는 꺼릴 휘. 隱諱(은휘) 는 꺼리어 숨기고 감추다.

14 二十隻船 – 隻은 새 한 마리 척. 배를(船) 세는 量詞.

1천여 개를 준비케 한 뒤에 양쪽으로 배치해 주십시오. 내게 묘책이 있습니다. 3일 째 되는 날 화살 10만 개를 틀림없이 묶어줄 것입니다.[15] 단 이런 일을 주유에게 알려서는 안 되니, 만약 주유가 이를 알게 되면 내 계획은 실패할 것입니다."

노숙은 응락하였지만 공명의 뜻을 이해하지 못하고 주유에게 보고하면서도 공명이 배 20척을 빌려달라는 말은 하지 않았다. 다만, 공명이 화살을 만드는 대나무나 새 날개 깃, 아교 등의 물자를 쓰지 않아도[16] 자신에게 방법이 있다는 말만 했다고 보고하였다. 이에 주유는 크게 의심하면서 말했다.

"그가 3일 뒤에 나에게 어떻게 할는지 두고 봅시다."

原文

却說, 魯肅私自撥輕快船二十隻, 各船三十餘人, 並布幔束草等物, 盡皆齊備, 候孔明調用.

第一日 却不見孔明動靜. 第二日亦只不動. 至第三日四更時分, 孔明密請魯肅到船中.

肅問曰, "公召我來何意?" 孔明曰, "特請子敬同往

---

15 第三日包管有十萬枝箭 – 包管(포관)은 보증하다. 전적으로 책임지다.

16 並不用箭竹翎毛膠漆等物 – 翎은 깃털 영(령). 화살의 날개 깃. 膠는 아교 교. 漆은 옷 칠.

取箭."

蕭曰,"何處去取?"孔明曰,"子敬休問,前去便見."

遂命將二十隻船,用長索相連,逕望北岸進發.是夜大霧漫天,長江之中,霧氣更甚,對面不相見.孔明促舟前進,果然是好大霧!

(前略) 當夜五更時候,船已近曹操水寨.孔明教把船隻頭西尾東,一帶擺開,就船上擂鼓吶喊.

魯肅驚曰,"倘曹兵齊出,如之奈何?"

孔明笑曰,"吾料曹操於重霧中必不敢出.吾等只顧酌酒取樂,待霧散便回."

却說 曹操寨中,聽得擂鼓吶喊,毛玠,于禁,二人慌忙飛報曹操.

操傳令曰,"重霧迷江,彼軍忽至,必有埋伏,切不可輕動.可撥水軍弓弩手亂射之."

又差人往旱寨內喚張遼,徐晃,各帶弓弩軍三千,火速到江邊助射.比及號令到來,毛玠,于禁,怕南軍搶入水寨,已差弓弩手在寨前放箭.

한편, 노숙은 은밀히 가볍고 빠른 배 20척을 준비하고[17] 각 배마다 군사 30명과 덮개와 풀 묶음 등을 모두 준비하고 공명의 용도에 대비케 하였다.[18]

첫날에 공명은 아무런 동정도 없었다. 다음 날 역시 움직이지 않았다. 셋째 날 4更(경, 새벽 2시 전후)에 공명은 은밀히 노숙을 배 안으로 불렀다. 이에 노숙이 물었다.

"公은 무슨 일로 나를 불렀습니까?"

"그냥 당신과 함께 화살을 가져오려고 합니다."

"어디 가서 가져옵니까?"

"그만 묻고, 가보면 알 것입니다."[19]

공명은 배 20척을 긴 밧줄로 서로 연결한 뒤 지름길로 곧장 長江의 북쪽 연안을 향해 출발하였다. 그 밤에 아주 짙은 안개가 하늘에 꽉 끼었는데,[20] 장강의 가운데에 가자, 안개는 더욱 심하여 마주서도 얼굴이 보이지 않았다. 공명은 배를 전진케 하였는데 정말 짙은 안개였다.

---

17 魯肅私自撥輕快船二十隻 – 私는 나 사. 私的, 公의 對. 은밀하게. 不法으로. 撥은 다스릴 발. 밀어 움직이다, 배치하다, 떼어내다.

18 候孔明調用 – 候는 기다릴 후. 대비하다. 調用은 조달하여 쓰다. 轉用하다.

19 前去便見 – 가보면 곧 알 것이오! 見은 보다, 알다. 무의식적인 感知나 결과를 나타냄.

20 是夜大霧漫天 – 霧는 안개 무. 漫은 질펀할 만. 漫天은 온 하늘에 꽉 차다.

(前略)²¹

그날 밤 五更이 되자, 배는 이미 조조의 水寨(수채)에 가까이 갔다. 공명은 모든 배를 뱃머리를 동쪽, 후미는 서쪽으로 하여 한 줄로 늘어세운 뒤에²² 곧바로 배 안에서 북을 치고 소리를 지르게 하였다.²³ 그러자 노숙이 깜짝 놀라며 물었다.

"만약 조조의 군사가 한꺼번에 몰려오면 어떻게 하겠소?"²⁴

그러자 공명이 웃으며 말했다.

"내 생각에 조조는 이처럼 심한 안갯속에서 틀림없이 출전하지 못할 것이요. 우리들은 마음껏 술을 마시며 즐기다가²⁵ 안개가 걷히기를 기다려 돌아가면 됩니다."

한편, 조조의 군영에서는 북소리와 고함소리를 듣고 毛玠(모개)²⁶와 于禁(우금)²⁷ 등 두 장수가 황급히 조조에게 보고하였다. 그러자

---

21 (前略) - '大哉라 長江이여' ~로 시작하는 〈大霧垂江賦〉.

22 一帶擺開 - 擺는 벌일 파. 擺開는 배열하다, 진열하다. 벗어버리다.

23 就船上擂鼓吶喊 - 擂는 갈 뇌(뢰). 磨也. 擂鼓는 북을 치다. 吶은 말 더듬을 눌. 喊은 고함 함. 吶喊(눌함)은 외치다, 고함치다.

24 倘曹兵齊出 - 倘은 혹시 당. 만약 ~이라면, 假使. 齊出(제출)은 한꺼번에 나오다.

25 吾等只顧酌酒取樂 - 只顧(지고)는 오직 ~만 전념하다. 酌酒取樂은 술을 마시며 즐기다.

26 毛玠(모개, ? - 216년, 字 孝先) - 玠는 큰 홀 개(大圭). 陳留郡 平丘縣人. 조조의 권력 장악을 도왔지만 결국 조조를 비방했다 하여 파직 당한 후 집에서 죽었다.《三國演義》에서는 于禁(우금)과 같은 水軍 도독이었지만 적벽대전에서 패전한다.

27 于禁(우금, ? - 221, 字 文則)은 泰山 鉅平(山東省 泰安). 曹魏의 장수. 樊城(번성) 싸움에서 關羽(관우)의 水攻에 투항하여, 쓰디쓴 굴욕을 맛보았다(건안 24년 서기 219년). 正史《三國志 魏書》17권, 〈張樂于張徐傳〉에 입전.

조조가 명령하였다.

"짙은 안개에 강에서 갈피를 못 잡는데,[28] 적이 홀연히 습격하니 틀림없이 매복이 있을 것이라서 가벼이 출동하지 말라. 수군의 弓弩手(궁노수)를 동원하여 활을 마구 쏘도록 하라."[29]

또 전령을 보내 육지 군영의 張遼(장료)와 徐晃(서황)[30] 등을 불러 각각 궁노 군사 3천 명을 동원하여 급히 강변으로 나와 사격을 돕게 하였다. 조조의 군령이 전달되기 전에 모개와 우금 등은 남쪽 吳의 군사가 수군 진영에 몰래 들어온 줄 알고 이미 궁노수를 동원하여 화살을 쏘기 시작했다.

原文

少頃, 旱寨內弓弩手亦到, 約一萬餘人, 盡皆向江中放箭, 箭如雨發. 孔明教把船掉轉, 頭東尾西, 逼近水寨受箭, 一面擂鼓吶喊. 待至日高霧散, 孔明令收船急回. 二十隻船兩邊束草上, 排滿箭枝.

---

28 重霧迷江 － 迷는 헤맬 미. 갈피를 잡지 못하다.

29 可撥水軍弓弩手亂射之 － 可는 전부 사용하다, '있는 대로 다 쓰다' 는 의미가 있다. 撥은 다스릴 발. 배치하다. 弩는 쇠뇌 노(로). 石弓.

30 徐晃(서황, ? － 227, 字 公明)은 正史《三國志 魏書》17권, 〈張樂于張徐傳〉에 立傳. 曹魏의 유명 장수, 五子良將(張遼, 樂進, 于禁, 張郃, 徐晃)의 한 사람. 군기가 엄정하여 조조가 (前漢) 周亞夫(주아부)의 풍모가 있다고 칭찬했다.

孔明令各船上軍士齊聲叫曰, "謝丞相箭!" 比及曹軍寨内報知曹操時, 這裏船輕水急, 已放回二十餘里, 追之不及, 曹操懊悔不已.

却說 孔明回船謂魯肅曰, "每船上箭約五六千矣. 不費江東半分之力, 已得十萬餘箭. 明日卽將來射曹軍, 却不甚便?"

肅曰, "先生眞神人也! 何以知今日如此大霧?"

孔明曰, "爲將而不通天文, 不識地利, 不知奇門, 不曉陰陽, 不看陣圖, 不明兵勢, 是庸才也. 亮於三日前已算定今日有大霧, 因此敢任三日之限. 公瑾敎我十日完辦, 工匠料物, 都不應手, 將這一件風流罪過, 明白要殺我. 我命繫於天, 公瑾焉能害我哉!"

第四十六回 用奇謀孔明借箭 獻密計黃盖受刑 中 節錄

國譯

조금 뒤에, 육지 군영의 궁노수도 도착하여[31] 약 1만여 명이 모두 강 가운데를 향하여 화살을 비 오듯 쏘았다. 공명은 연결한 배들을

---

31 少頃, 旱寨内弓弩手亦到 – 頃은 잠깐 경. 아주 짧은 시간, 면적의 단위. 少頃은 곧. 旱은 마를 한 육지, 뭍. 旱寨(한채)는 뭍의 영채(營寨).

돌리게 하여[32] 다시 뱃머리는 동쪽, 후미는 서쪽으로 하고 수채에 가까이 다가가 화살을 받게 하면서[33] 계속 북을 치며 소리를 지르게 하였다.[34] 해가 높이 떠올라 안개가 걷히기 시작하자, 孔明은 급히 배들을 모아 돌아오게 하였다. 20척의 배 양쪽 풀 묶음에는 화살이 가득 꽂혔다.

孔明은 각 배의 군사들에게 일제히 '화살을 주신 승상께 감사드립니다.' 라고 소리 지르게 하였다. 조조 군영에서 조조에게 보고가 들어갔을 때는 이쪽 배들이 가볍고 강물 흐름이 빠르며[35] 이미 20여 리나 떨어져 있어 추격해도 따라갈 수 없자, 조조는 그저 후회뿐이었다.[36]

한편, 공명은 돌아오는 배 안에서 노숙에게 말했다.

"모든 배에 화살이 약 5, 6천 개가 될 것이요. 강동 군사의 힘을 하나도 들이지 않고[37] 화살 10만 개를 얻었습니다. 내일 바로 이것으로 조조의 군사에게 쏘아대면 아주 좋지 않겠는가!"

---

32 孔明教把船掉轉 – 掉는 흔들 도. 轉은 구를 전. 방향을 바꾸다.

33 逼近水寨受箭 – 逼은 닥칠 핍. 접근하다. 핍박하다. 逼近(핍근)은 바짝 접근하다.

34 一面擂鼓吶喊 – 擂는 문지를 뇌. (북 따위를) 두드리다. 吶은 더디고 둔할 눌. 喊은 고함지를 함. 吶喊(눌함)은 함성을 지르다. 고함치며 돌격하다.

35 這裏船輕水急 – 這는 이 저. 이것, 이때. 裏는 속 리(이). (這, 那, 哪와 결합하여) 장소를 나타나는 접미사. 여기, 저기.

36 曹操懊悔不已 – 懊는 괴로울 오. 悔는 뉘우칠 회. 懊悔(오회)는 후회하다, 뉘우치다.

37 不費江東半分之力 – 費는 쓸 비(散 財用). 分은 나누다, 분별하다. 길이, 면적, 중량, 시간의 단위, 成分, 所任. 半分은 조금, 얼마 안 되는.

그러자 노숙이 말했다.

"선생은 정말 神人입니다! 오늘 이처럼 진한 안개가 길 줄 어찌 아셨습니까?"

공명이 말했다.

"장수가 되어 天文에 불통하거나 地利를 모르고, 또 奇門(기문)도 모르며, 陰陽에도 밝지 못하고,[38] 陣圖를 볼 줄 모르며, 兵勢에도 어둡다면 그런 장수는 庸才(용재)입니다.[39] 나는 3일 전에 이미 오늘 큰 안개가 낄 것이라고 예상하고 있었기에 3일이면 된다고 하였습니다. 公瑾(周瑜)이 나에게 10일 내에 준비하라면서도 기술자(工匠)나 재료 등 하나도 주지 않으면서 이런 하찮은 죄명 하나로 분명히 나를 죽이려 했습니다. 나의 목숨은 하늘에 매었거늘 주유가 어찌 해칠 수 있겠는가!"

---

38 不知奇門 不曉陰陽 – 奇門(기문)은 遁甲(둔갑). 曉는 새벽 효. 알다, 이해하다.

39 是庸才也 – 庸은 떳떳할 용, 어리석을 용.

46 宴長江曹操賦詩
長江에서 잔치를 하며 曹操는 詩를 읊다.

보름날 밤, 야외에서 술을 마시는 즐거움! 정말 좋은데!
長江에 배를 띄우고 술을 마실 수 있다면 얼마나 멋있겠는가!
赤壁大戰(建安 13년, 서기 208년)이 벌어지기 직전, 수십 만 대군을
거느리고, 인생이 무엇인가를 느낄 수 있는 50代의 시인 조조가 긴
창을 비껴들고 長江의 뱃전에서 詩를 읊는 이 멋진 장면을 보통 '橫
槊賦詩(횡삭부시)' 라고 한다. 그러나 그 후의 상황은 조조의 詩 구절
그대로 맞아떨어진다.

原文

曹操自遣徐庶去後, 心中稍安, 遂上馬先看沿江旱
寨, 次看水寨. 乘大船一隻, 於中央上建'帥'字旗號,
兩傍皆列水寨, 船上埋伏弓弩千張. 操居於上.
　時建安十二年冬十一月十五日, 天氣晴明, 平風静
浪.

操令, "置酒設樂於大船之上, 吾今夕欲會諸將."

天色向晚, 東山月上, 皎皎如同白日. 長江一帶, 如橫素練. 操坐大船之上, 左右侍御者數百人, 皆錦衣繡襖, 荷戈執戟. 文武眾官, 各依次而坐.

操見南屏山色如畫, 東視柴桑之境, 西觀夏口之江, 南望樊山, 北覷烏林, 四顧空闊, 心中歡喜, 謂眾官曰,

"吾自起義兵以來, 與國家除兇去害, 誓願掃清四海, 削平天下, 所未得者江南也. 今吾有百萬雄師, 更賴諸公用命, 何患不成功耶? 收服江南之後, 天下無事, 與諸公共享富貴, 以樂太平."

文武皆起謝曰, "願得早奏凱歌. 我等終身皆賴丞相福蔭."

操大喜, 命左右行酒.

國譯

曹操(조조)는 徐庶(서서)를 보낸 뒤에 마음이 차차 안정되면서,[1]

---

1 曹操自遣徐庶去後 心中稍安 - 徐庶는 龐統(방통)이 건의한 連環計(연환계)의 숨은 뜻을 간파한 뒤, 西涼(서량)의 韓遂(한수)와 馬騰(마등)의 기습을 막겠다고 출병을 자청하자 曹操가 허락했다. 遣은 보낼 견. 稍는 끝 초. 약간, 점차. 稍安은 차츰 안

말을 타고 長江 연안을 따라 육지의 군영을 돌아본 뒤[2] 이어 수군의 군영을 시찰하였다. 조조가 탄 큰 배의 중앙에는 '帥(장수 수)'字 깃발을 세웠고 양옆으로 수군의 영채가 이어졌으며, 軍船에는 弓弩(궁노) 1천여 장을 설치했었다.[3] 조조는 배의 높은 누각에 머물렀다.

때는 建安 12년 겨울인 11月 15일,[4] 하늘은 맑았고 바람이 자면서 풍랑도 없었다. 이에 조조가 명령했다.

"큰 배에 술자리를 마련하라. 내 오늘 저녁 여러 장수들과 함께 즐길 것이다."

해가 기울면서 동쪽 산 위로 달이 떠올라 그 하얗게 밝은 빛이 마치 낮과 같았다.[5] 한 줄기 長江은 마치 흰 비단을 길게 펼쳐 놓은 것 같았다.[6] 조조는 큰 배의 상석에 자리했고, 좌우에 시중을 드는 수

심하다.

2 沿江旱寨 – 沿은 물 따라 갈 연. 旱寨(한채)는 육지의 군영.

3 船上埋伏弓弩千張 – 弩는 쇠뇌 노. 弓보다 강하고 멀리 쏠 수 있다. 埋는 묻을 매. 張은 활(弓), 입(口), 종이 따위를 세는 量詞.

4 時建安十二年冬十一月十五日 – 이는 建安 12年(서기 207년)이 아닌 13年(서기 208년)이다. 소설 작가의 착오. 曹操는 서기 200년 官渡之戰에서 원소를 격파한 이후 원소의 아들과 잔여 세력을 격파하면서 207년에 북쪽으로 烏桓(오환)을 원정하여 북방을 완전 평정하였다. 建安 13年(서기 208년, 조조는 魏郡) 鄴城(업성)에 개선한 뒤 바로 남쪽 원정을 준비하였다. 그리하여 208년 秋 7月, 조조는 군사를 거느리고 형주로 남하했는데 劉表(유표)는 8月에 병사했고, 조조의 군사가 9월에 新野에 이르자, 유표의 아들 劉琮(유종)은 조조에게 투항했다. 이어 장강에 진출하여 東吳와의 大戰을 앞두고 있었다.

5 皎皎如同白日 – 皎는 달 밝을 교. 皎皎(교교)는 새하얗고 밝은 모양. 깨끗하다.

6 如橫素練 – 橫은 가로 횡. 가로로 놓다. 素는 흴 소. 練은 익힐 련(연). 명주를 삶아 부드럽게 하다. 素練(소련)은 흰 명주(白綢).

宴長江曹操賦詩(연장강조조부시)

繡像 三國志演義(수상 삼국지연의) – 上海 鴻文書局 印行, 국립중앙도서관 소장

백 군졸도 모두 비단 옷에 수놓은 겉옷을 입고 각종 창을 들고 있었
다.[7] 모든 문무 관리가 순차대로 착석하였다.

조조는 남쪽을 둘러친 山色이 그린 듯 아름답고, 동쪽으로는 멀

---

7 皆錦衣繡襖 荷戈執戟 – 襖는 웃옷 오, 두루마기 오. 荷는 연꽃 하, 멜 하. 戈는 창
과. 戟은 창 극.

리 柴桑(시상)이 보이고, 서쪽으로는 夏口(하구)의 강물이, 남쪽으로는 樊山(번산)이, 북쪽으로는 烏林(오림)이 펼쳐졌는데,[8] 탁 트인 사방을 둘러보니 마음속에 歡喜(환희)를 느껴[9] 여러 관원에게 말했다.

"내가 起兵한 이후, 나라를 위해 흉악한 國賊(국적)을 제거하고 四海를 쓸어 깨끗이 하고 천하를 태평케 하기로 誓願(서원)했지만[10] 아직 江南을 평정하지 못했다. 지금 나는 백만 대군을 거느렸고, 거기에 명령을 따라주는 여러분들의 도움이 있으니, 어찌 성공하지 못하리라 걱정하겠는가?[11] 강남을 굴복시켜 거느린 뒤[12] 온 천하가 무사하면 여러분들과 함께 부귀를 누리며 태평천하를 즐길 것이로다."

문무백관이 모두 일어나 사례하며 말했다.

"개선을 빨리 상주하기를 축원합니다.[13] 우리 모두는 죽을 때까

---

8 東視柴桑之境 – 이어 東西南北을 '보다' 의 뜻으로 視, 觀, 望, 覯(볼 근)의 각기 다른 글자를 사용했다. 모두가 '보다' 는 뜻이 있지만, 視는 '현장에 있지 않아도 볼 수 있다.' 는 뜻, 見과 같음. 瞻은 볼 첨. 현장에서 직접 목격하다. 觀은 찬찬히 보다. 望은 멀리 있는 것을 본다는 의미가 강하다. 覯은 見과 같다. '윗사람을 찾아뵙다' 는 뜻으로도 쓰인다.

9 四顧空闊 心中歡喜 – 顧는 돌아볼 고. 둘러보다. 闊은 트일 활. 공간적으로 넓다, 시각적으로 멀다. 歡은 기쁠 환.

10 誓願掃淸四海 削平天下 – 誓願(서원)은 맹서하다. 掃는 쓸 소. 削은 깎을 삭. 削平은 평정하다.

11 何患不成功耶 – 患은 근심 환. 걱정하다. 耶는 어조사 야. 의문, 반문, 감탄을 표시하는 語氣 助詞.

12 收服江南之後 – 服은 굴복하다, 복속시키다. 收服은 퇴치하다, 굴복시키다. 收復(수복, 상실했던 영토나 진지 등을 되찾음)과는 다르다.

13 願得早奏凱歌 – 奏는 아뢸 주. 연주하다. 凱는 즐길 개, 착할 개. 戰勝樂.

지 승상의 복록을 누릴 것입니다."

조조는 크게 기뻐하며 측근에게 술잔을 돌리게 하였다.

原文

飮至半夜, 操酒酣, 遙指南岸曰, "周瑜,魯肅, 不識
天時. 今幸有投降之人, 爲彼心腹之患, 此天助吾也."

荀攸曰, "丞相勿言, 恐有泄漏."

操大笑曰, "座上諸公, 與近侍左右, 皆吾心腹之人
也, 言之何礙?" 又指夏口曰, "劉備 諸葛亮, 汝不料
螻蟻之力, 欲撼泰山, 何其愚耶!"

顧謂諸將曰, "吾今年五十四歲矣. 如得江南, 竊有
所喜. 昔日喬公與吾至契, 吾知其二女皆有國色. 後
不料爲孫策 周瑜, 所娶. 吾今新構銅雀臺於漳水之
上, 如得江南, 當娶二喬, 置之臺上, 以娛暮年, 吾願
足矣." 言罷大笑. 唐人杜牧之有詩曰:

折戟沈沙鐵未銷, 自將磨洗認前朝.

東風不與周郎便, 銅雀春深鎖二喬.

曹操正笑談間, 忽聞鴉聲望南飛鳴而去. 操問曰,
"此鴉緣何夜鳴?"

左右答曰, "鴉見月明, 疑是天曉, 故離樹而鳴也."

操又大笑. 時操已醉, 乃取槊立於船上, 以酒奠於江中, 滿飮三爵, 橫槊謂諸將曰,

"我持此槊破黃巾, 擒呂布, 滅袁術, 收袁紹, 深入塞北, 直抵遼東, 縱橫天下. 頗不負大丈夫之志也. 今對此景, 甚有慷慨. 吾當作歌, 汝等和之."

國譯

밤이 깊도록 술을 마시자, 조조는 술이 얼큰하게 올라 멀리 남쪽 강 언덕을 가리키며 말했다.

"주유와 노숙은 天時를 모르는구나. 다행히 마침 투항한 자가 있으니[14] 저들의 心腹之患(심복지환)이 될 것이니, 이는 하늘이 나를 돕는 것이다."

그러자 荀攸(순유)가 말했다.

"丞相께서는 그런 말씀 마십시오. 행여 누설될 수 있습니다."[15]

그러자 조조가 웃으며 말했다.

"이 자리의 모든 사람과 내 좌우의 측근이 모두 나의 심복이니

---

14 今幸有投降之人 - 주유는 苦肉之計(고육지계)로 黃盖(황개)를 매질했고, 황개의 거짓 투항 서신을 甘寧(감녕)이 조조에게 바쳤다.

15 恐有泄漏 - 泄은 물 샐 설. 설사하다. 漏는 물 샐 루(누). 泄漏(설루)는 기밀을 누설하다, 폭로하다. 泄露와 同. 漏泄(누설)은 비밀을 새어 나가게 하다, 누설시키다.

무엇을 의심하는가?"

그리고 또 夏口(하구)쪽을 가리키며 말했다.

"유비와 제갈량, 너희들은 개미만한 힘으로 泰山을 흔들려 하니[16] 그 얼마나 어리석은가!"[17]

그리고 여러 장수를 돌아보며 말했다.

"내 올해 쉰 넷이다. 만약 강남을 차지한다면 정말 기쁠 것이다.[18] 옛날 喬公(교공)과 내가 가까웠는데, 나는 그 두 딸이 모두 國色인 것을 알았지. 뒷날 손책과 주유가 데려갈 줄은 생각 못했다.[19] 지금 내가 漳水(장수)의 언덕에 銅雀臺(동작대)를 새로 지었는데, 만약 강남을 차지한다면, 응당 二喬(이교)를 동작대에 데려다가 두고 내가 만년을 즐길 수 있다면 내 소원은 이루어진다."

말을 마친 조조는 큰 소리로 웃었다. 뒷날 당나라 사람 杜牧(두목)이 이를 시로 읊었다.[20]

---

16 汝不料螻蟻之力 欲撼泰山 – 螻는 땅강아지 루(누). 蟻는 개미 의. 螻蟻之力은 아주 미약한 힘, 지위. 撼은 흔들 감.

17 何其愚耶 – 何其는 얼마나, 어찌. 반문의 뜻.

18 如得江南 竊有所喜 – 如는 만약(如果). 竊은 훔칠 절. 몰래.

19 後不料爲孫策周瑜所娶 – 不料는 뜻밖에, 예상 밖으로. 娶는 장가들 취.

20 唐 杜牧(두목, 803 – 852年, 字 牧之, 號 樊川 번천) – 이 시는 대략 武宗 會昌 2년(842)에 지은 시로 알려졌다. 당시 두목은 나이 40세로 적벽에 가까운 黃州(今, 湖北省 黃岡市)의 刺史로 있었다. 두목은 杜甫에 비하여 '小杜'로 지칭. 또 만당의 李商隱(이상은)과 함께 이름을 날려 '小李杜'로 불린다.

모래 속 부러진 창끝 쇠는 삭지 않아[21]

문질러 씻어서 옛날 무기라 알았도다.

동풍이 주유의 편이 아니었더라면

늦봄날 동작대 二喬가 거기 있으리라.[22]

조조가 한참 웃고 담소할 때 어디선가 갈 까마귀가 울며 남쪽으로 날아갔다.[23] 조조가 "왜 밤중에 울며 나는가?"라고 물었다. 그러자 측근이 대답하였다.

"달이 밝아서 갈 까마귀가 동이 튼 줄 알고 둥지를 떠나 울며 나는 것 같습니다."

조조 또한 큰 소리로 웃었다. 조조는 이미 대취했는데, 뱃전에 창을 짚고 서서 강물에 술을 쏟아 부으면서 가득 채워 3잔을 연이어 마신 뒤,[24] 창을 비껴 잡고[25] 여러 장수에게 말했다.

"나는 이 창을 잡고 황건적을 격파했고, 여포를 생포했으며, 원술을 없애버리고 원소를 잡았으며, 북쪽 이민족 거주지를 휩쓸고[26] 요

---

21 折戟沈沙鐵未銷 – 戟은 창 극. 沈沙는 모래에 묻히다. 銷는 쇠 녹을 소.

22 銅雀春深鎖二喬 – 鎖는 쇠사슬 쇄. 二喬는 동작대에서 살았을 것이다.

23 忽聞鴉聲望南飛鳴而去 – 忽은 소홀히 할 홀. 갑자기. 鴉는 갈 까마귀 아. 鳴은 울 명.

24 以酒奠於江中 滿飮三爵 – 奠은 드릴 전. 제물을 바치다. 술을 땅에 부어 제사를 지냄. 爵은 술잔 작(酒器).

25 橫槊謂諸將曰 – 橫은 가로 횡. 옆으로 하다. 槊은 긴 창 삭. 1丈8尺.(4m 내외).

26 深入塞北 直抵遼東 – 塞는 변방 새. 塞北(새북) 보통 만리장성 북쪽, 이민족을 거

동을 직접 치며 천하를 종횡으로 누볐는데, 그러면서 나는 대장부의 기개를 저버리지 않았다. 오늘 이 경치를 마주하니 기분이 정말 벅차오른다.[27] 내가 노래를 할지니 너희들도 화답하라."

原文

歌曰：

對酒當歌，人生幾何.

譬如朝露，去日苦多.

慨當以慷，憂思難忘.

何以解憂，惟有杜康.

(中略)

月明星稀，烏鵲南飛.

遶樹三匝，無枝可依.

山不厭高，水不厭深.

周公吐哺，天下歸心.

歌罷，衆和之，共皆歡笑.

주지역을 지칭. 遼는 멀 요. 遼東은 지금 遼寧省 일대.

27 甚有慷慨 - 慷은 강개할 강. 慨는 분개할 개. 慷慨(강개)는 (義氣가) 격앙되다.

忽座間一人進曰, "大軍相當之際, 將士用命之時, 丞相何故出此不吉之言?" 操視之, 乃揚州刺史, 沛國相人, 姓劉 名馥, 字 元穎. 馥起自合淝, 創立州治, 聚逃散之民, 立學校, 廣屯田, 興治敎, 久事曹操, 多立功績. 當下操橫槊問曰 "吾言有何不吉?"

馥曰 "月明星稀, 烏鵲南飛, 遶樹三匝, 無枝可依. 此不吉之言."

操大怒曰 "汝安敢敗吾興!" 手起一槊, 刺死劉馥.

衆皆驚駭, 遂罷宴. 次日, 操酒醒, 懊恨不已. 馥子劉熙, 告請父屍歸葬. 操泣曰 "吾昨因醉誤傷汝父, 悔之無及. 可以三公厚禮葬之." 又撥軍士護送靈柩, 卽日回葬.

第四十八回 宴長江曹操賦詩 鎖戰船北軍用武 中 節錄

國譯

曹操(조조)[28]가 노래하기를.[29]

---

28 조조와 曹丕(조비, 魏 文帝 재위 220 – 226), 曹植(조식)의 삼부자를 특별히 三曹라 지칭한다. 이들 삼부자는 건안시대 정치의 중추이자 문단의 영수였다. 그들은 자신의 특수한 신분을 이용해 많은 문인들을 모아 일대의 문학기풍을 열었다(建安骨風). 그중에서 조식은 비록 정치적으로는 실패했지만 문학 방면의 성취는 가장 컸다. ~《中國詩史》107p 인용. 宋龍準 지음, 明文堂. 2017.

술을 마주하고 노래하니,   사람 살날 그 얼마던가?[30]

아침 이슬과도 비슷하나,   지난 날이야 정말 많았다.[31]

더큰 슬픔에도 강개하나,   근심 걱정을 잊기 어렵다.

어찌 비애를 이겨야 하나?   오직 술로만 풀어 버려야지.[32]

(中略)

밝은 달빛에 별이 드물고,   까마귀 남으로 날아간다.[33]

나무를 세바퀴 돌아보나[34]   의지할 가지가 없도다.

산은 높을수록 더욱 좋고,   물은 깊어도 싫지 않도다.[35]

周公 誠心에 인재가 모이고   천하 민심은 절로 의지한다.[36]

노래를 마치자 모두 화답하며 함께 기뻐 웃었다. 그때 자리에서

---

29 조조의 詩 제목은 〈短歌行〉이다.

30 人生幾何 – 幾는 얼마 기. 몇? 주로 10이하의 불확실한 數를 물을 때 사용. 幾何 는 얼마, 몇, 幾何學.

31 去日苦多 – 苦는 쓸 고. '지나치다', '심하다'의 뜻이 있음. '去日은 苦가 많았다' 의 뜻은 아님.

32 何以解憂 惟有杜康 – 憂는 근심할 우. 解憂는 시름을 덜다. 杜康(두강)은 술(酒) 을 최초로 만들었다는 전설상의 人物. 술.

33 月明星稀 烏鵲南飛 – 稀는 드물 희. 鵲은 까치 작. 烏鵲(오작)은 까마귀와 까치.

34 遶樹三匝 – 遶는 두를 요. 에워싸다. 匝은 두루 잡(周也). 둘레, 바퀴(量詞).

35 山不厭高 水不厭深 – 厭은 싫을 염. 물리다. 산은 높을수록, 물은 깊을수록, 君子 는 학식이 많을수록, 富者는 재물이 많을수록 좋다.

36 周公吐哺 天下歸心 – 吐는 토할 토. 哺는 먹을 포. 周公은 周 武王의 동생, 名 旦. 周 建國初期에 武王을 도와 制度文物을 정비, 武王 死後에는 조카 成王을 잘 보 필했다. 周公은 식사 중에 세 번씩이나 입안에 든 음식물을 뱉고 나와 賢士를 맞

한 사람이 앞으로 나
와 말했다.

"大軍이 서로 대
치하고 있고,[37] 將士
들이 모두 명령을 따
르는 이때에 승상께
서는 어찌 이렇게 불
길한 말씀을 하십니
까?"

조조가 그를 보니
바로 揚州(양주) 刺史
인 沛國 相縣 사람으
로, 姓은 劉이고 이
름은 馥(복), 字는 元
潁(원영)이었다. 劉馥
(유복)[38]은 合淝(합비)

曹孟德橫槊賦詩(조맹덕횡삭부시)
《三國水滸全傳英雄譜》

이했다는 故事.

37 大軍相當之際 – 적과 아군이 맞서 對峙(대치)하는 즈음.

38 劉馥(유복, ? – 208년, 字 元潁 원영) – 沛國 相縣〔今 安徽省 북부 淮北市 관할 濉溪
縣(수계현)〕사람. 揚州刺史 역임. 진수의 正史《三國志 魏書》15권, 〈劉司馬梁張
溫賈傳〉에 立傳.《三國演義》에서는 조조가 南征하면서 戰船 위에서 橫槊賦詩
(횡삭부시)할 때 유복이 조조의 시 구절이 불길하다고 말하자, 조조가 흥취를 깬
다고 창으로 찔러 즉사한 사람이다. 이는 유복이 죽은 해가 적벽대전과 같은 해

에서 기병하고 양주의 치소를 마련하고 흩어진 백성을 긁어모으며, 학교도 건립하고 屯田(둔전)을 넓히고 교화에 힘쓰면서 오랫동안 조조를 섬겨 뚜렷한 치적을 이룩했었다. 그러자 조조가 즉각 창을 옆으로 잡고 물었다.

"내 말이 어째서 불길한가?"

유복이 말했다. "月明하고 星稀(성희)하니 烏鵲(오작)은 南飛하나 나무를 3바퀴 돌아도 의지할 데가 없다는 말이 불길합니다."

그러자 조조가 대노하며 말했다.

"네가 어찌 감히 내 흥취를 깨는가!"[39]

그러면서 조조는 창을 들어 유복을 그냥 찔러 죽였다.

모든 사람이 놀라 두려워 떨었고[40] 술자리는 파했다. 다음 날 조조는 술이 깨자 후회가 끝이 없었다.[41] 유복의 아들 劉熙(유희)[42]가

이기에 그렇게 허구로 구성했을 것이다. 月明星稀(월명성희)는 '달이 밝으면 별이 드물다'라는 말이지만, 어진 사람이 나타나면 소인들이 숨어버린다는 비유의 뜻도 있다. "달이 밝으니 별이 드물고 새들은 남으로 날아간다."는 蘇東坡의 〈赤壁賦〉에도 인용된 구절이다.(客曰, 月明星稀 烏鵲南飛, 此非曹孟德之詩乎.)

39 汝安敢敗吾興 – 汝는 너 여. 安敢은 어찌 감히. 敗는 무너질 패. 싸움에 지다, 일을 망치다.

40 衆皆驚駭 – 驚은 놀랄 경. 駭는 놀랄 해. 驚駭는 놀라고 무서워하다.

41 操酒醒 懊恨不已 – 醒은 술 깰 성. 懊는 괴로워할 오. 不已는 그치지 못하다. 끝이 없다.

42 陳壽의 正史《三國志 魏書》15권, 〈劉司馬梁張溫賈傳〉에서는 유복의 아들 劉靖(유정)이 부친의 뒤를 이어 廬江태수로 선정을 베풀었다. 또 劉靖의 아들이 劉熙(유희)가 부친 유정의 작위를 계승했다.

부친의 시신을 고향에 장례하겠다고 주청하였다. 조조는 눈물을 흘리며 말했다.

"어제 내가 술에 취해 너의 부친을 잘못 죽였으니 후회가 막급하다. 三公에 준하는 예로 장례토록 하라."

그리고는 군사를 내어 유복의 영구를 호송케 하여 당일로 고향에 돌아가 장례케 하였다.

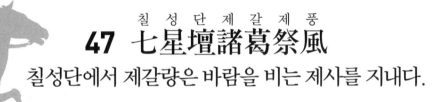

47 七星壇諸葛祭風
칠성단에서 제갈량은 바람을 비는 제사를 지내다.

유비와 손권이 연합하여 조조와 대결한다는 기본 방침은 戰略(전략)
이다. 조조의 대군을 격파하기 위한 방법으로 火攻을 한다는 대 원칙
도 전략이라 생각할 수 있다. 長江의 전투에 필요한 화살을 얻고, 連
環計(연환계)와 苦肉之計(고육지계)를 펴고, 화공까지 합의를 보았지
만 정작 빠진 것은 東南風이었다. 나중의 일이지만 제갈량은 '六甲天
書 내 縮地之法(축지지법)' 으로 司馬懿(사마의)를 곤경에 처하게 한다.
《三國演義》에서는 제갈량의 능력을 강조하다 보니 거의 '妖(요)' 에
가깝다는 말이 설득력을 가질 정도로 제갈량의 능력은 과대포장되
었다.

原文

却說, 周瑜立於山頂, 觀望良久, 忽然望後而倒, 口
吐鮮血, 不省人事. 左右救回帳中. 諸將皆來動問, 盡
皆愕然, 相顧曰, "江北百萬之衆, 虎踞鯨吞, 不料都
督如此, 倘曹兵一至, 如之奈何?" 慌忙差人申報吳

侯, 一面求醫調治.

却說 魯肅見周瑜臥病, 心中憂悶, 來見孔明, 言周瑜猝病之事. 孔明曰, "公以爲何如!" 肅曰, "此乃曹操之福, 江東之禍也."

孔明笑曰, "公瑾之病, 亮亦能醫."

肅曰, "誠如此, 則國家幸甚!" 卽請孔明同去看病. 肅先入見周瑜. 瑜以被蒙頭而臥. 肅曰, "都督病勢若何?"

周瑜曰, "心腹攪痛, 時復昏迷."

肅曰, "曾服何藥餌?"

瑜曰, "心中嘔逆, 藥不能下."

肅曰, "適來去望孔明, 言能醫都督之病. 現在帳外, 煩來醫治, 何如?"

國譯

한편, 周瑜(주유)는 산꼭대기에서 (북안 曹操軍의 水寨를) 한참 관망하다가 갑자기 뒤쪽으로 쓰러졌는데, 붉은 피를 토하며 의식을 잃었다. 측근들이 주유를 장막 안으로 옮겼다. 여러 장수들이 들어와 보고 모두 크게 놀라, 서로 바라보며 말했다.[1]

─────────

1 諸將皆來動問 盡皆愕然 – 動問은 삼가 여쭙다, 질문하다. 愕은 놀랄 악. 愕然(악연)은 놀라는 모양.

"강북의 백만 대군이 호랑이가 웅크리고 고래가 삼키려는 듯 노리는데[2] 뜻밖에 도독이 이리 쓰러졌으니, 만약 조조 군사가 공격해 오면 어떻게 해야 하나?"

그리고서는 황망히 사람을 보내 吳侯(孫權)에게 보고하였고, 또 의원을 데려다 치료케 하였다.

한편 노숙은 주유가 병석에 누운 것을 보고 마음속으로 답답하여 공명을 만나서 주유가 갑자기 쓰러진 일을 말해주었다.

그러자 공명이 "公은 이를 어떻게 생각합니까?"라고 물었다. 이에 노숙은 "이는 조조에게는 좋은 일이고 江東에는 큰 손해입니다."라고 대답했다. 그러자 공명이 웃으며 말했다.

"公瑾(周瑜)의 병을 내가 치료할 수 있습니다."

"정말 그리해 준신다면 나라에 크게 다행입니다."

노숙은 공명을 데리고 주유의 병문안을 갔다. 노숙이 먼저 들어가 주유를 만났다. 주유는 이불을 머리까지 덮고 누워 있었다.[3] 노숙이 물었다.

"도독의 병세가 어떠하십니까?"

"뱃속이 쑤시듯 아프고[4] 가끔씩 어지럽습니다."

---

2 虎踞鯨呑 - 踞는 웅크릴 거. 鯨은 고래 경. 呑은 삼킬 탄.

3 瑜以被蒙頭而臥 - 被는 이불 피. 옷. 입다. 蒙은 덮을 몽. 싸다. 蒙頭는 머리에 뒤집어쓰다.

4 心腹攪痛 - 心腹은 심장과 배. 측근, 진심, 성의. 攪는 흔들 교. 뒤섞다.

"무슨 약이나 식사 좀 드셨습니까?"[5]

"속에서 구역질이 나서[6] 약을 넘길 수가 없습니다."

"조금 전에 孔明을 찾아가 만났는데 도독의 병환을 고칠 수 있다 하였습니다. 지금 밖에 있는데 들어와 뵈라고 하면 어떻겠습니까?

瑜命請入, 教左右扶起, 坐於床上.

孔明曰, "連不晤君顏, 何期貴體不安!"

瑜曰, "人有旦夕禍福, 豈能自保?"

孔明笑曰, "天有不測風雲, 人又豈能料乎?"

瑜聞失色, 乃作呻吟之聲.

孔明曰, "都督心中似覺煩積否?" 瑜曰, "然."

孔明曰, "必須用涼藥以解之."

瑜曰, "已服涼藥, 全然無效."

孔明曰, "須先理其氣, 氣若順, 則呼吸之間, 自然痊可."

瑜料孔明必知其意, 乃以言挑之曰, "欲得順氣, 當

---

5 曾服何藥餌 – 曾은 일찍 증. 이전에, 이미. 餌는 먹이 이. 藥餌(약이)는 약과 음식.

6 心中嘔逆 – 嘔는 토할 구. 嘔逆(구역)은 토하다. 嘔吐(구토).

服何藥?"

孔明笑曰, "亮有一方, 便敎都督氣順."

瑜曰, "願先生賜敎."

孔明索紙筆, 屛退左右, 密書十六字曰, '欲破曹公, 宜用火攻, 萬事俱備, 只欠東風.'

寫畢, 遞與周瑜曰, "此都督病源也."

瑜見了大驚, 暗思, "孔明眞神人也! 早已知我心事! 只索以實情告之."

乃笑曰, "先生已知我病源, 將用何藥治之? 事在危急, 望卽賜敎."

주유는 공명을 데려오라고 하며 측근의 부축을 받아 침상에 걸터 앉았다. 공명이 들어와 말했다.

"장군의 얼굴을 보지 않고서야 이리 편치 못하리라 어찌 생각했 겠습니까!"[7]

"사람에게는 조석으로 바뀌는 禍福이 있으니[8] 어찌 스스로 지킬

---

7 連不晤君顔 何期貴體不安 – 連은 이을 연(련), ~조차도, ~까지도. 晤는 만날 오, 밝을 오. 期는 기대하다. 何期는 ~라고 생각하지 않았다. 뜻밖이다.

8 人有旦夕禍福 豈能自保 – 旦夕(단석)은 아침저녁(朝夕). 禍福은 재앙과 복.

수 있겠습니까?"

그러자 공명이 웃으며 말했다.

"하늘에는 예측 못할 風雲이 있는데, 사람이 어찌 다 알 수 있겠습니까?"

주유는 공명의 말에 놀라면서 바로 앓는 소리를 냈다.[9] 공명이 물었다.

"도독의 마음속에 무슨 번뇌가 쌓인 것 같지는 않습니까?"

"그런 것 같습니다."

"그러면 필히 속을 풀어주는 涼藥(양약)을 써야 합니다."[10]

"이미 그런 약을 써봤지만 아무 효과가 없었습니다."

"모름지기 氣를 우선 고르게 다스려야 하니, 기가 고르게 한 뒤, 호흡을 잘 조절하면 병은 저절로 나을 것입니다."[11]

주유는 공명이 속마음을 알고 있다 생각해서, 말로 떠보려고 물었다.[12]

"氣를 순하게 하려면 무슨 藥을 복용해야 합니까?"

공명이 웃으며 말했다.

"내게 처방이 하나 있어 도독의 기운을 순하게 조절할 수 있습니

---

9 乃作呻吟之聲 - 呻은 끙끙 앓을 신. 吟은 신음할 음. 탄식하다, 읊조리다.
10 必須用涼藥以解之 - 須는 모름지기 수. 반드시, 틀림없이. 涼은 서늘할 량(양). 涼藥(양약)은 熱病을 치료할 수 있는 寒凉(한량)한 성질의 약.
11 自然痊可 - 痊은 병 나을 전.
12 乃以言挑之日 - 挑는 뛸 도, 긁을 조. 흔들다, 싸움 따위를 걸다, 일으키다.

다."

"그렇다면 선생께서 좀 일러 주십시오."

공명은 지필을 달라 하고 좌우를 물리친 뒤에,[13] 혼자서 16자를 썼다.

'조조를 격파하려면(欲破曹公) 꼭 화공을 해야 하는데(宜用火攻), 만사가 갖춰졌으나(萬事俱備) 오직 동풍이 없다(只欠東風).'[14]

쓰기를 마치고, 주유에게 건네주며 말했다.

"이것이 도독께서 병이 난 까닭입니다."

주유는 읽고서는 크게 놀라며 마음속으로 생각하였다. '공명은 정말 神人이로다! 벌써 나의 心事를 알고 있었다. 그렇다면 사실대로 말할 수밖에 없다.'

이에 주유는 웃으면서 말했다.

"선생께서 내가 병이 난 까닭을 이미 알고 계시니, 어떤 약을 써서 치료하렵니까? 사태가 급한 만큼 바로 가르쳐 주십시오."

原文

孔明曰, "亮雖不才, 曾遇異人, 傳授奇門遁甲天書, 可以呼風喚雨. 都督若要東南風時, 可於南屛山建一

---

13 孔明索紙筆 屛退左右 - 索은 찾을 색, 줄 삭. 屛은 가릴 병. 물리치다.

14 公, 攻, 風 - 이 짧은 글도 韻(운, 上平)에 맞춰 썼다.

臺, 名曰七星壇. 高九尺, 作三層, 用一百二十人, 手
執旗旛圍遶. 亮於臺上作法, 借三日三夜東南大風,
助都督用兵, 何如?"

瑜曰, "休道三日三夜, 只一夜大風, 大事可成矣.
只是事在目前, 不可遲緩."

孔明曰, "十一月二十日甲子祭風, 至二十二日丙寅
風息, 如何?"

瑜聞言大喜, 矍然而起. 便傳令差五百精壯軍士, 往
南屏山築壇 撥一百二十人, 執旗守壇, 聽候使令.

第四十九回 七星壇諸葛祭風 三江口周瑜縱火 中 節錄

國譯

공명이 말했다.

"이 제갈량이 재주는 없지만 일찍이 異人을 만나 奇門遁甲(기문
둔갑)[15]에 관한 天書를 전수받아 바람을 부르고 비를 내리게 할 수
있습니다. 도독께서 만약 동남풍이 불어오기를 바란다면, 南屏山
(남병산)에 七星壇(칠성단)이라는 제단을 하나 쌓되, 높이는 9척인데
3층으로 만들고, 120명의 군사들이 손에 깃발을 잡고 에워 지키게

---

15 傳授奇門遁甲天書 – 遁은 숨을 둔. 도망하다. 奇門遁甲은 術數의 一種. 간칭은
遁甲.

七星壇諸葛祭風(칠성단제갈제풍)

繡像 三國志演義(수상 삼국지연의) − 上海 鴻文書局 印行, 국립중앙도서관 소장

하십시오.[16] 내가 제단 위에서 술법을 써서 3일간 밤낮으로 동남
大風을 빌려와 도독의 용병을 돕는다면 어떻겠습니까?"

이에 주유가 말했다.

"3일3야는 그만두고[17] 하룻저녁만이라도 큰 바람이 불어주면 대
사는 성공합니다. 일이 당장 눈앞에 닥쳤으니 더 이상 늦추거나 천
천히 할 수 없습니다."[18]

공명이 말했다.

"11월 20일 甲子日에 바람을 불게 하여, 22일 丙寅日에 바람이
멈추면 어떻겠습니까?"

주유는 그 말에 크게 좋아하며 후닥닥 일어났다.[19] 그리고 바로
명령을 내려 건장한 5백 군사를 차출하여 남병산에 가서 제단을 만
들게 하고, 120명을 골라 손에 깃발을 잡고 제단을 지키게 한 뒤 제
갈량의 명령을 받게 시켰다.

---

16 手執旗旛圍遶 – 旗는 깃발 기. 旛은 깃발 번. 遶는 두를 요. 에워싸다.

17 休道三日三夜 – 道는 말할 도.

18 不可遲緩 – 遲는 늦을 지. 더디다. 緩은 느릴 완.

19 矍然而起 – 矍은 놀라 움직일 확. 矍然은 놀라 주위를 두리번거리는 모양.

48 關雲長義釋曹操
<ruby>關<rt>관</rt></ruby> <ruby>雲<rt>운</rt></ruby> <ruby>長<rt>장</rt></ruby> <ruby>義<rt>의</rt></ruby> <ruby>釋<rt>석</rt></ruby> <ruby>曹<rt>조</rt></ruby> <ruby>操<rt>조</rt></ruby>

關雲長은 義理로 曹操를 놓아 주다.

서기 208년, 겨울의 赤壁大戰(적벽대전)은 曹魏와 東吳의 싸움으로
《三國演義》3대 전투의 하나이며 소수로 대군을 격파한 전투로 유명
하다. 제갈량은 조조가 대군을 잃고 도주할 길을 들여다보고 있었다.
華容道(화용도)에 關雲長을 보낸 것은 '조조가 죽을 때가 아니라서 人
情이나 베풀도록' 보냈다지만 좀 석연치 않다.
패전한 뒤 막바지에 몰렸다면 이미 天壽가 다한 것인데, 만약 화용도
에 장비를 보냈다면?
그러나 《三國演義》는 소설이고, 소설은 재미있어야 한다.

原文

操喝令人馬沿棧而行, 死者不可勝數, 號哭之聲, 於
路不絶. 操怒曰, "生死有命, 何哭之有! 如再哭者立
斬!"

三停人馬, 一停落後, 一停塡了溝壑, 一停跟隨曹
操. 過了險峻, 路稍平坦. 操回顧止有三百餘騎隨後,

並無衣甲袍鎧整齊者. 操催速行.

衆將曰, "馬盡乏矣, 只好少歇." 操曰, "趕到荊州將息未遲."

又行不到數里, 操在馬上揚鞭大笑. 衆將問, "丞相何又大笑?"

操曰, "人皆言周瑜, 諸葛亮足智多謀, 以吾觀之, 到底是無能之輩. 若使此處伏一旅之師, 吾等皆束手受縛矣."

曹操는 호통을 쳐 人馬가 좁은 길을 따라 가게 했는데[1] 죽는 자를 이루 셀 수도 없었으며 길에 통곡소리가 그치지 않았다. 조조가 화를 내며 말했다.

"생사가 다 천명이거늘 운다고 무슨 소용이 있느냐! 만약 또 우는 자가 있다면 즉시 목을 자르겠다!"[2]

군사를 3무리로 나눠 한 무리는 뒤에 방어케 하고, 한 무리는 구

---

1 操喝令人馬沿棧而行 – 棧은 사다리 잔. 나무 엮어 만든 길. 工事場의 飛階(비계). 曹操가 적벽에서 대군을 잃고 烏林(오림)을 지나 趙雲과 張飛의 추격을 받으면서 형주로 가는 길은 매우 험난했다. 나무를 베고 흙을 메우면서 힘들게 나아갔다.

2 如再哭者立斬 – 如는 만일, 또는, 혹은. 立은 곧, 즉시. 斬은 벨 참.

덩이를 메우고,³ 다른 한 무리는 조조를 따라오게 하였다.⁴ 험준한 길을 지나자 길은 점차 평탄해졌다. 조조가 돌아보니 겨우 3백여 명이 조조를 따라오고 있었지만 갑옷을 입고 전포와 투구를 다 갖춘 자가 하나도 없었다.⁵ 조조는 갈 길을 재촉하였다. 여러 장수들이 "말들이 너무 지쳤으니 조금 쉬는 것이 좋겠습니다."라고⁶ 말했다. 그러나 조조는 "형주에 들어가서 쉬어도 늦지 않다."고 말했다. 다시 몇 리를 못 갔는데, 조조는 말 위에서 채찍을 휘두르며 웃었다.⁷ 여러 장수가 "승상께서는 왜 또 웃으십니까?"라고 물었다.

그러자 조조가 말했다.

"사람들은 주유와 제갈량이 지략이 많다고 말하지만 내가 볼 때 아무래도 역시 무능한 자들이다.⁸ 만약 이곳에 500명 군사만 숨겼어도,⁹ 우리들은 모두 손발을 써보지도 못하고 묶였을 것이다."

---

3 一停填了溝壑 – 停은 머무를 정. 몫. 一停은 전체를 몇 몫으로 나눈 그 하나. 填은 메울 전. 溝는 도랑 구. 壑은 구덩이 학. 골짜기.

4 一停跟隨曹操 – 跟은 발뒤꿈치 근. 뒤따르다. 隨는 따를 수.

5 並無衣甲袍鎧整齊者 – 並은 결코, 조금도, 否定의 語氣를 강하게 표현. 並無(병무)는 조금도 없다, 하나도 없다. 衣는 옷을 입다(動詞). 鎧는 갑옷 개.

6 馬盡乏矣 只好少歇 – 乏은 다할 핍, 없을 핍. 지치다. 只好는 부득이. 歇은 쉴 헐.

7 操在馬上揚鞭大笑 – 揚은 날릴 양, 들 양, 鞭은 채찍 편. 烏林(오림) 서쪽에서 大笑할 때는 趙雲이, 葫蘆口(호로구)에서 仰天大笑할 때는 張飛가 나타나 曹操軍을 타격했었다.

8 到底是無能之輩 – 到底(도저)는 아무래도, 역시. 마침내, 결국.

9 若使此處伏一旅之師 – 若使는 가령 ~한다면. 旅는 나그네 여. 500명 군사, 軍隊.

原文

言未畢, 一聲砲響, 兩邊五百校刀手擺開, 爲首大將
關雲長, 提靑龍刀, 跨赤兎馬, 截住去路. 操軍見了,
亡魂喪膽, 面面相覻. 操曰, "旣到此處, 只得決一死
戰!"

衆將曰, "人縱然不怯, 馬力已乏, 安能復戰?"

程昱曰, "某素知雲長 傲上而不忍下, 欺强而不凌
弱, 恩怨分明, 信義素著. 丞相昔日有恩於彼, 今只親
自告之, 可脫此難."

操從其說, 卽縱馬向前, 欠身謂雲長曰, "將軍別來
無恙?"

雲長亦欠身答曰, "關某奉軍師將令, 等候丞相多
時."

國譯

조조의 말이 끝나지도 않았는데, 대포소리가 들리면서 길 양쪽에
서 5백 명의 칼을 든 군사들이 나타났는데[10] 그 우두머리 대장은 關
雲長으로 靑龍刀를 든채 赤兎馬(적토마)를 타고 조조의 앞길을 차

---

10 兩邊五百校刀手擺開 – 校는 장교, 장수. 刀手는 칼잡이. 軍의 칼잡이. 擺는 열
릴파. 늘어서다.

단하였다.[11] 조조의 군사들은 이를 보고 혼이 나간 듯 낙담하여 서로 얼굴만 쳐다보았다.[12] 그러자 조조가 말했다.

"기왕 이렇게 되었으니 죽기 살기로 싸워보자!"

그러나 여러 장수들이 말했다.

"우리 군사들이야 두려워하지 않는다지만,[13] 말이 이미 지쳤으니 어찌 싸우겠습니까?"

程昱(정욱)이 말했다.

"저는 평소에 관운장이 윗사람에게는 오만하고 아랫사람에게는 정이 있고, 강자를 업신여기지만 약자를 깔보지 않으며,[14] 은혜와 원한을 확실히 가르며 信義가 평소에도 분명하다고 들었습니다. 지금 다만 직접 (雲長에게) 말씀하시면, 이 난관을 벗어날 수 있을 것입니다."

조조는 정욱의 말을 듣고 말을 몰아 앞으로 나가 몸을 굽히며[15] 운장에게 말했다.

"장군께서는 그동안 별일 없었소?"[16]

---

11 跨赤兎馬 截住去路 - 跨는 걸터앉을 과. 兎는 토끼 토. 截은 끊을 절.

12 亡魂喪膽 面面相覰 - 膽은 쓸개 담. 喪膽(상담)은 간담이 서늘해지다. 覰는 엿볼 처. 面面相覰는 어리둥절하여 서로 바라만 보다.

13 人縱然不怯 - 縱然(종연)은 설령 ~하더라도. 怯은 두려울 겁. 두려워하다.

14 傲上而不忍下 欺强而不凌弱 - 傲는 거만할 오. 不忍(불인)은 차마~하지 못하다. 欺는 속일 기. 업신여기다. 凌은 얼음 쌓을 능(릉). 벌벌 떨다, 깔보다, 학대하다.

15 欠身謂雲長曰 - 欠은 하품 흠. 모자라다, 빚지다. 欠身은 (경의를 표하려고) 몸을 구부리다.

16 將軍別來無恙 - 恙은 근심 양. 병. 別來無恙은 헤어진 이후 건강하셨는가?

운장 역시 몸을 굽히며 대답했다.

"저(關某)는 軍師의 將令을 받고 여기서 승상을 기다린 지 오랩니다."[17]

操曰, "曹操兵敗勢危, 到此無路, 望將軍以昔日之情爲重."

雲長曰, "昔日關某雖蒙丞相厚恩, 然已斬顔良, 誅文醜, 解白馬之圍, 以奉報矣. 今日之事, 豈敢以私廢公?"

操曰, "五關斬將之時, 還能記否? 大丈夫以信義爲重. 將軍深明春秋, 豈不知庾公之斯追子濯孺子之事乎?"

雲長是個義重如山之人, 想起當日曹操許多恩義, 與後來五關斬將之事, 如何不動心? 又見曹軍惶惶皆欲垂淚, 越發心中不忍. 於是把馬頭勒回, 謂衆軍曰, "四散擺開." 這個分明是放曹操的意思.

---

17 等候丞相多時 – 等候(등후)는 (소식, 지시, 사람 등 구체적 대상을) 기다리다.

關雲長義釋曹操(관운장의석조조)
繡像 三國志演義(수상 삼국지연의) – 上海 鴻文書局 印行, 국립중앙도서관 소장

조조가 말했다.

"나는 패전하고 위기에 처하여 여기까지 와서 이제 더 갈 수가 없으니, 장군께서는 옛정을 거듭 생각해주시길 바랄 뿐이오."[18]

이에 운장이 말했다.

"옛날 제가 승상의 후한 은덕을 입었지만, 이미 顔良(안량)의 목을 베고 文醜(문추)를 죽였으며, 白馬城의 포위를 풀어 보답했습니다. 오늘의 이런 사정에 어찌 公事를 폐할 수 있겠습니까?"

그러자 조조가 말했다.

"五關을 지나면서 장수를 죽였던 일을 기억하시는가? 대장부는 신의를 중시합니다. 장군께서는 《春秋》에 밝으시니, 어찌 庚公之斯(유공지사)가 子濯孺子(자탁유자)를 추격했던 일[19]을 모릅니까?"

雲長은 대의를 산처럼 중시하는 사람이라서 옛날 조조의 많은 恩義를 떠올렸고, 그와 함께 5관을 지나면서 장수를 죽였던 일을 생각하니 어찌 마음이 움직이지 않겠는가? 또 曹軍이 어쩔 줄 모르고

---

18 望將軍以昔日之情爲重 – 昔日(석일)은 옛날의. 以~爲重은 ~을 중요하게 여기다.

19 豈不知庚公之斯追子濯孺子之事乎 – 庚는 곳집(倉庫) 유. 斯는 쪼갤 사. 이것, 庚公之斯(유공지사)는 人名. 춘추시대 衛나라의 大夫. 濯은 씻을 탁. 孺는 젖먹이 유. 子濯孺子(자탁유자)는 鄭나라 大夫. 庚公之斯에게 弓術을 가르친 師傅의 師傅. 庚公之斯가 子濯孺子를 추격하는데 사부의 사부를 쏠 수가 없어 촉이 없는 화살을 4대 쏘고 돌아왔다는 故事. →《春秋左傳》魯 襄公 14年 條의 기록.《孟子 離婁 下》〈逢蒙學射於羿章〉에 기록이 있다.

모두 눈물을 흘리려는 것을 보고서는[20] 더욱 차마 어찌할 수 없다
는 마음이 일어났다.[21] 이에 馬頭를 당겨 돌리면서,[22] 군사들에게
말했다.

"사방으로 갈라서라."

이는 분명히 조조를 풀어주겠다는 뜻이었다.

原文

操見雲長回馬, 便和衆將一齊衝將過去. 雲長回身
時, 曹操已與衆將過去了. 雲長大喝一聲, 衆軍皆下
馬, 哭拜於地.

雲長愈加不忍. 正猶豫間, 張遼驟馬而至, 雲長見
了, 又動故舊之情, 長歎一聲, 並皆放去. 後人有詩曰,

曹瞞兵敗走華容, 正與關公狹路逢.

只爲當初恩義重, 放開金鎖走蛟龍.

---

20 又見曹軍惶惶皆欲垂淚 – 惶은 두려울 황. 惶惶은 불안하거나 놀라서 떠는 모양.
垂淚(수루)는 눈물을 흘리다.

21 越發心中不忍 – 越은 넘을 월. 점점 더, 한층 더. 不忍은 차마 ~하지 못하다.

22 於是把馬頭勒回 – 於是는 그래서, 이리하여. 把는 잡을 파. 동작이나 작용의 대
상을 動詞 앞으로 前置시키는 역할을 한다. 勒回(늑회)는 돌리다.

(前略) 於是引眾入南郡安歇. 隨後張遼也到, 說雲長之德. 操點將校中傷者極多, 操皆令將息. 曹仁置酒與操解悶. 眾謀士俱在座. 操忽仰天大慟.

眾謀士曰, "丞相於虎窟中逃難之時, 全無懼怯. 今到城中, 人已得食, 馬已得料, 正須整頓軍馬復仇, 何反痛哭?"

操曰, "吾哭郭奉孝耳! 若奉孝在, 決不使吾有此大失也!"

遂搥胸大哭曰, "哀哉, 奉孝! 痛哉, 奉孝! 惜哉, 奉孝!"

眾謀士皆默然自慚.

第 五十回 諸葛亮智算華容 關雲長義釋曹操 中 節錄

國譯

조조는 雲長이 말을 돌리는 것을 보고, 곧 여러 장수와 함께 일제히 달려 지나가려 했다.[23] 그러나 운장이 몸을 돌려 크게 호통을 치자, 모든 군사들이 모두 말에서 내려[24] 땅바닥에서 울며 절을 했다.

雲長은 더욱 어찌할 수가 없었다. 이러지도 못하고 망설이는 동

---

23 便和眾將一齊衝將過去 - 衝은 찌를 충. 부딪치다. 過去는 지나서 가다.

24 眾軍皆下馬 哭拜於地 - 여기서 어떤 好事家들은 '曹操도 下馬했을 것이다' 라고 말하는데 그렇지는 않았을 것이다. 作家도 曹操의 體面이 아니라 一國의 丞相 체면은 세워줘야 한다고 생각했을 것이다.

안 張遼(장료)가 말을 달려 다가왔는데[25] 운장이 장료를 보고서는 또 옛정을 생각하여 길게 한숨을 쉬고서는 모두를 풀어주었다. 후세 사람이 이를 시로 지었다.

阿瞞은 결국 패전하고 華容道로 지나다가,[26]
마침내 좁은 길목에서 關雲長을 만났도다.
당초에 恩義를 무겁게 여기는 사람이라서,
인정상 사슬을 풀어서 蛟龍을 놓아주었네![27]

(前略)[28]

이에 조조는 군사를 이끌고 南郡에 들어가 휴식했다. 뒤따라 장료도 도착하여 雲長의 덕행을 말해주었다. 조조는 많은 장교가 부상을 입은 것을 점검하고서 모두에게 휴식을 명령했다. 曹仁은 술자리를 준비하여 조조를 위로해주었다.[29] 모든 謀士들이 자리를 함께 하였다. 그러자 조조는 하늘을 보며 대성통곡하였다.[30] 이에 여

---

25 正猶豫間 張遼驟馬而至 – 猶는 어미 원숭이 유. 오히려, ~같다. 豫는 큰 코끼리 예, 미리 예. 猶豫(유예)는 주저하다, 망설이다. 張遼(장료)는 관우가 土山에 조조에게 투항할 때, 관우와 조조 사이를 중개했었다. 驟는 달릴 취.

26 曹瞞兵敗走華容 – 瞞은 속일 만. 阿瞞(아만)은 曹操의 兒名.

27 放開金鎖走蛟龍 – 鎖는 쇠사슬 쇄. 蛟龍(교룡)은 英雄.

28 (前略) – 曹操가 華容道를 벗어날 때, 겨우 27명이 수행했다. 이어 曹仁의 軍馬가 도착해 曹操를 호위한다.

29 曹仁置酒與操解悶 – 悶은 번민할 민. 解悶은 갑갑증을 풀다, 기분을 전환하다.

30 仰天大慟 – 慟은 서럽게 울 통. 몹시 슬퍼하다. 痛哭.

러 책사들이 말했다.

"승상께서는 호랑이 굴에서 난관을 이겨내야 할 때도 전혀 두려움이 없으셨습니다.[31] 이제 성에 안착하여 군사들이 모두 먹을 것을 먹고 말들도 먹이를 먹었으니, 군마를 정돈하여 원수를 갚아야 하는데[32] 도리어 왜 통곡하십니까?"

그러자 조조가 말했다.

"나는 郭奉孝(곽가)[33]를 생각했다. 만약 봉효가 살아 있었다면 결코 내가 이처럼 대패하지는 않았을 것이다!"

그리고서는 자기 가슴을 치며 대성통곡했다.[34]

"슬프다, 奉孝여![35] 애통하다, 봉효여! 정말 애석하구나, 봉효여!"

모든 모사들은 아무 말 없이 스스로 부끄러웠다.

---

31 丞相於虎窟中逃難之時 - 窟은 굴 굴, 움 굴. 逃는 달아날 도. 벗어나다. 逃難은 피난하다.

32 正須整頓軍馬復仇 - 頓은 (머리를) 조아릴 돈. 잠시 멈추다. 復仇(복구)는 원수를 갚다.

33 郭嘉(곽가, 170 - 207년, 字 奉孝) - 潁川郡 陽翟縣(양책현, 今 河南省 중부 許昌市 관할 禹州市, 翟은 꿩 적. 땅이름 책.) 출신, 본래는 袁紹(원소)의 휘하에 있었다. 몸이 허약했던 조조의 참모, 司空軍祭酒 담당. 적벽대전 1年前에 病死했다. 순욱의 추천을 받은 곽가가 조조를 만났고, 조조는 "나의 대업을 성취케 할 사람은 틀림없이 이 사람이다."라고 말했다. 곽가도 역시 기뻐하며 "나의 참 주인이다."라고 말했다. 郭嘉(곽가)는 계산과 책략이 깊었고 여러 사정에 통달했었다. 조조는 "오직 奉孝(곽가)만이 나의 의중을 알고 있다."고 말했다. 뒷날 조조는 형주를 정벌하고 돌아오면서(적벽대전 패배) 巴丘(파구)란 곳에서 심하게 앓았고, 戰船을 불태우며 탄식하였다. "郭奉孝(곽가)가 있었다면 나를 이 지경으로 만들지 않았을 것이다." 正史《三國志 魏書》14권, 〈程郭董劉蔣劉傳〉에 立傳.

34 遂搥胸大哭曰 - 搥는 두드릴 추. 때리다. 胸은 가슴 흉.

35 哀哉, 奉孝! - 哉는 어조사 재. 감탄, 反問을 나타낸다.

49 柴桑口臥龍弔喪

시상구에서 臥龍이 弔喪하다.

赤壁大戰 이후 周瑜(주유)는 별 소득이 없었다. 유비가 일시 차용한 형주를 반환하지 않자 다시 되찾으려 여러 계책을 펴고, 孫權의 누이까지 유비에게 시집도 보냈다(孫夫人).[1]

諸葛亮은 주유를 세 번이나 화를 나게 했고(三氣周瑜), 東吳는 형주의 南郡으로 進軍했으나 趙雲에게 막히고 巴丘(파구)에서도 저지당한다.[2] 결국, 뜻을 이루지 못한 주유는 서른여섯이라는 아까운 나이에 죽는다.

---

1 孫夫人(손부인, 생몰년 미상.) – 孫權의 여동생. 才智가 민첩했고 그 성격이 剛強했다. 적벽대전 이후 손권은 유비의 커가는 세력을 두려워하여 孫夫人을 유비에게 출가시켰다(서기 209). 유비와 결혼했지만 손부인은 오빠를 믿고 오만하며 무장한 시녀의 호위를 받으며 유비와 만났다. 건안 17년(서기 212), 유비가 촉에 들어가자 형주에 남은 손부인을 데려가려고 손권은 모친이 위독하다며 큰 배를 보냈다. 손부인은 阿斗(劉禪)를 데리고 돌아가려다가 제갈량이 조운을 보내 아두를 빼어온다. 劉備가 益州를 차지한 뒤에 吳壹(吳懿)의 여동생을 정실로 맞이했고 그 이후 손부인에 관한 기록은 보이지 않는다. 正史에는 孫부인에 관한 내용이 없다. 《三國演義》에는 손부인의 이름이 孫仁(손인)으로 나온다.

2 일이 처음 목적과 반대로 종결되었을 때 '東吳招親 弄假成眞(동오초친 농가성진) – 東吳에서 주선한 혼사는 거짓이 진실이 되었다.' 는 속담이 있다. '周郎妙計安天下(주랑묘계안천하)나 賠了夫人又折兵(배료부인우절병)' – 주유는 묘책으로 천하를 안정시키려 했지만 부인도 뺏기고 패전했다 – 라는 속담은 '이중의 손해를 당하다.' 라는 뜻으로 사용된다.

却說 周瑜怒氣塡胸, 墜於馬下, 左右急救歸船, 軍士傳說, "玄德 孔明在前山頂上飮酒取樂."

瑜大怒, 咬牙切齒曰, "你道我取不得西川, 吾誓取之!"

正恨間, 人報吳侯遣弟孫瑜到, 周瑜接入, 具言其事, 孫瑜曰, "吾奉兄命來助都督." 遂令催軍前行, 行至巴丘, 人報上流有劉封, 關平二人領軍截住水路. 周瑜愈怒, 忽又報孔明遣人送書至. 周瑜柝封視之, 書曰:

「漢軍師中郎將諸葛亮, 致書於東吳大都督公瑾先生麾下. 自柴桑一別, 至今戀戀不忘, 聞足下欲取西川, 亮竊以爲不可. 益州民强地險, 劉璋雖暗弱, 足以自守. 今勞師遠征, 轉運萬里, 欲收全功, 雖吳起不能定其規, 孫武不能善其後也. 曹操失利於赤壁, 志豈須臾忘報讐哉? 今足下興兵遠征, 倘操乘虛而至, 江南虀粉矣, 亮不忍坐視, 特此告知, 幸垂照鑒.」

柴桑口臥龍弔喪(시상구와룡조상)

繡像 三國志演義(수상 삼국지연의) − 上海 鴻文書局 印行, 국립중앙도서관 소장

한편, 주유가 가슴에 怒氣(노기)가 가슴에 꽉 차면서[3] 말 아래로 굴러 떨어지자, 좌우에서 급히 구원하여 배에 태웠는데, '玄德과

---

3 周瑜怒氣塡胸 − 塡은 메울 전. 막다, 채우다. 胸은 가슴 흉.

孔明이 앞산 위에서 술을 마시면서 풍악을 즐긴다.' 는 군사의 보고가 들어왔다. 이에 주유는 대노하고 어금니를 악물고 이를 갈면서 말했다.[4]

"너희들은 내가 西川[5]을 빼앗지 못할 것이라 말하지만 내 기어코 차지하리라!"

주유가 한창 분을 삭이고 있는데 吳侯(孫權)가 보낸 동생 孫瑜(손유)[6]가 도착했다고 하자, 주유는 손유를 맞이했고 주유가 그간의 일을 설명하자 손유가 말했다.

"저는 형님의 命을 받고 都督을 도와주려고 왔습니다."

그러면서 군사의 전진을 독려하여 巴丘(파구)[7]에 이르렀는데, 상류에 劉封(유봉)과 關平(관평) 두 장군이 수로를 차단하고 있다고 보고가 들어왔다. 주유는 더욱 화가 치밀었는데 갑자기 공명이 사람 편에 서신을 보내왔다는 보고가 있었다. 주유가 서신을 뜯어 읽었

---

4 咬牙切齒曰 - 咬는 새 지저귈 교. 이를 악물다. 牙는 어금니 아. 咬牙切齒(교아절치)는 분노한 모양.

5 西川은 巴郡과 蜀郡 등 益州 영역을 지칭한다. 주유는 자신의 군대로 西川을 점령한 뒤, 형주와 맞바꾸자는 假道滅虢(가도멸괵)의 계책을 제의했고, 유비는 들어주는 척하면서도 동오의 진군을 저지했다.

6 孫瑜(손유, 177 - 215년, 字 仲異) - 孫堅의 동생으로, 손책과 손권의 작은아버지인 (叔父) 孫靜(손정)의 次子이니, 손유는 孫權의 사촌 형제이다. 東吳의 무장이지만 호학했다.

7 巴丘(파구) - 東吳 豫章郡(廬陵郡, 여릉군)의 巴丘縣, 今 湖南省 동북단 岳陽市. 서쪽으로 洞庭湖에 임했다. 岳陽市는 名山, 名水, 名樓, 名人, 名文의 집합처라고 소문이 났다. 주유가 죽은 巴口는 同名異處라는 주장도 있다.

다.

「漢의 軍師인 中郞將 諸葛亮이 東吳의 大都督인 公瑾 선생께 드립니다.[8]

柴桑(시상)에서 헤어진 뒤로, 지금까지도 마음에 戀戀(연련)하여 잊지 못하고 있습니다만,[9] 足下께서 西川를 차지하려 한다는 소식을 들었는데, 나는(亮) 아마 不可하리라 생각합니다.[10] 益州는 그 백성이 막강하고 지형이 험고하며, (益州牧인) 劉璋(유장)[11]이 비록 우매나약한 사람이라지만 그래도 자기 땅은 지킬 것입니다. 지금 군사를 동원하여 힘들게 원정하려고 1만 리에 걸쳐 물자를 운반하며 완전한 성공을 거두려하지만, 비록 吳起(오기)[12]라도 그런 계획을 定할 수 없고, 孫武(손무)[13]라도 그 결과가 좋지 못할 것입니다.

---

8 公瑾先生麾下 - 公瑾은 周瑜의 字. 麾는 대장기 휘. 지휘하다.

9 至今戀戀不忘 - 戀은 사모할 연(련). 戀戀(연련)은 애틋하게 그리워하다.

10 亮竊以爲不可 - 竊은 훔칠 절. 자신의 생각을 겸손하게 표현할 때 쓰는 말.

11 (益州牧인) 劉璋(유장) - 益州刺史部 치소는 廣漢郡 雒縣(낙현), 今 四川省 德陽市 관할 廣漢市. 漢中郡, 巴郡, 廣漢郡, 蜀郡 등 지금의 四川省 일대 군현을 관할했다. 劉璋(유장, 162 - 220년, 字 季玉)은 부친 劉焉(유언)의 뒤를 이어 益州牧이 되었다가 劉備에게 패배한 뒤에 益州를 떠나 형주에서 죽었다. 한마디로 유약하고 무능했다. 《後漢書》75권, 〈劉焉袁術呂布列傳〉 참고. 正史 《三國志 蜀書》1권, 〈劉二牧傳〉에 立傳.

12 雖吳起不能定其規 - 吳起(오기, 前 440 - 381년)는 戰國 初期 전략가. 兵家의 대표 인물. 衛國 출신, 魯, 魏, 楚 3국에서 內政과 軍事 방면에 성공을 거두었다. 魏 文侯의 霸業을 성취케 했고 楚에서는 吳起變法을 시행했다. 前 381년, 楚 悼王이 죽자, 귀족의 반란으로 오기는 피살되었다. 《吳子兵法》을 남겼다.

13 孫武(손무, 前 545 - 470년, 字 長卿) - 春秋 시대 著名 兵家, 政治家, 兵書 《孫子兵法》의 作者, 後人들이 '兵聖' 으로 추앙. 《史記 孫子吳起列傳》 참고.

조조는 赤壁(적벽)에서 패전한 이후, 그 뜻이 어찌 잠시라도 원수 갚는 일을 잊을 수 있겠습니까?[14] 지금 귀하께서 군사를 일으켜 원정 중이지만, 만약 조조가 빈틈을 노려 공격해 온다면 강남은 모두 다 부서져 가루가 될 것이라서,[15] 저 제갈량이 이를 그냥 좌시할 수 없어 特히 이를 알려드리니 행여 살펴보시기 바랍니다.」

原文

周瑜覽畢, 長歎一聲, 喚左右取紙筆作書上吳侯, 乃聚衆將曰, "吾非不欲盡忠報國, 奈天命已絶矣. 汝等善事吳侯, 共成大業."

言訖, 昏絶, 徐徐又醒, 仰天長歎曰, "旣生瑜, 何生亮?"

連叫數聲而亡, 壽三十又六歲. 後人有詩歎曰,

赤壁遺雄烈, 靑年有駿聲.

絃歌知雅意, 盃酒謝良朋.

曾謁三千斛, 常驅十萬兵.

---

14 志豈須臾忘報讎哉 ― 須臾(수유)는 잠시. 讎는 원수 수.

15 倘操乘虛而至 江南倘粉矣 ― 倘은 혹시 당. 虀는 생채 제. 다지다. 虀粉(제분)은 잘게 부순 가루.

巴丘終命處, 憑弔欲傷情.

周瑜停喪於巴丘, 衆將將所遺書緘, 遣人飛報孫權. 權聞周瑜死, 放聲大哭, 柝視其書, 乃薦魯肅以自代也. 書略曰,

「瑜以凡才, 荷蒙殊遇, 委任腹心, 統御兵馬, 敢不竭股肱之力, 以圖報效? 奈死生不測, 修短有命. 愚志未展, 微軀已殞, 遺恨何極! 方今曹操在北, 疆場未靜. 劉備寄寓, 有似養虎. 天下之事, 尚未可知, 此正朝士旰食之秋, 至尊垂慮之日也. 魯肅忠烈, 臨事不苟, 可以代瑜之任, '人之將死, 其言也善', 倘蒙垂鑒, 瑜死不朽矣!」

國譯

주유는 공명의 서신을 읽은 뒤, 크게 탄식한 뒤에 측근을 불러 종이와 붓을 달라 하여 吳侯에게 올리는 서신을 작성한 뒤에, 바로 여러 장수들을 불러 말했다.[16]

"내가 나라에 진충보국을 하려 했지만 천명이 다했으니 어이하겠나? 여러분들은 吳侯를 잘 섬겨 대업을 함께 성취하기 바란다."

---

16 乃聚衆將曰 – 聚는 모을 취. 모이다. 村落.

말을 마치자 잠시 혼절했다가 서서히 다시 깨어나자 하늘을 우러러 장탄식을 하며 말했다.

"周瑜를 태어나게 하고서, 왜 諸葛亮도 출생케 했습니까?"[17]

연이어 여러 번 고함을 지르고 죽으니, 나이 서른 여섯이었다. 뒷사람이 시를 지어 탄식했다.

赤壁에 남긴 雄壯한 치적에,
청춘에 뛰어난 명성 누리었네.[18]
絃歌에 담긴 雅意를 통했었고,[19]
한잔의 술로 良友에 사례했네.
일찍이 높은 지위를 누렸으며,[20]
십만의 대군 언제나 거느렸다.
天命을 다한 巴丘의 그곳에서,
古人을 그려 마음만 서글퍼라![21]

---

17 既生瑜 何生亮 - 제갈량보다 능력의 부족을 인정하며, 하늘에 대한 원망의 뜻이 담겨있다.

18 靑年有駿聲 - 駿聲(준성)은 뛰어난 명성.

19 絃歌知雅意 - 絃은 악기 줄 현. 絃歌는 거문고에 맞춰 노래하다. → 周瑜는 音律에도 조예가 매우 깊었다.

20 曾謁三千斛 - 謁은 뵈올 알. 알현하다. 斛은 열 말들이 곡(十斗). 三千斛은 삼천 곡을 받는 高官.

21 憑弔欲傷情 - 憑은 기댈 빙. 憑弔(빙조)는 유적이나 분묘 앞에서 古人을 추모하

周瑜의 영구를 巴丘(파구)에 안치하고서,[22] 여러 장수들은 주유의 유서를 봉해 서둘러 급히 손권에게 보냈다. 손권은 주유가 죽었다는 소식에 放聲大哭(방성대곡)하며 서신을 열어 읽었는데,[23] 주유는 노숙을 자신의 후임으로 천거하였다. 그 서신의 대략은,

「저 주유는 凡才(범재)였지만 큰 은혜를 입었고,[24] 저를 腹心으로 믿고 위임하여 병마를 통솔케 하였으니 제가 신하로서 어찌 감히 온 힘을 다 바쳐 은덕에 보답치 않을 수 있겠습니까?[25] 그렇지만 死生은 예측할 수 없고 수명의 장단은 命이 딸렸으니[26] 어찌하겠습니까? 그리하여 저의 愚志(우지)를 다 펴보지 못하고 미천한 몸은 이미 다했으니[27] 저의 遺恨(유한)이 어찌 罔極(망극)하지 않겠습니까? 지금 조조는 북방에서 있어 나라 안은 조용하지 않고, 유비는 우리 땅에 더부살이를 하지만, 이는 호랑이를 키우는 것과 같습니다. 본래 세상 일 모두를 알 수 없지만, 지금은 조정 신하들은 늦은 밥을 먹으며 열심히 근무해야 하고, 지존께서도 매사를 깊이 사려해야

거나 옛일을 회상하다.

22 周瑜停喪於巴丘 — 停喪(정상)은 공직 임무수행을 위해 服喪을 정지하다. 시신을 殯所(빈소)에 안치하고 장례를 치르지 않다.

23 拆視其書 — 拆은 터질 탁. 뜯다, 해체하다.

24 荷蒙殊遇 — 荷는 멜 하. 蒙은 입을 몽. 받다. 遇는 만날 우. 대우를 받다.

25 敢不竭股肱之力 以圖報效 — 竭은 다할 갈. 股는 다리 고. 肱은 팔뚝 굉. 股肱之力은 임금의 신하로서 온 힘을 다하다. 報效는 은혜에 감사하며 충실히 근무함.

26 修短有命 — 修는 닦을 수. 길다. 修短은 長壽와 短命. 修는 壽와 通함.

27 愚志未展 微軀已殞 — 展은 펼 전. 微는 작을 미. 천하다. 軀는 몸 구. 微軀는 천한 몸. 자신을 낮춤. 殞은 죽을 운(인). 떨어지다.

할 때입니다.[28] 노숙은 충성스럽고 열심이라 臨事에 함부로 하지 않으니(일 처리가 정확하다.)[29]저의 후임이 될 만합니다. '사람이 죽을 때 그 말이 착하다.' 하였으니, 만약 저의 뜻을 살펴주시는 은혜를 입는다면, 이 周瑜는 죽어도 썩지 않을 것입니다!」[30]

原文

孫權覽畢, 哭曰, "公瑾有王佐之才, 今忽短命而死, 孤何賴哉? 旣遺書特薦子敬, 孤敢不從之?"

旣日便命魯肅爲都督, 總統兵馬, 一面敎發周瑜靈柩回葬.

却說 孔明在荊州, 夜觀天文, 見將星墜地. 乃笑曰, "周瑜死矣."

至曉, 白於玄德. 玄德使人探之, 果然死了.

玄德問孔明曰, "周瑜旣死還當如何?"

孔明曰, "代瑜領兵者, 必魯肅也. 亮觀天象, 將星

---

28 此正朝士旰食之秋 至尊垂慮之日也 – 朝士는 조정의 신하들. 旰은 늦을 간. 旰食 (간식)은 夜食, 일하느라고 바빠 밤늦게 밥을 먹음. 秋는 때(時). 垂慮(수려)는 思慮.

29 臨事不苟 – 苟는 다만 구. 구차하다, 함부로 하다, 소홀히 하다.

30 倘蒙垂鑒 瑜死不朽矣 – 倘은 혹시 당. 鑒은 거울 감. 垂鑒(수감). 살펴주다, (소청을) 들어주다. 瑜死不朽矣는 죽어도 여한이 없다는 뜻.

聚於東方, 亮當以弔喪爲由, 往江東走一遭, 就尋賢
士佐助主公."

玄德曰, "只恐吳中將士加害於先生."

孔明曰, "瑜在之日, 亮猶不懼. 今瑜已死, 又何患
乎?"

乃與趙雲引五百軍, 具祭禮, 下船赴巴丘弔喪. 於路
探聽得孫權已令魯肅爲都督, 周瑜靈柩已回柴桑, 孔
明逕至柴桑. 魯肅以禮迎接, 周瑜部將皆欲殺孔明,
因見趙雲帶劍相隨, 不敢下手. 孔明教設祭物於靈前,
親自奠酒, 跪於地下, 讀祭文

第五十七回 柴桑口臥龍弔喪 耒陽縣鳳雛理事 中 節錄

國譯

孫權은 다 읽은 뒤 울면서 말했다.

"公瑾(공근, 周瑜)은 王者를 보좌할 인재이나 지금 단명하여 갑자
기 죽었으니, 나는 누구에게 의지하겠는가?[31] 이미 서신에서 특별
히 子敬(자경, 魯肅)을 천거하였으니, 내 어찌 따르지 않을 수 있겠는
가?"

---

31 孤何賴哉 - 孤는 외로울 고. 無父曰 孤. 과인 고(王侯의 謙稱).

그리고 당일로 노숙을 도독에 임명하여 병마를 통솔케 하였고, 한편으로는 주유의 영구를 모셔다가 장례케 하였다.

한편 공명은 형주에 머물면서 밤에 천문을 보다가 將星이 떨어지는 것을 보았다. 그리고 웃으며 "주유가 죽었구나."라고 말했다. 날이 밝자, 공명이 현덕에게 보고했다. 현덕이 사람을 시켜 알아보니, 과연 주유가 죽었다고 하였다. 이에 현덕이 공명에게 물었다.

"周瑜가 이미 죽었으니 어찌해야 하는가?"

"주유의 후임으로 군사를 거느릴 자는 틀림없이 노숙입니다. 제가 天象(천상)을 보니 將星이 동방에 모였습니다만, 제가 문상을 핑계로[32] 강동에 가서 한 바퀴 돌면서[33] 主公을 도울 賢士를 한 사람 찾아보겠습니다."[34]

그러자 현덕이 말했다.

"그렇지만 東吳의 장수들이 선생을 해칠까 걱정입니다."

"주유가 살았을 때도 저는 두렵지 않았습니다.[35] 지금 주유가 죽고 없는데 무얼 걱정하겠습니까?"

그리고는 趙雲과 함께 5백 명 군사를 거느리고 제물을 갖춰 배를 타고 巴丘(파구)에 가서 문상하려고 배를 타고 출발했다.[36] 공명은

---

32 亮當以弔喪爲由 - 弔는 매달 조. 제사하다, 위문하다. 吊는 弔의 俗字. 由는 말미암을 유. 원인, 이유. ~ 때문이다.

33 往江東走一遭 - 遭는 마주칠 조. 불행한 일을 당하다. 次와 回.

34 就尋賢士佐助主公 - 尋은 찾을 심. 賢士는 龐統(방통)을 염두에 두고 한 말.

35 亮猶不懼 - 猶는 ~와 같다. ~조차, ~까지도. 懼는 두려울 구.

36 下船赴巴丘弔喪 - 下는 내리다. ~로 가다. 下船은 배에 타다(登船). 赴는 나아

가는 길에 손권이 이미 노숙을 도독으로 임명했으며, 주유의 영구를 벌써 柴桑(시상)으로 운구했다는 소식을 듣고 공명은 곧바로 柴桑에 이르렀다.

魯肅이 예를 갖춰 영접했는데, 주유의 부장들은 모두 공명을 죽이고 싶었지만, 조운이 칼을 차고 늘 수행하고 있어 감히 손을 쓸 수가 없었다. 공명은 주유의 영전에 제물을 진설케 한 뒤, 친히 술을 따르며 바닥에 꿇어앉아[37] 祭文을 읽었다.

柴桑口臥龍弔喪(시상구와룡조상)
《刪修(산수) 三國志(삼국지)》(1913), 朝鮮書館(조선서관) 京城(경성) 간행

갈 부.

37 親自奠酒 跪於地下 – 奠은 제사 지낼 전. 跪는 꿇어앉을 궤.

50 龐士元議取西蜀
방 사 원 의 취 서 촉

방통과 서촉을 차지하는 것을 의논하다.

建安 16년(서기 211), 益州牧인 劉璋(유장)은 曹操가 漢中郡의 張魯(장로)를 원정할 것이라는 소문을 듣고 두려움에 떨었다. 이에 別駕從事인 蜀郡 출신 張松(장송)이 유장에게 말했다.

"曹公의 군사는 막강하여 천하에 무적인데, 만약 장로 원정을 바탕삼아 蜀 땅을 취하려 한다면 누가 막을 수 있겠습니까?"

그러면서 장송이 말했다. "劉豫州(劉備)는 使君의 종실이면서 조조에게 깊은 원한이 있으며 용병에 능하니, 만약 유비로 하여금 장로를 원정하게 한다면 틀림없이 성공할 것입니다. 장로를 격파한다면 우리 益州는 강대할 것이니 조조가 공격해도 어찌하지 못할 것입니다."

유장은 옳다고 여겨 法正(법정)을 현덕에게 보냈다.

사실 현덕과 공명의 입장에서는 더 안정적인 근거지로 益州를 손에 넣어야만 했다. 益州의 유장이 무능하다지만 그렇다고 쉽게 손에 넣을 수는 없었다. 유비가 名分을 걱정할 때, 龐統(방통)은 현실을 중시했다.

原文

法正離益州, 逕取荊州, 來見玄德. 參拜已畢, 呈上書信. 玄德柝封視之.

書曰,「族弟劉璋,再拜致書於玄德宗兄將軍麾下.久伏電天,蜀道崎嶇,未及齎貢,甚切惶愧.璋聞'吉兇相救,患難相扶.'朋友尚然,況宗族乎? 今張魯在北,旦夕興兵,侵犯璋界,甚不自安.專人謹奉尺書,上乞鈞聽.倘念同宗之情,全手足之義,卽日興師剿滅狂寇,永爲脣齒,自有重酬.書不盡言,峕候車騎.」

玄德看畢大喜,設宴相待法正.酒過數巡,玄德屏退左右,密謂正曰,"久仰孝直英明,張別駕多談盛德.今獲聽教,甚慰平生."

法正謝曰,"蜀中小吏,何足道哉? 蓋聞馬逢伯樂而嘶,人遇知己而死.張別駕昔之言,將軍復有意乎?"

玄德曰,"備一身寄客,未嘗不傷感而歎息.思鷦鷯尚存一枝,狡兔尚藏三窟,何況人乎? 蜀中豐餘之地,非不欲取.奈劉季玉係備同宗,不忍相圖."

法正曰,"益州天府之國,非治亂之主,不可居也.今劉季玉不能用賢,此業不久必屬他人.今日自付與將軍,不可錯失.豈不聞'逐兔先得'之說乎? 將軍欲取,某當效死."

玄德拱手謝曰,"尚容商議."

龐士元議連環計(방사원의연환계)

法正(법정)¹은 益州(익주)를 출발하여, 곧바로 荊州(형주)로 가서 玄德을 만났다. 인사를 마치고 법정은 (劉璋의) 서신을 바쳤다. 현덕이 뜯어 읽었다. 서신에서 유장이 말했다.

「族弟인 유장은 再拜하며 宗兄인 현덕장군의 麾下(휘하)에 드립니다. 오랫동안 높으신 존함을 들어왔으나,² 蜀의 도로가 험난하여 예물을 보내지 못하여³ 매우 황송하고 부끄럽습니다.⁴ 제가 알기로는, '吉兇事에 서로 구원하고 患難(환난)에 서로 돕는다.' 하였으니, 붕우도 그러하거늘, 하물며 宗族끼리야 더욱 그럴 것입니다!⁵ 지금 張魯(장로)⁶가 (益州의) 북쪽에서 아침저녁으로 군사를 동원하여 익

---

1 法正(법정, 176 – 220년, 字 孝直) – 右扶風 郿縣(미현) 출신. 뒷날 蜀漢의 軍師, 益州 牧 劉璋(유장)의 부하였지만 인정받지 못하자, 유비에 귀부하였다. 劉備의 신임과 제갈량의 인정을 받았다. 유비 在世 시에 죽어 처음 시호를 받았는데, 追諡는 翼 侯(익후)이다. 曹魏의 모사 程昱(정욱), 郭嘉(곽가)처럼 개성이 뚜렷했고 恩怨(은원)을 분명히 했던 인물이었다. 법정이 죽었을 때 유비는 수일간 통곡했다. 正史《三國志 蜀書》7권, 〈龐統法正傳〉에 입전.

2 久伏電天 – '舊聞大名' 처럼 서로 인사할 때 쓰는 상투적인 말. 伏은 머리를 숙이다. 복종하다(服과 通). 電은 편지글에 쓰는 尊敬之詞. 電天(전천)은 높으신 성함.

3 蜀道崎嶇 未及齎貢 – 崎는 험할 기. 嶇는 험할 구. 崎嶇(기구)는 산길이 험난하다. 齎는 보낼 재. (물건을) 주다. 貢은 바칠 공. 공물.

4 甚切惶愧 – 切은 절실하다. 온통. 惶은 두려울 황. 愧는 부끄러울 괴.

5 朋友尚然 況宗族乎 – 況은 하물며 황. 況~乎는 하물며, 더군다나!

6 張魯(장로, ? – 216년?, 245년?)는 五斗米道의 창립자 張陵(장릉, 張道陵)의 손자, 張 衡(장형)의 아들. 天師道의 敎主. 張道陵은 늘 호랑이를 타고 다녔으며 葛玄(갈현), 許遜(허손) 등과 함께 四大天師로 추앙된다. 장로는 한때 武將으로 漢中郡 일대를 장악했었다. 正史《三國志 魏書》8권, 〈二公孫陶四張傳〉에 입전.

주의 경계를 자주 침범하여 매우 불안합니다. 이에 사람을 보내 서신을 올리오니, 저의 청을 들어주시기 바랍니다.[7] 만일 同宗의 정을 생각하시고, 수족과 같은 형제의 대의를 보전하여[8] 오늘 당장이라도 군사를 내어 미치광이 같은 도둑들을 박멸해주시고 오래도록 脣齒(순치)의 관계가 이루어진다면[9] 상당한 사례가 있을 것입니다.[10] 서신으로 모두 다 말씀 드릴 수 없습니다만, 오로지 車騎의 도움이 있기를 기다리겠습니다.」[11]

현덕은 편지를 읽고 크게 좋아하며 잔치를 차려 법정을 환대하였다. 술이 몇 잔씩 돌아가자, 현덕은 좌우를 물리친 뒤 법정에게 조용히 말했다.

"오래 전부터 영명한 당신을 우러러 사모했으며 張松(장송)[12]으로부터 당신(孝直)의 盛德에 대해 많이 말씀을 들었습니다. 오늘에

---

7 上乞鈞聽 ─ 鈞은 서른 斤 균.(중량 단위). 상대방의 사물이나 행동에 존경의 뜻을 나타내는 말. 例 鈞安, 鈞旨.

8 全手足之義 ─ 全은 보전하다, 실천하다. 手足之義는 형제는 手足과 같다는 의리.

9 卽日興師剿滅狂寇 永爲脣齒 ─ 剿는 죽일 초. 剿滅(초멸)은 토벌하여 섬멸하다. 寇는 도둑 구. 脣은 입술 순. 脣齒(순치)는 밀접한 이해관계가 있는 사이. 脣亡齒寒(순망치한).

10 自有重酬 ─ 自는 저절로, 당연히, 특별히. 自有는 본래(응당)~이 있다. 酬는 잔 돌릴 수, 보낼 수. 갚다.

11 耑候車騎 ─ 耑은 끝 단, 오로지 단. 專과 같음. 候는 기다릴 후. 車騎는 兵車와 騎馬, 군대.

12 張松(장송, ?-212) ─ 蜀郡 成都人, 張肅의 동생. 益州牧 劉璋의 별가종사. 足智多謀한 謀士. 그전에 益州 劉璋의 참모이며, 인물이 볼품없어 曹操에게 푸대접을 받았던 張松(장송)은 익주의 지도를 유비에게 바치며 익주에 들어올 것을 권

서야 가르침을 받을 수 있으니 평생의 뜻을 이룬 것 같아 다행입니다."

그러자 법정이 사양하며 말했다.

"蜀郡의 하찮은 관리인 저를 어찌 입에 올릴 수 있겠습니까? 제가 알기로, 말(馬)은 伯樂(백락)을 만나 울고,[13] 사람은 知已를 만나면 목숨을 줄 수 있다고 하였습니다. 張別駕(張松)의 지난 번 말을 장군께서는 다시 생각해 보셨습니까?"

"제 한 몸이 객지를 떠돌면서 마음이 아파 탄식을 하지 않을 때가 없었습니다.[14] 굴뚝새라도 나무 한 가지를 차지하고 날쌘 토끼도 오히려 세 개의 굴을 파고 사는데,[15] 하물며 사람이야 더 말할 수 있겠습니까? 蜀은 풍요롭고 여유로운 땅이니 갖고 싶은 생각이 없는 것은 아니지만, 劉季玉(劉璋)은 나(備)와 同宗이니 차마 일을 꾸

유했었다. 法正 또한 張松과 같은 생각을 갖고 劉璋의 사신으로 형주에 왔다. 《三國演義》에서는 신장도 작고 용모가 볼품없는 사람으로 묘사되었다. 張松과 楊修(양수)가 지식을 자랑하는 이야기가 나온다.

13 蓋聞馬逢伯樂而嘶 人遇知已而死 – 蓋는 덮을 개. 대개, 아마도. 句의 첫 머리에 놓여 앞에 말한 것을 이어받아 이유나 원인을 나타냄. '대저', '대체로' 번역할 수 있으나 생략할 수도 있다. 伯樂(백락)은 춘추시대 秦나라 孫陽(손양), 말을 잘 감식했음. 동시에 伯樂은 별 이름. 嘶는 울 시.

14 未嘗不傷感而歎息 – 未嘗(미상)은 ~라고 말할 수 없다, 결코 ~이지 않다.

15 思鷦鷯尚存一枝, 狡兎尚藏三窟 – 鷦는 뱁새 초. 鷯는 뱁새 료. 鷦鷯(초료)는 굴뚝새. 狡는 교활할 교. 날쌔다. 兎는 토끼 토. 狡兎(교토)는 날쌘 토끼. '교활한 토끼'로 옮긴다면 이는 오역일 것이다. 藏은 감출 장. 窟은 토굴 굴. 토끼 굴의 입구와 출구가 다르다는 것은 주지의 사실이다.

밀 수 없으니¹⁶ 어찌하겠소!"

그러자 법정이 말했다.

"益州는 天府之國이지만 治亂할 만한 주인이 아니라면 가질 수 없는 땅입니다. 지금 劉季玉은 현인을 등용하지도 못하니 익주 통치는 머지않아 틀림없이 타인에게 넘어갈 것입니다. 지금 유계옥이 스스로 장군에게 넘기려 하는 것이니, 이를 놓칠 수 없습니다. '토끼는 먼저 잡는 사람의 것' 이라는¹⁷ 말을 어찌 못 들으셨겠습니까? 만약 장군께서 익주를 차지하시겠다면 저는 목숨이라도 내놓겠습니다."

현덕은 두 손을 모아 법정에게 사례하며 말했다.

"그래도 생각할 시간을 좀 주시기 바랍니다."

原文

當日席散, 孔明親送法正歸館舍. 玄德獨坐沉吟.

龐統進曰, "事當決而不決者, 愚人也. 主公高明, 何多疑耶?"

玄德問曰, "以公之意, 當復何如?"

---

16 奈劉季玉係備同宗 不忍相圖 – 係는 맬 계. ~이다. 圖는 그림 도. 도모하다, 일을 벌이다.

17 '逐兔先得' – 逐은 쫓을 축. 산토끼는 먼저 잡는 사람이 임자이다.

統曰, "荊州東有孫權, 北有曹操, 難以得志. 益州戶口百萬, 土廣財富, 可資大業. 今幸張松 法正爲內助, 此天賜也. 何必疑哉?"

玄德曰, "今與吾水火相敵者, 曹操也. 操以急, 吾以寬. 操以暴, 吾以仁. 操以譎, 吾以忠, 每與操相反, 事乃可成. 若以小利而失大義於天下, 吾不爲也."

龐統笑曰, "主公之言, 雖合天理, 奈離亂之時, 用兵爭强, 固非一道. 若拘執常理, 寸步不可行矣. 宜從權變, 且兼弱攻昧, 逆取順守, 湯武之道也. 若事定之後, 報之以義, 封爲大國, 何負於信? 今日不取, 終被他人取耳. 主公幸熟思焉."

玄德乃恍然曰, "金石之言, 當銘肺腑."

第六十回 張永年反難楊脩 龐士元議取西蜀 中 節錄

國譯

그날 자리가 파하자, 孔明은 法正을 館舍(관사)에 돌아가 쉬도록 안내하였다. 玄德은 혼자 깊이 생각하였다. 그러자 龐統(방통)[18]이

---

18 龐統(방통, 179 - 214년, 字 士元) - 襄陽郡 襄陽縣(今 湖北省 襄陽市 襄州區) 출신. 별호 鳳雛(봉추). 臥龍 諸葛亮과 함께 유명, 南郡의 功曹 역임. 방통이 유비를 만날 때 공명은 마침 지방 순찰 중이었다. 유비는 방통을 형주에서 130리 정도 떨

들어와 말했다.

"결단해야 할 일을 결단하지 못하면[19] 어리석은 사람입니다. 高明하신 主公께서 어찌 이리 공연한 걱정을 하십니까?"

그러자 현덕이 물었다. "公의 생각으로는 어찌하면 좋겠습니까?"

이에 방통이 말했다.

"荊州의 동쪽에는, 孫權이 북쪽에는 曹操가 있어 뜻을 이루기도 어

龐統(방통)

어진 뇌양현에 보낸다. 그러나 방통은 뇌양현의 일을 돌보지 않고 오직 술로 세월을 보낸다. 이에 유비는 방통을 잡아오라고 장비와 손건을 보내지만 방통은 100일간 밀린 일을 한나절에 완전하게 끝낸다. 이 사실을 안 유비는 자신의 잘못을 깨닫고 급히 장비를 다시 보내 방통을 모셔온다. 방통은 그때서야 魯肅(노숙)의 추천서를 내놓는다. "龐士元은 백 리 고을을 다스릴 평범한 인재가 아닙니다(非百里之才). 그에게 정사의 특별한 임무를 맡겨 큰 능력을 발휘토록 해야 합니다(使處治中別駕之任 始當展其驥足). 만약 그의 외모만을 취한다면 평소 그가 배운 바를 버리는 것이며(如以貌取之 恐負所學), 나중에는 다른 사람이 등용할 것이니, 실로 애석한 일입니다(終爲他人所用 實可惜也)." 여기서 '기린의 발을 펴다(展其驥足).'는 큰 능력을 발휘한다는 뜻이다. 유비는 '臥龍, 鳳雛 二者 중 得一하면 可安 天下라.'는 司馬徽(사마휘)의 말을 생각하고 방통을 副軍師로 임명한다. 방통은 曹魏의 荀彧(순욱)과 荀攸(순유)에 비교될만한 인물로, 유비의 軍師中郎將 역임했다. 적벽대전 중 조조에게 連環計(연환계)를 건의. 落鳳坡(낙봉파)에서 죽었다. 正史《三國志 蜀書》7권, 〈龐統法正傳〉에 입전.

19 難以得志 - 得志는 功名心을 충족시킬 뜻을 이루다. 목표를 달성하다.

렵습니다. 益州는 백성의 戶口 1백 만이나 되고, 농토가 넓고 재물이 풍족하니 대업을 이룰 수 있는 근거지입니다. 지금 다행히도 장송과 法正이 내부에서 호응하니, 이는 하늘이 내려 주는 것이거늘 왜 주저하십니까?"

현덕이 말했다.

"지금 나와 물불처럼 맞겨룰 사람은 조조입니다.[20] 조조가 몰아챈다면 나는 관용을 베풀어야 합니다. 조조가 흉포하다면, 나는 인자해야 합니다. 조조가 譎計(휼계)를 쓴다면,[21] 나는 忠心으로 대하면서 매사에 서로 반대가 된다면 대업을 성취할 수 있습니다. 만약 小利 때문에 천하의 大義를 잃는 것과 같은 일은 나는 할 수 없습니다."

그러자 방통이 웃으며 말했다.

"主公의 말씀이 비록 天理에 합당합니다만, 지금 같은 혼란한 시기에 用兵하며 세력을 다룰 때는 한 가지만을 고집할 수 없습니다. 만약 常理만을 고집한다면 한 발도 옮기기 어려울 것입니다.[22] 마땅히 융통성과 변화를 따라야 합니다.[23] 또 약자를 합치고 정치가

---

20 今與吾水火相敵者 - 水火는 성질이 완전히 상반되는 것, 상극(相剋). 相敵은 서로 맞먹다, 견줄만하다, 필적하다.

21 操以譎 - 譎은 속일 휼. 거짓말을 하다, 농간을 부리다.

22 若拘執常理 寸步不可行矣 - 拘는 잡을 구. 常理는 상식적인 도리, 天理. 寸步는 아주 가까운 거리.

23 宜從權變 - 宜는 마땅할 의. 權變(권변)은 臨機應變(임기응변)하다. 通權達變.

어지러운 나라를 공격하며, 逆(역)으로 취했어도 順(순)으로 (正道를) 지키는 것은 湯王(탕왕)과 武王의 도리입니다.[24] 만약 일이 성취된 다음에 대의를 지켜 보답하여 (劉璋을) 大國의 제후로 봉한다면, 어찌 신의를 저버렸다고 하겠습니까? 오늘 (익주를) 취하지 않는다면 결국 남에게 먹힐 것입니다. 그러니 주공께서는 숙고하시기 바랍니다."

이에 현덕은 언뜻 느낀 바가 있어 "金石 같은 말씀을 肺腑(폐부)에 깊이 새길 것입니다."라고[25] 말했다.

---

24 且兼弱攻昧 逆取順守 湯武之道也 - 昧는 어두울 매, 정치가 혼란한 나라. 逆取順守 - 武力으로 얻었어도 文治로 잘 다스리다. 湯(탕)은 殷(은) 건국자인 湯王. 武는 周의 건국자 武王.

25 玄德乃恍然曰 金石之言 當銘肺腑 - 恍은 황홀할 황. 恍然은 깨달은 바 있어 언뜻, 문득, 갑자기. 銘은 새길 명. 肺는 허파 폐. 腑는 내장 부. 肺腑(폐부)는 內心, 眞心.

51 關雲長單刀赴會

관운장은 칼 하나만 들고 연회에 가다.

劉備가 西川(益州)을 차지하자, 東吳에서는 그동안 빌려주었던 荊州
의 반환을 줄기차게 요구하였다. 諸葛瑾(제갈근)의 가족을 잡아가두
고 제갈근을 사신으로 보내어도 형주를 지키는 雲長은 한 발도 물러
서지 않았다.

노숙은 꾀를 내어 관우를 陸口(육구)[1]의 연회에 초청한 뒤 죽일 계획
을 세웠는데, 그 음모를 알고도 관우는 칼 한 자루만을 들고 초대에
응한다.

原文

却說 使者回報魯肅, 說雲長慨然應允, 來日准到.

肅與呂蒙商議, "此來若何?"

蒙曰, "彼帶軍馬來, 某與甘寧各人領一軍伏於岸
側, 放砲爲號, 準備廝殺. 如無軍來, 只於庭後伏刀斧

---

[1] 陸口 – 今 湖北省 동남 咸寧市 관할 嘉魚縣의 지명, 呂蒙城.

手五十人, 就筵間殺之."

計會已定. 次日, 肅令人於岸口遙望. 辰時後, 見江面上一隻船來, 梢公水手只數人, 一面紅旗, 風中招颭, 顯出一個大'關'字來.

船漸近岸, 見雲長青巾綠袍, 坐於船上. 傍邊周倉捧着大刀. 八九個關西大漢, 各跨腰刀一口. 魯肅驚疑, 接入亭內. 叙禮畢, 入席飲酒, 擧盃相勸, 不敢仰視. 雲長談笑自若.

酒至半酣, 肅曰, "有一言訴與君侯, 幸垂聽焉. 昔日令兄皇叔, 使肅於吾主之前, 保借荆州暫住, 約於取西川之後歸還. 今西川已得, 而荆州未還, 得毋失信乎?"

雲長曰, "此國家大事, 筵間不必論之."

肅曰, "吾主只區區江東之地, 而肯以荆州相借者, 爲念君侯等兵敗遠來, 無以爲資故也. 今已得益州, 則荆州自應見還. 乃皇叔但肯先割三郡, 而君侯又不從, 恐於理上說不去."

한편, 사자는 노숙에게 雲長이 기꺼이 응락하고² 내일 꼭 도착한다고 회보하였다. 노숙과 呂蒙(여몽)³이 "그 사람이 오면 어떻게 할까?" 하면서 상의하였다. 이에 여몽이 말했다.

"저쪽에서 軍馬를 거느리고 오면 저와 甘寧(감녕)⁴이 각각 부대 하나씩 거느리고 강가 언덕 옆에 매복했다가 대포 소리를 신호로 모조리 죽이도록 준비를 하겠습니다. 만약 군사를 거느리지 않았으면 刀斧手(도부수) 50명을 배치했다가 연회 중간에 죽여 버리겠습니다."

계책과 때가 결정되었다. 다음 날 노숙은 사람을 시켜 강가에서 살펴보게 하였다. 辰時(진시, 오전 9시)가 넘자, 강물 위에 배 한 척이 내려오는데, 키잡이와 사공이 겨우 몇 명에,⁵ 붉은 깃발이 바람에

---

2 說雲長慨然應允 - 慨는 분개할 개. 흔쾌하다. 慨然(개연)은 시원시원하게, 흔쾌히. 應允은 승낙하다, 허락하다. 應許.

3 呂蒙(여몽, 178 - 220년, 字 子明) - 汝南郡 富陂縣(今 安徽省 阜南) 출신, 出身이 貧苦했다. 虎威將軍이라서 呂虎로 통칭. 孫權의 장려에 힘입어 경전을 배우고 많은 책을 읽어 전략에 관한 안목을 틔웠고 智勇雙全의 장군이 되었으니 '士別三日, 刮目相看(괄목상대)'의 주인공. 關羽를 생포한 東吳의 장수, 周瑜, 魯肅, 陸遜(육손)과 함께 東吳의 四大都督. 正史《三國志 吳書》9권, 〈周瑜魯肅呂蒙傳〉에 입전.

4 甘寧(감녕, ? - 215년, 字 興霸) - 巴郡 臨江縣(今 重慶市 忠縣) 출신. 東吳의 名將. 유표와 황조에게 인정받지 못하자 孫權에게 귀부, 周瑜와 呂蒙의 인정과 천거를 받았다. 손권은 '孟德에게 張遼가 있다면, 나에게는 興霸가 있어 가히 상대할 만하다.'고 말했다. 東吳의 江表之虎臣 12명 중 한 사람.

5 梢公水手只數人 - 梢는 나무 끝 소. 배(船)의 키. 梢公(소공)은 키잡이. 水手는 사공.

나부끼는데[6] 커다란 '關' 字 하나가 뚜렷하게 보였다.

배가 점차 강 안에 가까이 오자, 운장이 푸른 두건에 綠袍(녹포)를 입고 배에 앉아있는 것이 보였다. 그 옆에는 周倉(주창)[7]이 큰 칼을 받들고 있었다. 그리고 8, 9명의 關西 출신 큰 덩치의 사나이가[8] 제각각 허리에 칼 한 자루씩 차고 있을 뿐이었다. 노숙은 놀라면서도 의아해하며 정자 안으로 맞이하였다. 인사를 마친 다음에 술잔을 들어 서로 권하지만 노숙은 운장을 바로 쳐다보지도 못했다. 그러나 운장은 담소하며 태연자약하였다.

술이 거나하게 돌자, 노숙이 말했다.

"君侯께 드릴 말씀이 하나 있는데, 그냥 좀 들어주시기 바랍니다.[9] 그 전날 형님이신 劉皇叔께서 저를 吳主에게 보내 형주 땅을 빌려 잠시 머물겠다면서 西川을 취한 뒤에 (荊州를) 반환하기로 약속했었습니다. 지금 西川(益州)을 차지하셨지만 형주를 반환하지

---

6 一面紅旗 風中招颭 – 一面은 한 장, 面은 量詞. 颭은 바람에 흔들릴 점. 招颭(초점)은 바람에 펄럭이다.

7 周倉(주창) – 관우의 靑龍刀를 메고 있는 위병 겸 심부름꾼. 중국인들이 관우의 신통력을 믿고 강조하다 보니 周倉(주창)까지도 그 은혜를 입어 대만에서는 정식으로 神의 자리에 승진하였다. 그리하여 각지에 周倉廟가 세워져 관우와 비슷하게 존경받고 있다. 물론 본토에도 약간의 주창묘가 있다고 한다.

8 八九個關西大漢 各跨腰刀一口 – 關西는 函谷關 서쪽, 現 陜西省 일대. 大漢은 덩치가 큰 사나이. 漢은 사나이란 뜻. 怪漢, 惡漢, 癡漢(치한) 등등. 跨는 타 넘을 과. 걸치다. 腰는 허리 요. 一口는 한 자루. 口는 칼, 도끼의 날. 날이 있는 물건을 세는 量詞.

9 有一言訴與君侯 幸垂聽焉 – 君侯는 高官, 貴人에 대한 존칭. 幸은 바라다, 희망하

않으시는데 失信하지는 아니하시겠지요?"**10**

그러자 운장이 말했다.

"이는 國家의 大事이니, 이런 자리에서 논할 수 없습니다."**11**

그래도 노숙이 말했다.

"우리 주군께서도 겨우 얼마 되지도 않는**12** 江東(長江 하류지역) 땅에서 형주를 기꺼이 빌려주었던 것은 君侯(雲長)와 여러분이 패전한 뒤 멀리 밀려와 근거지가 없었기 때문이었습니다. 지금 이미 익주를 차지하였으니 형주는 당연히 반환되어야 합니다. 그리고 皇叔께서도 우선 3개 군을 분할하겠다고 했지만 君侯께서 따르지 않으니 아마 이치상 말이 안 되는 것 같습니다."**13**

原文

雲長曰, "烏林之役, 左將軍親冒矢石, 戮力破敵, 豈得徒勞而無尺土相資? 今足下復來索地耶?"

肅曰, "不然. 君侯始與皇叔同敗於長坂, 計窮力竭,

다. 垂는 드릴 수. 위에서 아래로 베풀어 주다. 焉은 어조사 언. 어찌, 종결어미.

10 得毋失信乎 - 毋는 말 무. 없다. ~ 하지 말라. 禁止辭.

11 筵間不必論之 - 筵은 대나무 자리 연. 연회, 술자리.

12 吾主只區區江東之地 - 區區는 보잘 것 없다, 얼마 되지 않다, 가지각색이다.

13 恐於理上說不去 - 恐은 두려울 공. 아마도. 說不去는 말이 되지 않는다. 事理에 어긋나다.

將欲遠竄, 吾主矜愍皇叔身無處所, 不愛土地, 使有所託, 足以圖後功. 而皇叔悉德隳好, 已得西川, 又占荊州, 貪而背義, 恐爲天下所恥笑. 惟君侯察之."

雲長曰, "此皆吾兄之事, 非某所宜與也."

肅曰, "某聞君侯與皇叔桃園結義, 誓同生死. 皇叔卽君侯也, 何得推託乎?"

雲長未及回答, 周倉在階下屬聲言曰, "天下土地, 惟有德者居之. 豈獨是汝東吳當有耶?"

雲長變色而起, 奪周倉所執大刀, 立於庭中, 目視周倉而叱曰, "此國家之事, 汝何敢多言! 可速去!"

倉會意, 先到岸口, 把紅旗一招. 關平船如箭發, 奔過江東來.

雲長右手提刀, 左手挽住魯肅手, 佯推醉曰, "公今請吾赴宴, 莫提起荊州之事. 吾今已醉, 恐傷故舊之情. 他日令人請公到荊州赴會, 另作商議."

國譯

그러자 운장이 말했다.

"烏林(오림)에서의 전투도 左將軍께서 친히 矢石(시석)을 무릅쓰고 협력하여 적을 격파하였는데,[14] 어찌 헛고생만 하고 1尺의 땅도 차지 못한다는 말이오?[15] 지금 足下께서는 다시 땅을 달라는 것이오?"[16]

노숙이 대답했다.

"그렇지 않습니다. 君侯께서도 그전에 皇叔과 함께 長坂에서 패전한 뒤에 計略도 힘을 다하여 멀리 숨으려할 때,[17] 우리 주군께서 皇叔이 一身을 맡길 곳도 없는 것을 불쌍히 여기시어,[18] 땅을 아까워하지 않고 머물게 하시어 뒷날의 성공을 도모케 하셨습니다. 그러나 지금 皇叔은 德行을 잃고 우호를 깨뜨리려 하시며,[19] 이미 西川 땅을 얻고도 형주를 점거하는 것은 탐욕이며 의리를 배신하는 것이니 아마도 후세의 웃음거리가 될 것 같습니다. 그러니 군후께서도 살펴보셔야 합니다."

---

14 烏林之役 左將軍親冒矢石 戮力破敵 – 烏林은 長江 北岸, 赤壁에 가까운 곳. 적벽대전의 일부였다. 役은 부릴 역(使役), 힘이 드는 일, 잡역부, 전투, 전쟁. 例 1894년 甲午年의 淸日戰爭을 '甲午之役'이라고 한다. 左將軍은 劉備의 漢朝에서의 公式 職銜(직함). 冒는 무릅쓸 모. 矢石(시석)은 (전쟁무기로서의) 화살과 돌, 전투에서의 위험. 戮은 죽일 륙(육). 戮力(육력)은 협력하다, 힘을 합하다.

15 豈得徒勞而無尺土相資 – 徒는 무리 도. 도제, 사람. 맨손, 빈, 헛되이. 徒勞(도로)는 헛고생을 하다.

16 今足下復來索地耶 – 索은 찾을 색, 동아줄 삭. 찾다, 요구하다, 적막하다.

17 將欲遠竄 – 竄은 숨을 찬. 달아나다, 내쫓다. 遠竄(원찬)은 멀리 달아나다.

18 吾主矜愍皇叔身無處所 – 矜은 불쌍히 여길 긍. 뽐내다. 愍은 불쌍할 민. 걱정하다. 矜愍(긍민)은 가엾게 여기다.

19 而皇叔愆德隳好 – 愆은 허물 건. 過失, 잘못하다. 잃다. 隳는 떨어질 추(墜와 同). 파괴하다, 무너지다, 무너뜨리다.

이에 운장이 말했다.

"이는 모두 내 형님의 일이니 내가 끼어들 일이 아닙니다."[20]

그러자 노숙도 말했다.

"제가 알기로, 君侯와 皇叔이 桃園에서 結義하며 생사를 같이 하기로 했습니다. 그러면 황숙이 곧 당신인데 어찌하여 핑계 대며 거절합니까?

雲長이 대답도 하기 전에 周倉(주창)이 층계 아래에서 큰 소리로 말했다.

"천하의 토지는 有德者가 차지하는 것입니다. 어찌 유독 장신들 東吳에서만 가져야만 당연한 것입니까?"[21]

그러자 雲長이 안색을 바꾸며 일어나서 주창이 갖고 있던 큰 칼을 빼앗아 잡고서는 마당 가운데에서 周倉에게 눈짓을 하며 꾸짖었다.[22]

"이는 나라의 일이거늘, 네가 왜 말이 많은가! 빨리 나가거라!"

주창이 눈치를 채고 먼저 강가에 나와 붉은 깃발을 한번 휘둘렀다. 그러자 關平(관평)의 배가 쏜살같이 재빨리 江을 가로질러 동쪽으로 다가왔다.[23]

---

20 非某所宜與也 - 宜는 마땅 의. 당연히, 적합하다. 與는 줄 여. 교제하다. 참여하다. ~와, ~에게.

21 豈獨是汝東吳當有耶 - 獨은 홀로 독. 한 사람. 다만, 오직. 當有는 당연히 소유하다.

22 目視周倉而叱曰 - 目은 눈짓을 하다. 주시하다. 叱은 꾸짖을 질. 호통 치다.

23 奔過江東來 - 奔은 달릴 분. 곧장 나아가다. 빨리 가다. ~쪽으로.

雲長은 오른손으로 칼을 잡고 왼손으로 魯肅의 손을 잡아끌며,[24] 거짓으로 취한 척하며 말하였다.

"당신이 나를 청해 잔치에 오라 했으니 荊州의 일은 제기하지 마시오. 나는 지금 이미 취했으니 혹시라도 옛정을 다치게 할 수도 있소이다. 다른 날 사람을 보내 당신을 荊州로 와서 만나자고 할 것이니 그때 따로 상의합시다."[25]

原文

魯肅魂不附體, 被雲長扯至江邊. 呂蒙,甘寧, 各引本部軍欲出. 見雲長手提大刀, 親握魯肅, 恐肅被傷, 遂不敢動. 雲長到船邊, 却纔放手, 早立於船首, 與魯肅作別. 肅如癡似呆, 看關公船已乘風而去. 後人有詩讚關公曰,

藐視吳臣若小兒, 單刀赴會敢平欺.
當年一段英雄氣, 尤勝相如在澠池.

---

24 左手挽住魯肅手 – 挽은 당길 만. 挽住는 잡아당기며.(잡은 상태의 지속)
25 另作商議 – 另은 쪼갤 영. 따로, 별도로.

雲長自回荊州.

第六十六回 關雲長單刀赴會 伏皇后爲國捐生 中 節錄

關雲長單刀赴會(관운장단도부회)
繡像 三國志演義(수상 삼국지연의) − 上海 鴻文書局 印行, 국립중앙도서관 소장

　노숙은 혼이 나갈 지경으로 雲長에게 잡혀 江邊까지 끌려갔다.[26] 여몽과 감녕이 각각 자기 부대 군사를 이끌고 나가려 해도 운장이 큰 칼을 들고 있으며, 직접 노숙을 잡고 있기에 노숙이 다칠까 감히 손을 쓸 수가 없었다. 운장은 배 가까이 와서 막 손을 놓고[27] 빨리 船首에 올라서서 노숙과 작별했다. 魯肅은 天癡(천치, 白痴)나 바보처럼 서서[28] 關公의 배가 바람을 타고 떠가는 것을 바라보았다. 뒷날 어떤 사람이 시를 지어 관공을 찬양했다.

　　吳나라 노숙을 小兒처럼 경시했었으니,[29]
　　單刀로 赴會는 평소 얕본 것이 아닌가?
　　그때에 영웅의 기개 한번 펴보였는데,
　　민지의 인상여보다 훨씬 더 나았도다.[30]

　운장은 그대로 형주로 돌아왔다.

---

26 被雲長扯至江邊 − 扯는 찢어버릴 차. 끌어당기다, 잡담을 하다.

27 却纔放手 − 纔는 겨우 재(才也). 却纔(却才)는 방금, 지금 막.(方才와 同)

28 肅如癡似呆 − 癡는 어리석을 치(痴 同). 似는 같을 사. 呆는 멍청이 매, 어리석을 태. 머리가 둔하다.

29 藐視吳臣若小兒 − 藐는 업신여길 묘, 멀 막. 藐視(묘시)는 경시하다, 업신여기다.

30 尤勝相如在澠池 − 尤는 더욱 우. 相如는 戰國時代 趙의 文臣 藺相如(인상여, 約 前 315 − 260년?). 戰國時代의 强者 秦나라 昭襄王(소양왕)이 趙의 惠文王과 澠池(민지)란 곳에서 회담할 때, 진의 소양왕이 혜문왕을 욕되게 하자, 인상여는 소양왕을 위협하여 똑같은 방법으로 보답케 하여 혜문왕의 권위를 지켰다(前 279년). 인상여는 그 뒤 完璧歸趙(완벽귀조, 완벽)케 했고, 廉頗(염파) 장군과 刎頸之交(문경지교)를 맺었다.

양 수 시 계 륵 초 화

52 楊修猜鷄肋招禍
楊修는 계륵의 뜻을 알아 화를 불렀다.

名門家 출신에 뛰어난 머리의 소유자였던 楊修(양수)는 어이없는 죽음을 당했다. 대체로 천재들은 자신의 두뇌와 능력을 확신하다 보니, 인간관계에서 다른 사람과 잘 어울리지 못하는 부족한 일면이 있을 수 있다.

그러나 머리 회전을 언급하자면, 조조 역시 양수 못지않은 사람이었다. 조조의 어떤 행위 하나하나라도 모두 치밀한 계산이 있다고 보아야 한다. 《삼국연의》에는 언급되지 않았지만 조조가 양수를 죽인 이유는 정치적 계산이 깔려 있었다.

빠른 두뇌 회전에 지모가 출중하며 시인인 조조는 문신들의 작은 실수도 결코 용납하지 못하는 성격이었다. 하여튼 조조의 이러한 특성을 파악 못한 것이 양수가 당한 비극의 출발점이었다.

原文

　操屯兵日久, 欲要進兵, 又被馬超拒守, 欲收兵回,
又恐被蜀兵恥笑, 心中猶豫不決. 適庖官進雞湯. 操

218 삼국연의 원문 읽기 (下)

見碗中有雞肋，因而有感於懷．正沈吟間，夏侯惇入帳，稟請夜間口號．操隨口曰，"雞肋！雞肋！"

惇傳令眾官，都稱'雞肋．'行軍主簿楊修，見傳'雞肋'二字，便教隨行軍士，各收拾行裝，準備歸程．有人報知夏侯惇．

惇大驚，遂請楊修至帳中問曰，"公何收拾行裝？"

修曰，"以今夜號令，便知魏王不日將退兵歸也，雞肋者，食之無肉，棄之有味．今進不能勝，退恐人笑，在此無益，不如早歸，來日魏王必班師矣．故先收拾行裝，免得臨行慌亂．"

夏侯惇曰，"公真知魏王肺腑也！"遂亦收拾行裝．於是寨中諸將，無不準備歸計．

當夜，曹操心亂，不能穩睡，遂手提鋼斧，遶寨私行．只見夏侯惇寨內軍士，各準備行裝．操大驚，急回帳召惇問其故．

惇曰，"主簿楊德祖，先知大王欲歸之意．"

操喚楊修問之，修以雞肋之意對．操大怒曰，"汝怎敢造言，亂我軍心！"喝刀斧手推出斬之，將首級號令於轅門外．

　조조의 군사가 오랫동안 주둔하면
서[1] 진격을 하려 해도 馬超(마초)[2]
의 방어에 막히고, 군사를 철
수한다면 蜀兵의 웃음거리
가 될 것 같아,[3] 마음속으로
유예하며 결정을 내리지
못하고 있었다. 마침 식사
담당관이 닭갈비 탕을 올렸
다. 조조는 그릇 속의 닭 갈
비뼈를 바라보며 가슴에 느
끼는 바가 있었다.[4] 한창 생각
중인데 夏侯惇(하후돈)[5]이 장막

楊修(양수)

---

　1 操屯兵日久 – 曹操와 劉備가 漢水에서 대치할 때, 조조는 거듭 패전하면서 밀려
　斜谷口(야곡구, 斜는 골짜기 이름 야)에 주둔하고 있었다.

　2 馬超(마초, 176 – 222년, 字 孟起)는 馬騰(마등, ? – 212년, 字 壽成, 후한의 유명한 장군
　馬援의 후손)의 아들. 蜀漢 五虎將軍(關羽, 張飛, 馬超, 黃忠, 趙雲을 合傳)의 1人.
　正史《三國志 蜀書》6권,〈關張馬黃趙傳〉에 立傳.《三國演義》에서 조조는 “저 馬
　氏 애송이가 죽지 않으면 내 묻힐 자리가 없을 것이다.(馬兒不死, 吾無葬地矣.)”
　라고 말할 정도로 마초를 두려워했다.

　3 又恐被蜀兵恥笑 – 被는 당하다. 피동. 恥는 부끄러울 치. 恥笑는 멸시와 嘲笑(조소).

　4 操見碗中有雞肋 – 碗은 그릇 완. 주발. 肋은 갈비 늑(륵). 懷는 품을 회. 속마음.

　5 夏侯惇(하후돈, ? – 220) – 字 元讓(원양), 沛國 譙縣(今 安徽省 亳州市) 사람. 조조
　의 從兄弟. 조조가 가장 신뢰했던 사람. 조조 사후 몇 달 뒤 하후돈도 죽었다. 여

에 들어와 야간 口號(구호)를 물었다. 그러자 조조는 생각나는 대로[6] "雞肋(계륵)! 계륵이다!"라고 말했다.

하후돈은 여러 장수들에게 명령을 전달하자, 모두가 '계륵'이라고 복창했다. 行軍主簿(행군주부)인 楊修(양수)[7]는 구호가 계륵 두 자라고 전달받자, 곧 수행하는 군사들에게 각자의 행장을 수습하여 철수할 일을 미리 준비하게 시켰다. 어떤 사람이 이를 하후돈에게 보고하였다.

하후돈이 놀라며 바로 楊修를 장막에 들어오라고 불러 물었다.

"公은 왜 부하들의 행장을 수습케 시켰는가?"

이에 양수가 대답했다.

"오늘 밤 야간 號令(軍令, 암호)으로 魏王께서 머지않아 퇴병 귀

포와 싸우면서 왼쪽 눈에 화살을 맞아 뒷날 '盲夏候'로 불렸다.

6 操隨口曰 雞肋 – 隨는 따를 수. 隨口는 생각 없이. 되는 대로. 鷄는 닭 계.

7 楊修 –《後漢書》에는 楊脩(양수, 175 – 219년. 字는 德祖). 脩는 포 수. 육포. 닦을 수 (治也), 익힐 수(習也). 修와 같은 뜻으로 쓰일 때도 있지만 같은 글자는 아니다. 楊彪(양표, 142 – 225년, 字 文先)의 아들, 양표는 楊震(양진)의 증손인데 양진 이후 4 대에 걸쳐 후한의 太尉를 역임했다. 楊彪(양표)는 董卓(동탁)과 李催(이각)이 설쳐 대는 그 당시에 국정의 중책을 맡고 있었다. 建安 원년(서기 196), 헌제가 許都에 도읍한 뒤, 袁術(원술)은 漢에 반기를 들었는데, 조조는 양표와 원술이 혼인을 맺은 것을 핑계로 삼아, 양표가 황제를 폐립하려 한다고 무고하였다. 建安 4년(서기 199), 양표는 다시 太常이 되었다가 10년에 면직, 은퇴하였다. 양표의 아들 楊脩 (양수)는 建安 연간에 효렴으로 천거되어 郎中이 되었다가, 조조의 군수 창고를 관리하는 主簿가 되었다. 양수는 두뇌가 우수하여 조조의 아들 曹丕(조비) 형제와 두루 친했다. 거기에 양수가 袁術(원술)의 생질이기에 후환을 염려하여 구실을 찾아 죽여 버렸다.《후한서》54권, 〈楊震列傳〉에 附傳.

환할 것을[8] 바로 알았습니다. 雞肋(계륵)이란 먹자니 살이 없고, 버리자니 맛이 있습니다. 지금 우리 군사가 진격해도 이길 수가 없고, 철수하자니 남이 웃을 것이라서, 이 상태로는 무익하니 일찍 회군하는 것만 못합니다. 내일 위왕께서는 아마 필히 퇴군을 명령하실 것입니다.[9] 그래서 행장을 미리 수습케 하여 출발 전의 혼란에 대비케 하였습니다."

이에 하후돈은 "그대는 정말 魏王의 속마음을 잘 알고 있네!"라고 말하며 하후돈도 행장을 수습케 하였다. 그러자 온 군영에 회군할 준비를 하지 않는 장군이 없었다.

그날 밤, 조조는 心亂(심란)하여 편히 잠들 수가 없어,[10] 나중에는 손에 鋼斧(강부)를 들고 군영 안을 혼자 시찰하였다.[11] 하후돈의 군영 내 군사들이 각자 행장을 꾸리는 것을 보았다. 조조가 크게 놀라 급히 자신의 장막으로 돌아와 하후돈을 불러 까닭을 물었다.

그러자 하후돈이 말했다.

"主簿(주부)인 楊德祖(楊修)가 대왕께서 곧 회군하실 거라는 뜻을 알고 있습니다."

---

8 便知魏王不日將退兵歸也 – 魏王은 曹操. 조조는 건안 21년(서기 216)에, 魏王에 책봉되었다. 不日은 不日間, 멀지 않아, 며칠 안에. 將은 ~하려 하다.

9 魏王必班師矣 – 班은 나눌 반. 班師는 군대를 철수하다, 귀환시키다.

10 曹操心亂 不能穩睡 – 心亂은 마음이 혼란하다, 심란하다. 穩은 평온할 온. 睡는 잠잘 수.

11 遂手提鋼斧 遶寨私行 – 鋼斧(강부)는 강철 도끼. 遶는 두를 요. 에워싸다. 寨는 울타리 채. 군영.

조조가 양수를 불러 묻자, 양수는 계륵의 뜻으로 대답하였다. 그러자 조조가 대노하며 말했다.

"너는 어찌 감히 없는 말을 지어내어[12] 우리 軍心을 혼란케 하는가!"

그러면서 처형하는 군사를 불러 양수를 참수케 한 뒤, 양수의 首級(수급)을 轅門(원문) 밖에 내걸어 모두가 보게 하였다.

原文

原來楊修爲人恃才放曠, 數犯曹操之忌. 操嘗造花園一所造成, 操往觀之, 不置褒貶, 只取筆於門上書一'活'字而去. 人皆不曉其意. 修曰, "門內添'活'字, 乃'闊'字也. 丞相嫌園門闊耳."

於是再築牆圍. 改造停當, 又請操觀之. 操大喜, 問曰, "誰知吾意?" 左右曰, "楊修也." 操雖稱美, 心甚忌之.

又一日, 塞北送酥一盒至. 操自寫'一合酥'三字於盒上, 置之案頭. 修入見之, 竟取匙與衆分食訖. 操問其故, 修答曰, "盒上明書一人一口酥, 豈敢違丞相之命乎?" 操雖喜笑, 而心惡之.

---

12 汝怎敢造言 – 怎은 어찌 즘. 왜. 造言은 유언비어를 퍼뜨리다.

원래, 楊修의 사람됨이 재주를 믿고 제멋대로 거리낌이 없어,[13] 자주 조조의 禁忌(금기)를 건드렸다.[14] 조조가 일찍이 화원을 한 곳 만들게 했는데, 조조가 가서 보고서는 좋다 나쁘다는 말도 없이,[15] 붓으로 출입문에 '活' 자를 써놓고 가버렸다. 사람들은 누구도 그 뜻을 알지 못했다. 그러자 양수가 말했다.

"門 안에 '活' 字가 있으니, 곧 '闊(넓을 활)' 자입니다. 승상께서는 화원의 출입문이 넓어 싫다는 뜻입니다."[16]

이에 담을 다시 쌓고 적당히 출입문을 고친 뒤에[17] 조조를 청해 보게 하였다. 그러자 조조는 기뻐하며 "누가 나의 뜻을 알아챘는가?"라고 물었다. 옆에서 "양수입니다."라고 대답하자, 조조가 비록 칭찬은 했지만 속으로는 몹시 싫어했다.

또 어느 날, 북쪽 변방에서 연유(酥, 수) 한 그릇을 보내왔다.[18] 조

---

13 原來楊修爲人恃才放曠 – 恃는 믿을 시. 제멋대로 하다. 曠은 밝을 광. 아주 넓다. 얽매임이 없다. 放曠(방광)은 세속에 구애받지 않다.(無拘束也, 放達과 同). 楊修는 《삼국연의》 60회에 처음 등장하는데, '博學能言하고 見識이 우수하나 自恃其才하여 天下之士를 우습게 보는 사람이라.'고 소개하였다.

14 數犯曹操之忌 – 數은 셈 수, 자주 삭. 犯은 건드리다. 나쁜 짓을 저지르다. 忌는 꺼릴 기. 싫어하는 것, 미움을 받을 만한 짓거리. 諱는 꺼릴 휘. 금기의 일 또는 말. 忌諱(기휘)는 禁忌(금기).

15 不置褒貶 – 褒는 넓고 큰 옷자락 포, 기릴 포. 칭찬하다. 貶은 덜어낼 폄(損也). 褒貶(포폄)은 좋고 나쁨을 평가하다.

16 丞相嫌園門闊耳 – 嫌은 싫어할 혐. 혐오하다. 闊은 넓을 활. 耳는 말 그칠 이.

17 再築牆圍 改造停當 – 築은 쌓을 축. 牆은 담 장. 圍는 둘레 위. 牆圍(장위)는 담, 울타리. 停은 멈출 정. 끝내다. 停當(정당)은 적절하다, 일이 끝나다.

조는 뚜껑에 '一合酥(일합수)'라고 글자 3자를 써서 책상에 놓아두었다. 이를 양수가 보고서는 나중에 숟가락으로 여럿이 한 입씩 나누어 먹었다.[19] 조조가 그 까닭을 묻자, 양수가 말했다.

"뚜껑에 '1人이 한 입씩(一口) 먹는 연유라.' 하였으니,[20] 승상의 명령을 어찌 따르지 않겠습니까!"

조조가 좋아 웃었지만 마음으로는 양수를 미워했다.

原文

操恐人暗中謀害己身, 常分付左右, "吾夢中好殺人. 凡吾睡着, 汝等切勿近前."

一日, 晝寢帳中, 落被於地. 一近侍慌取覆蓋.

操躍起拔劍斬之, 復上床睡. 半晌而起, 佯驚問, "何人殺吾近侍?" 衆以實對. 操痛哭, 命厚葬之.

人皆以爲操果夢中殺人. 惟修知其意, 臨葬時指而歎曰, "丞相非在夢中, 君乃在夢中耳!" 操聞而愈惡之.

第七十二回 諸葛亮智取漢中 曹阿瞞兵退斜谷 中 節錄

---

18 塞北送酥一盒至 - 塞는 변방 새. 塞北(새북)은 일반적으로 長城 북쪽을 뜻한다. 이민족의 거주지. 酥는 연유 수. 牛乳나 羊乳로 만든 죽, 치즈. 盒은 그릇 합.

19 竟取匙與衆分食訖 - 竟은 마칠 경. 결국, 드디어. 匙는 숟가락 시. 訖은 마칠 흘.

20 一人一口酥 - 一合酥의 '合'을 人一口로 破字하여 해석했다.

曹操는 남이 몰래 자신을 謀害할까 걱정이 되어, 일찍이 측근들에게 분부하였다.

"나는 꿈속에서도 살인을 할 수 있다.[21] 내가 잠자는 동안에 너희들은 절대로 가까이 오지 말라."[22]

어느 날, 조조가 장막 안에서 낮잠을 자는데 이불이 바닥에 떨어졌다. 가까운 시종 하나가 황망히 이불을 다시 덮어주었다.[23] 그러자 조조는 벌떡 일어나 칼을 빼어 시종을 죽인 뒤 다시 침상에서 잠을 잤다. 한참 자고 일어나[24] 놀란 체하며 물었다.

"누가 내 시종을 살해했는가?"

여러 사람이 사실대로 말했다. 조조는 슬피 운 다음에 후히 장사 지내주라고 명령했다.

사람들은 모두 조조가 정말로 夢中에 살인하는 줄로 생각했다. 그러나 양수만은 그 뜻을 알고 시종의 장례를 치룰 때 이를 가리켜 탄식하며 말했다.

"승상께서 꿈을 꾼 것이 아니라 자네가 바로 꿈속에 있었다네!"

조조가 이를 전해 듣고서는 더욱 양수를 미워했다.

---

21 吾夢中好殺人 - 好는 ~할 수 있다. 여기서는 '좋아하다, 좋다, 아주, 잘'의 뜻은 아니다.

22 汝等切勿近前 - 切勿(절물)은 결코 ~하지 말라.

23 一近侍慌取覆蓋 - 慌은 어리둥절할 황. 황급히. 覆은 덮을 복. 蓋는 덮을 개.

24 半晌而起 - 晌은 정오 상. 낮의 한동안, 잠시. 半晌은 잠깐, 한참, 반나절.

53 玄德進爲漢中王
현 덕 진 위 한 중 왕

현덕이 漢中王이 되다.

項羽와 劉邦의 鴻門(홍문)의 잔치 이후, 劉邦은 漢中王에 임명되어 漢中으로 들어간다. 劉邦은 漢中을 바탕으로 힘을 길러 결국 項羽를 죽이고 드디어 漢의 황제로 즉위한다.(기원 前 202년)

조조는 建安 21년(서기 216) 5월에 魏王에 책봉되었다. 본래 漢 高祖는 개국공신들과 개국 후 봉한 異姓諸侯王 외에 劉氏가 아니면 王이 될 수 없다고 서약하였다. 조조가 魏王이 된 것은 고조 이래의 약조를 어긴 것이나 실권이 없는 헌제로서는 어쩔 수 없는 조치였다.

이에 유비가 漢中[1]을 차지한 뒤, 제갈량 등은 유비에게 漢中王에 오를 것을 적극 권한다. 유비는 사양하다가 스스로 한중왕에 즉위하며 통치체제를 갖춘다.(서기 219년)

原文

且說 玄德命劉封,孟達,王平等, 攻取上庸諸郡, 申耽等聞操已棄漢中而走, 遂皆投降, 玄德安民已定,

---

1 益州牧 관할의 漢中郡 - 治所는 南鄭縣, 今 陝西省 서남부 漢中市.

大賞三軍, 人心大悅.

　於是衆將皆有推尊玄德爲帝之心, 未敢逕啓, 却來稟告諸葛軍師.

　孔明曰, "吾意已有定奪了."

　隨引法正等入見玄德曰, "今曹操專權, 百姓無主. 主公仁義著於天下, 今已撫有兩川之地, 可以應天順人, 卽皇帝位, 名正言順, 以討國賊, 事不宜遲, 便請擇吉."

　玄德大驚曰, "軍師之言差矣, 劉備雖然漢之宗室, 乃臣子也. 若爲此事, 是反漢矣."

　孔明曰, "非也. 方今天下分崩, 英雄並起, 各霸一方, 四海才德之士, 捨死亡生而事其上者, 皆欲攀龍附鳳, 建立功名也. 今主公避嫌守義, 恐失衆人之望, 願主公熟思之."

　玄德曰, "要吾僭居尊位, 吾必不敢, 可再商議長策."

　諸將齊言曰, "主公若只推却, 衆心解矣."

玄德進爲漢中王(현덕진위한중왕)

繡像 三國志演義(수상 삼국지연의) – 上海 鴻文書局 印行, 국립중앙도서관 소장

한편, 玄德은 劉封(유봉), 孟達(맹달),[2] 王平(왕평) 등에 명하여 上
庸(상용)[3] 등 여러 현을 공략하게 하자, (上庸郡의 太守) 申耽(신탐)
등은 조조가 이미 漢中 지역을 포기하고[4] 철수했다는 말을 듣고 모
두 투항하였는데, 玄德이 백성을 안정시킨 뒤에 三軍을 크게 포상
하자, 백성은 모두 기뻐하였다. 이에 여러 장수들은 玄德을 황제로
추대하고픈 마음이 있었지만, 곧장 아뢰지 못하고[5] 軍師 제갈량을
찾아가 稟議(품의)하였다.

이에 孔明은 "나의 뜻은 이미 결정이 되었다."고[6] 말했다.

제갈량은 法正(법정) 등과 함께 들어가 현덕을 알현하며 말했다.

"지금 조조가 권력을 마음대로 하는 동안 백성은 섬길 主君이 없

---

2 孟達(맹달, ? - 228, 字 子敬, 子度) - 본래 益州 劉璋(유장)의 부하. 劉備가 蜀에 들어
  갈 때 유장은 맹달을 보내 유비를 영접케 했는데, 맹달은 유비에 귀부한다. 맹달
  은 江陵(강릉)을 수비했다. 건안 24년(서기 219년)에, 맹달은 秭歸(자귀)에서 房陵
  (방릉)을 공격하고 이어 上庸(상용)까지 진격하여 劉封(유봉)과 합세한다. 關羽(관
  우)가 樊城(번성)에서 포위되었을 때 유봉과 맹달은 구원을 거절한다. 관우가 패
  전 후 전사하자, 맹달은 문책이 두렵고 또 유봉과 不和하여 바로 曹魏에 투항했
  다. 투항한 맹달은 魏에서 승진을 거듭하다가 文帝(曹丕)가 죽자, 蜀으로 다시 돌
  아가려다 계획이 누설되어 司馬懿(사마의)에게 잡혀죽었다(서기 228년).
3 上庸縣(상용현)은 漢中郡의 현명. 今 湖北省 서북부 十堰市(십언시) 관할 竹山縣.
  獻帝 建安 말에, 漢中郡을 나눠 上庸郡을 설치하였다.
4 조조는 漢中 일대에서 馬超와 魏延(위연)에 밀리며 불리한 형세였다.
5 未敢逕啓 - 逕은 지름길 경. 곧, 바로. 啓는 열 계(開發), 여쭐 계(奏事).
6 吾意已有定奪了 - 奪은 빼앗을 탈. 결정을 내리다. 定奪은 可否나 取捨(취사)를
  결정하다.

습니다. 主公께서는 온 천하에 인의를 확실하게 베푸시며, 지금 이미 兩川[7]의 땅을 按撫(안무)하였으니, 하늘과 백성의 뜻에 따라 皇帝에 자리에 오르시는 것이 명분과 사리에 맞고, 또 國賊(국적) 조조를 토벌해야 하기에 이 일은 늦출 수 없으니, 곧 길일을 선택하시기를 주청합니다."[8]

현덕이 크게 놀라며 말했다.

"軍師의 말씀은 틀렸습니다. 유비가 비록 漢의 종실이지만, 그냥 臣子일 뿐입니다. 만약 이런 일을 한다면, 이는 漢에 대한 반역입니다."

그러자 공명이 말했다.

"그렇지 않습니다. 지금 천하는 질서가 무너졌고 영웅은 모두 들고 일어나 각각 한 지방에 군림하고 있으며[9] 천하의 才德을 갖춘 인사들이 생명의 위험을 돌아보지 않고[10] 윗사람을 섬기는 것은 모두가 모두 龍이나 鳳凰(봉황, 권력을 잡은 사람)에 매달려[11] 功名을 이

---

7 兩川 – 익주의 다른 명칭이 西川인데, 이는 서쪽에 있는 四川이란 뜻이다. 이 서천이란 명칭이 唐代에 동천과 서천으로 구분하는 명칭이 생겼고, 이를 兩川이라 통칭했다. 양천은 곧 西川, 곧 益州 지역이니, 今 四川省과 重慶市를 지칭한다.

8 事不宜遲 便請擇吉 – 不宜 – ~하는 것은 좋지 않다. ~해서는 안 된다. 遲는 늦을지. 더디다. 擇吉(택길)은 吉日을 택하다.

9 各霸一方 – 霸는 으뜸 패. 군림하다, 힘으로 다스리다.

10 捨死亡生而事其上者 – 捨는 버릴 사. 亡은 忘과 같음. 捨死亡生은 목숨을 돌보지 않다. 捨生忘死와 同.

11 皆欲攀龍附鳳 – 攀은 당길 반. 꼭 잡다. 攀龍附鳳(반룡부봉)은 권세 있는 사람을 따르다.

루려는 뜻입니다. 지금 주공께서 남의 의심을 꺼리어[12] 대의만을 지키려 하신다면, 아마도 많은 사람들의 기대를 버리는 것이니, 주공께서는 깊이 생각하셔야 합니다.

이에 현덕이 말했다.

"나더러 尊位를 외람되이 차지하라고 한다면,[13] 나는 결코 할 수 없으니 다른 좋은 방법을 상의해 봅시다."

이에 여러 장수들이 말했다.

"만약 주공께서 계속 사양하신다면 衆心은 해이해질 것입니다."

原文

孔明曰, "主公平生以義爲本, 未肯便稱尊號. 今有荊襄, 兩川之地, 可暫爲漢中王."

玄德曰, "汝等雖欲尊吾爲王, 不得天子明詔, 是僭也."

孔明曰, "今宜從權, 不可拘執常理."

飛大叫曰, "異姓之人, 皆欲爲君, 何況哥哥乃漢朝宗派! 莫說漢中王, 就稱皇帝, 有何不可!"

---

12 今主公避嫌守義 – 嫌은 싫어할 혐. 避嫌(피혐)은 의심을 받을 만한 일을 하지 않다.

13 要吾僭居尊位 – 僭은 거짓 참, 어그러질 참. 분수에 지나치게 행동하다.

玄德叱曰, "汝勿多言!"

孔明曰, "主公宜從權變, 先進位漢中王, 然後表奏天子, 未爲遲也."

玄德再三推遲不過, 只得依允. 建安二十四年秋七月, 築壇於沔陽, 方圓九里, 分佈五方, 各設旌旗儀仗, 群臣皆依次序排列, 許靖,法正請玄德登壇, 進冠冕璽綬訖, 面南而坐, 受文武官員拜賀爲漢中王.

子劉禪立爲王世子, 封許靖爲太傅, 法正爲尚書令, 諸葛亮爲軍師, 總理軍國重事, 封關羽張飛趙雲馬超黃忠爲五虎大將軍. 魏延爲漢中太守, 其餘各擬功勳定爵.

玄德旣爲漢中王, 遂修表一道, 差人齎赴許都, (以下 表文 省略)

공명이 말했다.

"主公게서 평생 동안 大義를 근본으로 삼으셨기에 尊號(황제 칭호)를 아니 받으시려 하십니다만,[14] 지금 荊襄(형양)[15]과 兩川의 땅

---

14 未肯便稱尊號 – 肯은 옳게 여길 긍. 기꺼이 ~하려 하다.

15 荊襄(형양)은 荊州. 荊州의 治所가 襄陽(양양)이라 형양이라 통칭했다. 형주관할

을 보유하셨으니 일단 漢中王이 되어야 합니다."

그러자 현덕이 말했다.

"여러분들이 나를 王으로 추대하여도 천자의 확실한 조서가 없다면, 이는 僭稱(참칭)이요."

이에 孔明이 말했다.

"지금은 의당 임기응변해야지 평상시의 사리만을 굳이 따를 수만은 없습니다."

그때 장비가 큰 소리로 말했다.

"劉氏가 아닌 異姓도 모두 주군이 되려 하는데, 형님께서는 漢朝의 종실이니 어째 안 됩니까! 漢中王이라 할 것 없이 바로 皇帝라 칭해도 무엇이 불가합니까!"

현덕은 "너는 여러 말 하지 말라!"며 꾸짖었다.

공명이 말했다.

"주공께서는 마땅히 權變(권변)을 따라야 합니다.[16] 먼저 漢中王으로 즉위하신 연후에 천자께 表文을 상주해도 늦지 않습니다."[17]

玄德은 두세 번 더 미룰 수 없다는 것을 알고[18] 승낙할 수밖에 없었다.

襄陽郡을 증설했다.

16 今宜從權 – 從權은 일시적으로 변통하다. 임기응변하다.

17 然後表奏天子 – 表奏(표주)는 문서로 상주하다.

18 玄德再三推遲不過 – 推遲(추지)는 미루다, 연기하다. 不過는 ～할 수 없다.

建安 24년(서기 219) 가을인 7월, 沔陽(면양)에 제단을 쌓고,[19] 제단 사방 9리가 되는 둘레에 五方을 나누어 설치하고 각각 깃발과 필요한 儀仗(의장)을 설치한 뒤에, 모든 신하들의 직급에 따라 자리를 잡았고, 許靖(허정)과 法正(법정)이 현덕을 안내하여 제단에 오르게 한 뒤에 왕관과 국새와 인수 등을 바쳤으며,[20] 현덕은 南面으로 앉아 文武 관원의 拜禮와 賀禮를 받아 漢中王이 되었다.

아들 劉禪(유선)은 王世子에 책립되었고, 허정을 세자의 太傅(태부)가 되었으며, 법정은 尙書令이 되었다. 諸葛亮은 軍師가 되어 軍國에 관한 중요 대사를 총리하였으며, 關羽, 張飛, 趙雲, 馬超, 黃忠은 五虎大將軍이 되었다. 魏延은 漢中郡 太守가 되었으며, 그 나머지는 공훈에 따라 작위를 정하였다.

玄德이 漢中王이 되자, 일건 표문을 지어 사람을 시켜 許都에 올리게 하였다. (以下 表文 省略)

原文

表到許都, 曹操在鄴郡 聞知玄德自立爲漢中王, 大怒曰, "織蓆小兒, 安敢如此! 吾誓滅之!"

卽時傳令, 盡起傾國之兵, 赴兩川與漢中王決雌雄.

---

19 築壇於沔陽 – 沔은 물 흐를 면. 沔陽은 沔水의 북쪽.

20 進冠冕璽綬訖 – 冠冕(관면)과 璽綬(새수)의 進上을 끝내고. 冠冕은 冕旒冠(면류

一人出班諫曰, "大王不可因一時之怒, 親勞車駕遠征. 臣有一計, 不必張弓只箭, 令劉備在蜀自受其禍. 待其兵衰力盡, 只須一將往征之, 便可成功."

操視其人, 乃司馬懿也, 操喜問曰, "仲達有何高見?"

懿曰, "江東孫權以妹嫁劉備, 而又乘間竊取回去. 劉備又據占荊州不還, 彼此俱有切齒之恨, 今可差一舌辯之士, 齎書往說孫權, 使興兵取荊州, 劉備必發兩川之兵來救荊州, 那時大王興兵去取漢川, 令劉備首尾不能相救, 勢必危矣."

第七十三回 玄德進位漢中王 雲長攻拔襄陽郡 中 節錄

國譯

표문이 許都에 올라가자, 조조는 (魏郡) 鄴縣(업현)²¹에 머물고 있었는데, 현덕이 漢中王으로 자립했다는 말을 듣고 대노하며 말했다.

"자리(席)나 짜던 小兒가 어찌 이럴 수 있나! 내 기어코 없애버리겠다!"

───────

관). 璽는 도장 새. 國璽. 璽綬는 옥새와 印綬. 訖은 마칠 흘.

21 魏郡의 治所인 鄴縣(업현), 今 河北省 남부 邯鄲市(한단시) 관할 臨漳縣. 曹操가 魏公이 되고, 魏王으로 있는 동안 조조 세력의 근거지였다.

조조는 즉시 명령을 내려 온 나라의 군사를 다 동원하여 兩川 지역으로 진군하여 漢中王과 雌雄(자웅)을 가리겠다고 말했다.[22] 그러자 한 사람이 班列(반열)에서 나오며 말했다.

"大王께서 한때의 분노로 친히 거가로 원정하실 필요가 없습니다. 저에게 한 계책이 있어 활이나 화살 하나 쓸 것도 없이[23] 유비로 하여금 蜀郡에서 스스로 재앙을 받도록 하겠습니다. 그런 다음, 유비의 군사가 쇠약했을 때 장수 한 사람을 보낸다면[24] 바로 성공할 것입니다."

조조가 그 사람을 보니, 바로 司馬懿(사마의)[25]이었다. 조조가 좋아하며 "仲達(중달)에게 어떤 고견이 있는가?"라고 물었다. 이에 사마의가 말했다.

"江東 땅의 손권은 여동생을 유비에게 출가시켰다가 나중에 틈

---

22 與漢中王決雌雄 – 雌는 암컷 자. 雌雄(자웅)은 勝敗와 優劣(우열).

23 不必張弓只箭 – 只는 다만 지. 단 하나의. 張과 只는 量詞.

24 只須一將往征之 – 只須는 다만 ~만 하면.

25 司馬懿(사마의, 179 – 251년, 字 仲達) – 司馬는 복성. 懿는 아름다울 의. 河內郡 溫縣 출신. 潁川(영천) 太守 司馬儁(사마준)의 손자, 京兆尹 司馬防(사마방)의 아들. 魏의 장수로 曹操, 曹조, 曹叡, 曹芳의 四代君主를 섬겼고, 나중에 '高平陵의 變'으로 曹魏의 권력을 장악했다. 曹操는 사마의를 싫어했고 '狼顧之相'이라면서 뒷날 조씨 일가를 휘두를 것을 염려했고, 이를 아들 조비에게 알려줬으나 조비는 사마의와 관계가 좋았고 지켜주었다. 조비가 재위 중 사마의의 작위는 安國鄕侯에 그쳤다. 사마의는 향년 73세로 병사하였다. 264년에, 아들 司馬昭(사마소)가 晉王(진왕)이 되자 사마의를 晉王으로 추존하며, 시호는 宣王(선왕)이라 했다. 司馬炎(사마염)이 晉을 건국한 뒤 宣文侯로 추존했다가 宣皇帝라는 시호를 받았다.

을 보아 (孫夫人을) 몰래 데려갔습니다.[26] 유비는 형주를 차지하고서 東吳에 반환하지 않아 그 둘은 피차간 이를 가는 원수 사이가 되었으니,[27] 이번에 말을 잘하는 사람을 하나 선발하여 국서를 보내 손권을 설득하여, 손권이 군사를 일으켜 형주를 공격케 하면 유비는 서천 등지의 군사를 동원하여 형주를 구원할 것이니, 그때 가서 대왕께서 군사를 일으켜 漢中과 西川을 공략한다면 유비는 首尾(수미)가 서로를 도울 수 없어[28] 필히 위기에 처할 것입니다."

---

26 而又乘間竊取回去 - 乘間(승간)은 기회를 타다. 竊取(절취)는 (추상적인 것을) 쟁취하다.

27 彼此俱有切齒之恨 - 俱는 함께 구. 切齒(절치)는 이를 갈다, 매우 중오하다. 앞니.

28 令劉備首尾不能相救 - 首尾는 처음과 끝. 서로 호응하다.

54 關雲長水淹七軍

관운장수엄칠군

關雲長은 물로 七軍을 몰살시키다.

曹操는 于禁(우금)에게 七軍을 주어 龐德(방덕)과 함께 樊城(번성)으로
파견했다. 방덕은 關羽와 一戰을 각오하고 棺(관)을 만들어 가지고 출
전했다. 방덕은 '我若不能殺彼(내가 만약 저들을 죽이지 못하면), 必
爲彼所殺(틀림없이 저들에게 죽을 것이다).' 라면서 전의를 다졌다.
그러나 무능한 우금의 판단 착오로 7군은 모두 水葬(수장)되었고, 우
금은 목숨을 구걸하였지만, 방덕은 당당히 죽음을 당한다.

原文

時値八月秋天, 驟雨數日, 公令人預備船筏, 收拾水
具.

關平問曰, "陸地相持, 何用水具?"

公曰, "非汝所知也, 于禁七軍不屯於廣易之地, 而
聚於罾口川險隘之處. 方今秋雨連綿, 襄江之水, 必
然泛漲. 吾已差人堰住各處水口, 待水發時, 乘高就

船 放水 一淹, 樊城, 罾口川之兵, 皆爲魚鱉矣."

關平拜服.

却說 魏軍屯於罾口川, 連日大雨不止, 督將成何來見于禁曰, "大軍屯於川口, 地勢甚低. 雖有土山, 離營稍遠, 今秋雨連綿, 軍士艱辛, 近有人報說荊州兵移於高阜處, 又於漢水口預備戰筏, 倘江水泛漲, 我軍危矣, 宜早爲計."

于禁叱曰, "匹夫惑吾軍心耶! 再有多言者斬之!"

成何羞慚而退, 却來見龐德, 說此事, 德曰, "汝所見甚當, 于將軍不肯移兵, 吾明日自移軍屯於他處."

國譯

때는 8월인 가을,[1] 며칠간 소나기가 내렸는데,[2] 關公은 부하들에게 배나 뗏목(船筏)을 미리 준비케 하고[3] 水具를 수습케 하였다. 그러자 (아들) 關平(관평)이 물었다.

"육지에서 서로 대치하는데 水具 등을 왜 준비해야 합니까?"

---

1 이때가 獻帝 建安 24년(서기 219), 유비가 漢中王이 된 해였다.
2 時值八月秋天 驟雨數日 – 値는 값 치. ~를 만나다, ~때가 되다. 驟는 달릴 취. 바르다. 갑자기. 驟雨(취우)는 소나기.
3 公令人預備船筏 – 預는 미리 예. 筏은 떼 벌. 뗏목. 船筏(선벌)은 배나 뗏목.

于禁(우금)

　"네가 알 바는 아니지만, 于禁(우금)의 七軍[4]이 모두 광활한 곳에 주둔하지 않고,[5] 罾口川(증구천) 같이 좁고 험한 곳에 모여 있다.[6] 지

4 于禁(우금, ? – 221, 字 文則)은 泰山 鉅平(山東省 泰安). 曹魏의 장수. 五子良將(張遼, 樂進, 于禁, 張郃, 徐晃)의 한 사람으로, 조조의 절대적인 신임을 받았었다. 서기 219년 樊城(번성) 싸움에서 關羽(관우)의 水攻에 투항하여, 晩節을 지키지 못했으니 '英雄成敗皆偶然' 이라 아니할 수 없다. 당시 7軍을 거느린 장수는 于禁(우금), 張遼(장료), 張郃(장합), 朱靈(주령), 李典(이전), 路招(노초), 馮楷(풍해) 등이었다. 우금의 乞降은 투항을 거부한 龐德(방덕)을 더욱 돋보이게 하여, 뒷날 귀국 후 曹操는 우금의 항복을 벽화로 그리게 했고, 이를 본 우금은 수치를 감당하지 못해 병사했다. 正史《三國志 魏書》17권, 〈張樂于張徐傳〉에 입전.

5 不屯於廣易之地 – 易는 쉬울 이. 平地. 廣易(광이)는 寬廣 平坦(평탄)한 곳.

금 가을장마가 계속되는데[7] 襄江(양강)의 물이 틀림없이 범람할 것이다.[8] 나는 이미 사람을 시켜 각처의 水口를 막게 했는데[9] 물이 범람할 때에는 높은 곳에서 배를 타고 있다가, 물을 터놓아 일단 잠기게 되면 樊城(번성)이나 증구천의 군사들은 모두 물고기 신세가 될 것이다."[10]

이에 관평은 절하면서 따랐다.

한편, 魏軍이 罾口川(증구천)을 따라 주둔한 뒤로, 연일 큰비가 그치지 않자, 督將(독장)인 成何(성하)가 우금을 찾아가 말했다.

"대군이 하천 입구에 주둔하였으니 지세가 매우 낮습니다. 비록 영채로부터 좀 멀더라도 낮은 산으로 옮겨야 합니다. 지금 가을장마가 이어져 軍士들의 고생이 많고,[11] 근래에 형주의 군사들도 높은 곳으로 옮겨갔으며, 또 漢水의 강어귀에 배나 뗏목을 준비하였다고 하는데, 만약 강물이 범람하면 아군은 매우 위험하니 빨리 계획을 마련해야 합니다."

그러자 우금이 질책했다.

---

6 而聚於罾口川險隘之處 – 聚는 모일 취. 罾은 어망 증. 隘는 좁을 애.

7 方今秋雨連綿 – 方今은 요즈음. 綿은 솜 면. 가늘게 이어지다. 緜과 同. 連綿은 (눈, 비 등이) 그치지 않다. 이어지다.

8 必然泛漲 – 泛은 뜰 범. 띄우다, 범람하다. 漲은 물 넘칠 창.

9 吾已差人堰住各處水口 – 堰은 방죽 언. 堤堰(제언. 저수지의 둑). 堰住(언주)는 막고 있다.

10 皆爲魚鱉矣 – 淹은 담글 엄. 鱉은 자라 별. 魚鱉(어별)은 물고기나 자라.

11 軍士艱辛 – 艱은 어려울 간. 艱辛(간신)은 간신히. 艱難辛苦(간난신고)의 줄임.

"어찌 필부가 나의 軍心을 현혹케 하는가! 두 번 다시 여러 말하
면 참할 것이다!"

성하는 창피를 당하고 물러나와,[12] 바로 龐德(방덕)[13]을 만나 있었
던 일을 이야기하자, 방덕이 말했다.

"당신의 소견이 매우 타당하니, 우 장군이 부대를 옮기지 않더라
도 나는 내일 부대를 다른 곳으로 옮기겠소."

原文

計議方定, 是夜風雨大作, 龐德坐在帳中, 只聽得萬
馬爭奔, 征鼙震地, 德大驚, 急出帳上馬看時, 四面八
方, 大水驟至.

七軍亂竄, 隨波逐浪者, 不計其數. 平地水深丈餘,
于禁,龐德,與諸將各登小山避水. 比及平明, 關公及
衆將皆搖旗鼓譟, 乘大船而來, 于禁見四下無路, 左
右止有五六十人, 料不能逃, 口稱願降.

---

12 成何羞慚而退 – 羞는 부끄러울 수. 맛있는 음식. 慚은 부끄러울 참. 羞慚(수참)은
   수치, 모욕을 당하다, 부끄럽게 하다, 부끄러워하다.

13 龐德(방덕, ? – 219년, 字 令明)은, 원래 馬超의 부하였다가 215년에 張魯(장로)를 따
   라 조조에 귀부하였다. 樊城(번성)에서 우금이 관우에 굴복할 때 방덕은 지조를
   지켜 殉節했다. 正史《三國志 魏書》18권, 〈二李臧文呂許典二龐閻傳〉에 입전.

關公令盡去衣甲, 拘收入船, 然後來擒龐德.

時龐德並二董及成何與步卒五百人 皆無衣甲, 立在堤上, 見關公來, 龐德全無懼怯, 奮然前來接戰, 關公將船四面圍定, 軍士一齊放箭, 射死魏兵大半. 董衡 董超 見勢已危, 乃告龐德曰, "軍士折傷大半, 四下無路, 不如投降."

龐德大怒曰, "吾受魏王厚恩, 豈肯屈節於人!"

遂親斬董衡, 董超於前, 厲聲曰, "再說降者, 以此二人爲例!"

於是衆皆奮力禦敵, 自平明戰至日中, 勇力倍增. 關公催四面急攻, 矢石如雨, 德令軍士用短兵接戰, 德回顧成何曰, "吾聞 勇將不怯死以苟免, 壯士不毀節以求生, 今日乃我死日也, 汝可努力死戰."

서로 상의가 끝낸 그날 밤에 비바람이 크게 불었고, 龐德(방덕)이 장막에 앉아 있는데, 모든 말들이 다투어 막 뛰쳐나가고 땅이 진동하듯 비상 북소리가 들렸다.[14] 방덕이 크게 놀라 서둘러 장막을 나

_____

14 只聽得萬馬爭奔 征鼙震地 – 萬은 여기서 숫자 一萬을 뜻하지 않고 전체를 의미한다. 征은 (군대가) 먼 길을 가다, 토벌하다, 치다. 鼙는 북 비.(鼓의 일종)

와 말을 타고 둘러보니 사면팔방에서 큰물이 갑자기 들이닥쳤다.

七軍의 군사들이 어지러이 뛰며 물살에 떠내려가는 자[15]를 이루 다 셀 수가 없었다. 평지의 수심이 1丈(장)이 넘었으며, 우금과 방덕 및 여러 장수들은 각각 작은 산에 올라 물을 피했다. 날이 밝자, 관공 및 여러 장수들은 모두 깃발을 흔들고 북을 치며 큰 배를 타고 다가 왔고, 于禁은 사방에 피할 길도 없고, 주위에 겨우 5, 60명의 군사만 남았으며, 도망할 수 없다는 것을 알고 降伏(항복)하겠다고 말했다.[16]

關公은 적의 衣甲을 다 벗긴 뒤, 배에 끌어 올려 가두어 놓고, 그런 뒤에 방덕을 잡으러 갔다.

그때 방덕과 董衡(동형), 董超(동초) 형제 및 성하, 그리고 보졸 5백 명은 모두 갑옷도 못 입은 채, 제방 위에서 關公이 다가오는 것을 보고서, 방덕은 전혀 두려움이 없이 분연히 접전했다.[17]

關公은 배를 몰아 사방에서 방덕을 에워싼 뒤 군사들을 시켜 일제히 활을 쏘아 魏의 병졸 태반을 죽였다. 동형과 동초는 상황이 이미 위기에 처한 것을 알고 방덕에게 말했다.

"군사의 절반 이상이 죽고 다쳤으며 벗어날 길도 없으니 항복할 수밖에 없습니다."

그러자 방덕은 대노하면서 말했다.

---

15 隨波逐浪者 — 隨는 따를 수. 따라가다. 逐은 쫓을 축. 쫓기다. 波浪(파랑)은 파도, 물결.

16 口稱願降 — 稱은 일컬을 칭. 口稱(구칭)은 구두로 칭하다, 말로 하다.

17 全無懼怯 奮然前來接戰 — 懼는 두려워할 구. 怯은 겁낼 겁. 奮은 떨칠 분. 분발하다.

"나는 魏王의 厚恩을 입었는데 어찌 적장에게 항복하겠나!'

결국 동형, 동초를 즉각 참수한 뒤 크게 소리쳤다.

"투항하자는 자가 또 있으면 두 사람과 똑같이 죽여 버리겠다.'

이에 여러 장졸 모두가 힘을 다해 적을 막았다. 새벽부터 한낮이 될 때까지 싸웠는데 싸울수록 용기와 힘이 솟았다. 관공은 사방에서 강하게 공격하게 독려하여 화살이 비처럼 쏟아지자, 방덕은 군사들에게 칼과 창을 가지고 접전케 하였다.[18] 방덕이 成何(성하)를 돌아보며 말했다.

"勇將은 죽는 것이 두려워 구차하게 모면하지 않고[19] 壯士는 지조를 버려 살려고 하지 않는다.[20] 오늘이 바로 내가 죽는 날이니, 너도 더욱 힘써 죽도록 싸우기 바란다."

原文

成何依令向前, 被關公一箭射落水中. 衆軍皆降, 止有龐德一人力戰. 正遇荊州數十人, 駕小船近堤來, 德提刀飛身一躍, 早上小船, 立殺十餘人, 餘皆棄船赴水逃命. 龐德一手提刀, 一手使短棹, 欲向樊城而

18 用短兵接戰 - 兵은 兵器. 短兵은 칼, 창 따위 무기. 활(弓)이나 砲(포)는 長兵이다.

19 勇將不怯死以苟免 - 苟는 구차할 구. 苟免은 일시적으로 모면하다.

20 壯士不毁節以求生 - 毁는 헐 훼. 비방하다. 毁節은 節義를 버리다.

走.

只見上流頭, 一將撐大筏而至, 將小船撞翻, 龐德落於水中. 船上那將跳下水去, 生擒龐德上船, 眾視之, 擒龐德者, 乃周倉也. 倉素知水性, 又在荊州住了數年, 愈加慣熟. 更兼力大, 因此擒了龐德. 于禁所領七軍, 皆死於水中, 其會水者料無去路, 亦俱投降.

關公回到高阜去處, 升帳而坐, 群刀手押過于禁來, 禁拜伏於地, 乞哀請命.

關公曰, "汝怎敢抗吾?"

禁曰, "上命差遣, 身不由己, 望君侯憐憫, 誓以死報."

公綽髯笑曰, "吾殺汝, 猶殺狗彘耳, 空污刀斧!"

令人縛送荊州大牢內監候, "待吾回, 別作區處."

發落去訖, 關公又令押過龐德, 德睜眉怒目, 立而不跪. 關公曰, "汝兄現在漢中. 汝故主馬超, 亦在蜀中為大將, 汝如何不早降?"

德大怒曰, "吾寧死於刀下, 豈降汝耶!" 罵不絕口, 公大怒, 喝令刀斧手推出斬之, 德引頸受刑, 關公憐而葬之. 於是乘水勢未退, 復上戰船, 引大小將校來

攻樊城.

第七十四回 龐令明擡櫬決死戰 關雲長放水淹七軍 中 節錄

國譯

成何(성하)는 명령대로 전진하다가 관공의 화살을 맞고 물속으로 떨어졌다. 다른 군사들은 모두 투항했지만 방덕만은 혼자 힘껏 싸웠다. 형주의 군사 수십 명이 작은 배를 몰아 제방 위에 올라서자, 방덕은 칼을 잡고 몸을 한번 날려 작은 배로 올라타 곧장 10여 명을 죽였으며,[21] 나머지는 배를 버리고 물속으로 도망했다.[22] 방덕은 한 손에 칼을 잡고 다른 손으로 짧은 노를 저으면서 樊城(번성)을 향해 달아나려 했다.

그런데 上流로 부터 장수 하나가 상앗대로 큰 뗏목을 몰고 와[23] 방덕의 작은 배에 부딪치자[24] 방덕은 그대로 물에 빠졌다. 그 장수가 물에 뛰어 들어 방덕을 산 채로 잡아 배에 끌어올렸는데, 여러 사람이 보니 그 장수는 바로 周倉(주창)이었다. 주창은 평소에 물에

---

21 早上小船 立殺十餘人 – 早는 아침 조. 일찍이, 예상보다 빠른 시간에. 立은 곧, 즉각, 즉시.

22 餘皆棄船赴水逃命 – 赴는 나아갈 부. 逃는 달아날 도. 逃命(도명)은 목숨만 겨우 건져 도망치다. 九死一生으로 살아나다.

23 只見上流頭 一將撑大筏而至 – 頭는 방위를 표시함. **例** 上頭는 위쪽. 外頭는 바깥쪽. 撑은 버틸 탱. 지탱하다. 상앗대로 배질을 하다.

24 將小船撞翻 – 撞은 부딪칠 당. 翻은 뒤집을 번. 撞翻은 충돌해 뒤집다.

익숙한데다가 형주에서 몇 년을 지내다 보니 水戰에 숙련되었다. 거기다가 힘이 장사였기에 방덕을 사로잡을 수 있었다. 우금이 거느렸던 七軍은 모두 물속에서 죽었고, 그중 헤엄칠 줄 아는 자[25]도 도망갈 길이 없어 모두 투항하였다.

關公이 언덕의 높은 곳으로 돌아와[26] 장막 안에 자리 잡자, 여러 군사들이 우금을 압송해 왔다.[27] 우금은 땅에 무릎을 꿇고 절을 하며 목숨을 애걸하였다. 그러자 관공이 물었다.

"네가 어찌 감히 내게 맞섰는가?"

"上命으로 차출되었기에 이 몸은 어쩔 수 없었습니다만, 君侯께서는 불쌍히 여겨 살려주신다면 죽어서라도 은혜에 보답하겠습니다."

그러자 관공이 수염을 쓰다듬고 웃으며 말했다.

"내가 너를 죽이는 것은 개돼지를 죽이는 것과 같나니 공연히 칼만 더럽히게 된다!"[28]

그리고는 군사를 시켜 형주의 감옥에 보내 가둬 지키라고[29] 말했다.

"내가 돌아갈 때까지 별도로 가둬두어라."

---

25 其會水者料無去路 - 會는 모이다, 만나다, 알다. 會水는 헤엄칠 줄 알다.

26 回到高阜去處 - 阜는 언덕 부. 土山.

27 群刀手押過于禁來 - 押은 누를 압. 압송하다. 過는 지나간 동작, 경험 표현. 來, 去와 連用하여 동작의 방향이 이쪽으로 진행되고 있음을 나타낸다.

28 吾殺汝 猶殺狗彘耳 空汚刀斧 - 猶는 같을 유. 狗는 개 구. 彘는 돼지 체. 汚는 더러울 오. 더럽히다.

29 令人縛送荊州大牢內監候 - 縛은 묶을 박. 牢는 짐승 우리 뇌. 감옥. 候는 물을 후. 살피다, 망보다, 기다리다. 監候는 監視하다.

우금을 처리해 보내고,[30] 관공이 방덕을 데려오게 하자, 방덕은 눈썹을 치켜세우고 눈을 부릅뜨며 서서 무릎을 꿇지 않았다.[31] 이에 관공이 말했다.

"너의 형이 지금 漢中에 있다.[32] 너의 옛 주군이던 馬超(마초)는 지금 蜀의 大將인데,[33] 너는 어찌 진작 항복하지 않았는가?"

그러자 방덕이 대노하며 말했다.

"내가 차라리 칼을 받아 죽을지언정, 어찌 너에게 항복하겠나!"[34]

그러면서 욕을 그치지 않자 관공은 대노하며 방덕을 처형하는 군사에게 보냈고, 방덕은 목을 늘려 형을 받았으며,[35] 관공은 불쌍히 여겨 장례를 치러주게 했다. 그러는 동안에도 물이 빠지지 않자 다시 배에 올라 여러 장교들을 거느리고 번성으로 돌아왔다.

---

30 發落去訖 - 發落은 처리하다. 訖은 마칠 흘.

31 德瞋眉怒目 立而不跪 - 瞋은 노려볼 정. 眉는 눈썹 미. 跪는 꿇어앉을 궤.

32 방덕의 從兄 龐柔(방유)는 그때 蜀漢에 재직했다.

33 방덕은 獻帝 初平 연간에, 馬騰(마등, ? - 212년, 字는 壽成)을 수행하여 반기를 든 羌(강)과 氐族(저족)을 토벌하였다. 여러 번 전공을 세워 校尉가 되었다. 방덕은 마등의 아들 馬超(마초, 176 - 222년, 字 孟起)의 부하가 되었고, 軍의 선봉으로 여러 번 전공을 세워 中郞將이 되었고 都亭侯에 봉해졌다.

34 吾寧死於刀下 豈降汝耶 - 寧은 편안할 녕(영). 차라리~하겠다. ~할망정. 耶는 어조사 야. 의문, 반문, 감탄을 표시.

35 조조는 우금의 투항과 방덕의 처형 소식을 듣고 한참을 슬피 탄식하다가 말했다. "내가 우금을 안 지 30년, 위난에 처해 龐德(방덕)만 못할 줄 어찌 생각했겠나!" 그 뒤에 손권이 관우를 생포하였고 그 군사를 포로로 잡자, 우금은 吳에 끌려갔다. 文帝(曹丕)가 제위에 오른 뒤, 손권은 藩臣(번신)을 자처하면서 우금을 돌려보냈다. 문제가 우금을 인견할 때 우금은 수염과 머리가 백발이었으며 초췌한 형용으로 눈물을 흘리며 머리를 숙였다.

55 關雲長刮骨療毒
관운장괄골료독

관운장의 뼈를 긁어 毒을 치료하다.

> 옛날 중국이나 우리나라에서 醫員은 고귀한 직업이 아니었지만, 훌
> 륭한 의원은 醫聖(의성)이라며 만인의 존경을 받았다. 張仲景(장중경,
> 150 - 219년, 名 機, 字 仲景,《傷寒雜病論》저술)과 華佗(화타, ? - 208년)와 董
> 奉(동봉, 200 - 280?)을 '建安 三神醫'라고 일컫는다. 그리고 고대의 扁
> 鵲(편작), 장중경, 화타 및 明代의 李時珍(이시진, 1518 - 1593,《本草綱目》
> 저술)을 중국 四大名醫라고 칭송한다.
>
> 樊城(번성)의 曹仁(조인)은 지구전으로 버티면서 雲長을 화살로 공격
> 했다. 毒(독) 화살을 맞은 운장의 오른팔이 퍼렇게 부어올랐을 때, 마
> 침 神醫 華陀(화타)가 찾아와 운장의 팔을 치료한다.
>
> 關羽를 거의 武神의 경지로 끌어올리는데 한몫을 한 허구이지만, 그
> 래도 화타가 치료하는 장면은 감동 그 자체이다.

原文

衆將見公不肯退兵, 瘡又不痊, 只得四方訪問名醫.
忽一日, 有人從江東駕小舟而來, 直至寨前. 小校引
見關平. 平視其人, 方巾闊服, 臂挽青囊. 自言姓名,

乃沛國, 譙郡人, 姓華, 名佗, 字元化. "因聞關將軍乃
天下英雄, 今中毒箭, 特來醫治."

平曰, "莫非昔日醫東吳周泰者乎?" 佗曰, "然."

平大喜, 卽與衆將同引華佗入帳見關公. 時關公本
是臂痛, 恐慢軍心, 無可消遣, 正與馬良弈棋. 聞有醫
者至, 卽召入. 禮畢, 賜坐. 茶罷, 佗請臂視之. 公袒
下衣袍, 伸臂令佗看視.

佗曰, "此乃弩箭所傷, 其中有烏頭之藥, 直透入骨.
若不早治, 此臂無用矣." 公曰, "用何物治之?"

國譯

여러 장수들은 關公이 군사를 후퇴시키지 않는 것을 보고[1] 또 상
처가 낫지도 않자[2] 사방으로 물어 명의를 수소문해야만 했다.[3]

그러던 어느 날 갑자기 江東에서 어떤 사람이 작은 배를 타고 영
채까지 찾아왔다. 하급 장교가 關平(관평)에게 안내했다. 관평이 보
니 그 사람은 方巾을 쓰고 헐렁한 옷에 푸른 천으로 만든 전대를 어

---

1 衆將見公不肯退兵 - 부상을 당한 운장은 '번성을 탈취하면 許都까지 바로 진격
  하여 曹賊을 죽이고 漢室을 안정케 할 수 있는데, 작은 상처 때문에 大事를 그르
  칠 것이냐' 면서 형주로 퇴병에 반대했다.

2 瘡又不痊 - 瘡은 부스럼 창. 상처. 痊은 병 나을 전. 痊癒(전유).

3 只得四方訪問名醫 - 得은 마땅히 ~해야 한다. 걸리다. 필요로 하다. 訪問은 물어
  서 찾다. 방문하다.

깨에 메고 있었다.[4] 그는 자신이 沛國(패국) 譙郡(초군)[5] 사람으로, 姓은 華(화)에 이름은 佗(타)이며, 字는 元化(원화)[6]라고 직접 소개했다. 그러면서 "關將軍은 천하의 영웅이신데, 지금 독화살을 맞았다기에 치료하려고 특별히 찾아왔다."고 말했다. 이에 관평이 말했다.

"옛날 東吳의 周泰(주태)를 치료하신 분이 아니십니까?"[7]

화타는 그렇다고 대답하였다.

관평은 크게 좋아하며, 즉시 여러 장수와 함께 화타를 안내하여 관공을 만나게 하였다. 이때 關公은 본디 팔이 아팠지만, 軍心이 흔들릴까 걱정하며 소일할만한 것이 없어 마침 馬良과 바둑을 두고 있었다.[8]

---

4 臂挽青囊 – 臂는 팔 비. 挽은 당길 만. 걸다. 囊은 주머니 낭. 자루, 전대.

5 沛國(패국) 譙郡(초군) – 후한의 행정구역상 패국 譙縣(초현)이어야 한다. 조조의 고향, 今 安徽省(안휘성) 서북부의 亳州市(박주시).

6 華佗(화타, 145 – 208년, 字 元化) – 佗는 멜 타, 더할 타. 一名 旉(부), 沛國 譙縣人(今 安徽省 亳州市), 조조와 같은 고향. 화타는 內科, 外科, 婦人科, 小兒科, 針灸 등으로 분류하여 치료하였으며, 외과 수술에 마취제(麻沸散)을 사용하였다. 五禽戱(오금희)라는 맨손체조를 창안 보급하였다. 《三國演義》에서 관우의 독화살 상처를 치료했다는 '刮骨療毒(괄골요독)'은 가장 精彩로운 장면이나 관우가 독화살의 상처를 입었을 때 화타는 이미 죽고 없었다. 《後漢書》82권, 方術列傳(下)에 입전. 正史 《三國志 魏書》29권, 〈方技傳〉에 입전.

7 莫非昔日醫東吳周泰者乎 – 莫非는 혹시 ~이 아닐까?, 아마 ~일 것이다. 모두 ~이다. 周泰(주태, 생졸년 미상, 字 幼平)는 九江 下蔡(今 安徽省 淮南市 관할 鳳臺縣) 사람. 孫策 휘하 孫吳의 名將. 작전에 용맹했고 손권의 목숨을 몸으로 막아 지킨 용장. 江表十二虎臣의 한 사람. 正史 《三國志 吳書》10권, 〈程黃韓蔣周陳董甘淩徐潘丁傳〉에 입전.

8 無可消遣 正與馬良弈棋 – 消遣(소견)은 심심풀이하다. 소일하다. 弈은 바둑 혁. 棋는 바둑 기. 馬良(마량, 187 – 222년, 字 季常)은 荊州 襄陽郡 宜城縣(今 湖北省 북

關雲長刮骨療毒(관운장괄골료독)
繡像 三國志演義(수상 삼국지연의) – 上海 鴻文書局 印行, 국립중앙도서관 소장

부 襄陽市(襄樊市) 관할 宜城市) 사람. 蜀漢 劉備의 侍中. '馬氏五常, 白眉最良'의 주인공. 222년 劉備가 東吳 원정할 때, 馬良은 武陵郡 일대 五溪蠻夷를 귀순케 하여 그들의 지원을 이끌어냈지만, 유비가 夷陵之戰에서 패퇴하면서 마량도 전사했다. 正史《三國志 蜀書》9권, 〈董劉馬陳董呂傳〉에 입전.

관공은 의원이 왔다는 말을 듣고 즉시 들어오게 하였다. 인사를 하고 자리를 권했다. 차를 마신 뒤, 화타가 어깨를 보자고 하였다. 關公은 옷(衣袍)을 내려 웃통을 드러내[9] 화타에게 보여주었다. 이에 화타가 말했다.

"이 상처는 쇠뇌의 화살에 의한 상처인데, 거기에 烏頭(오두)로 만든 독이 들어있어 뼈까지 스며들어갔습니다.[10] 만약 빨리 치료하지 않으면 이 팔은 쓸 수 없게 됩니다."

"그럼 어떻게 치료를 하겠소?"라고 관공이 물었다.

原文

佗曰, "某自有治法, 但恐君侯懼耳."

公笑曰, "吾視死如歸, 有何懼哉?"

佗曰, "當於靜處立一標柱, 上釘大環, 請君侯將臂穿於環中, 以繩繫之, 然後以被蒙其首. 吾用尖刀割開皮肉, 直至於骨, 刮去骨上箭毒, 用藥敷之, 以線縫其口, 方可無事. 但恐君侯懼耳."

公笑曰, "如此容易, 何用柱環?" 令設酒席相待.

---

9 公袒下衣袍 - 袒은 웃통 벗을 단, 한쪽 소매만 벗을 단.

10 其中有烏頭之藥 直透入骨 - 烏頭(오두)는 毒草名. 줄기나 잎, 뿌리에 毒이 있음. 一名 附子. 透는 통할 투. 스며들다.

公飮數盃酒畢, 一面仍與馬良弈棋, 伸臂令佗割之. 佗取尖刀在手, 令一小校, 捧一大盆於臂下接血.

佗曰, "某便下手, 君侯勿驚."

公曰, "任汝醫治. 吾豈比世間俗子, 懼痛者耶?"

佗乃下刀割開皮肉, 直至於骨, 骨上已靑. 佗用刀刮骨, 悉悉有聲. 帳上帳下見者 皆掩面失色. 公飮酒食肉, 談笑弈棋, 全無痛苦之色.

國譯

화타가 말했다.

"저의 치료법이 있습니다만, 다만 君侯께서 두려워하실까 걱정입니다."

그러자 관공이 웃으며 말했다.

"나는 죽는 것을 돌아간다고 생각하거늘[11] 무슨 두려움이 있겠는가?"

"우선 조용한 곳에 기둥을 하나 세운 뒤, 기둥 위에 큰 고리를 박아 놓고, 군후의 팔을 그 고리에 끼워서 줄로 묶어 맨 뒤에 이불로 얼굴을 덮어야 합니다.[12] 저는 뾰쪽한 칼로 살을 가른 뒤에 뼈를 찾

---

11 吾視死如歸 − 視는 간주하다. ~로 여기다. 歸는 ~로 귀착하다, 돌려주다.

12 然後以被蒙其首 − 被는 이불 피, 씌울 피. 蒙은 덮을 몽.

아내 뼈에 스며든 화살 독을 긁어낸 다음[13] 약을 바르고 실로 살을 꿰매면 고칠 수 있습니다. 그렇지만 군후께서 두려워하실까 걱정입니다."

관공이 웃으며 말했다.

"그처럼 쉬운 일이라면 기둥이나 고리가 왜 있어야 하나?"

그러면서 술상을 차려 화타를 대접하였다.

關公은 술 몇 잔을 더 마신 뒤, 한편으로는 마량과 바둑을 두면서 팔을 뻗어 화타로 하여금 가르게 했다.[14] 화타는 뾰쪽한 칼을 손에 잡고 젊은 장교를 불러 큰 동이를 어깨 아래에 받쳐 피를 받게 하였다. 그러면서 화타가 말했다.

"제 나름대로 손을 댈 것이니 군후께서는 놀라지 마십시오."

"당신 치료에 맡기겠소. 내가 어찌 세간의 속인처럼 아픈 것을 두려워하겠는가?"

이에 화타는 살을 가르고 뼈를 찾아내었는데, 뼈는 이미 독이 퍼져 퍼렇게 변했다. 화타가 칼로 뼈를 긁는데 사각사각 소리가 났다.[15] 장막 안팎에서 바라보는 사람들은 모두 얼굴을 가리고 새파랗게 질렸다.[16] 그러나 관공은 술을 마시고 고기를 먹으면서, 담소하고 바둑을 두는데 고통스러운 안색이 전혀 없었다.

---

13 刮去骨上箭毒 - 刮은 긁을 괄. 깎다.

14 伸臂令佗割之 - 臂는 팔 비. 割은 나눌 할. 자르다, 분할하다.

15 悉悉有聲 - 悉은 다할 실. 悉悉(실실)은 사각사각, 바스락바스락.

16 皆掩面失色 - 掩은 가릴 엄. 失色은 (놀라거나 두려워) 파랗게 질리다.

須臾, 血流盈盈. 佗刮盡其毒, 敷上藥, 以線縫之.
公大笑而起, 謂眾將曰, "此臂伸舒如故, 並無痛矣.
先生眞神醫也!"

佗曰, "某爲醫一生, 未嘗見此. 君侯眞天神也!" 後
人有詩曰,

治病須分內外科, 世間妙藝苦無多!
神威罕及惟關將, 聖手能醫說華!

關公箭瘡旣愈, 設席款謝華佗. 佗曰, "君侯箭瘡雖
治, 然須愛護. 切勿怒氣傷觸. 過百日後, 平復如舊矣."

關公以金百兩酬之. 佗曰, "某聞君侯高義, 特來醫
治, 豈望報乎?"

堅辭不受, 留藥一帖, 以敷瘡口, 辭別而去.

第七十五回 關雲長刮骨療毒 呂子明白衣渡江 中 節錄

잠깐 만에 피가 흘러 그릇에 가득 넘쳤다.[17] 화타는 독을 다 긁어

---

17 須臾 血流盈盈 – 須臾(수유)는 잠시, 잠깐. 盈은 찰 영. 가득하다, 충만하다.

낸 뒤에 약을 바르고 실로 꿰매었다. 관공은 큰 소리로 웃으면서 일어나 여러 장수를 바라보며 말했다.

"이 팔이 전처럼 펴지고[18] 아무 통증도 없다. 선생[19]은 정말 神醫이시요!"

이에 화타도 말했다.

"제 醫員의 일생에 이런 일은 본 적이 없습니다.[20] 군후께서는 정말 天神이십니다."[21]

後人이 이를 시로 지었다.

> 治病에 꼭 內科와 外科를 구분했으니,
> 世間에 참 미묘한 技藝는 많지 않다네!
> 神明한 위엄은 오로지 關將軍 뿐이고,
> 聖明에 유능한 醫員은 華佗를 말하네!

화살 독 상처가 다 나은 뒤, 관공은 술자리를 마련하여 화타에게 사례하였다.[22] 이에 화타가 말했다.

"君侯의 화살 독 상처가 나았다고 하지만, 그래도 꼭 몸을 아끼

---

18 此臂伸舒如故 - 伸은 펼 신. 뻗다. 舒는 펼 서. 늘이다, 완만하다.

19 先生眞神醫也 - 先生은 成人 男子에 대한 경칭, 醫師, 道士, 점쟁이. 地師에 대한 호칭.

20 未嘗見此 - 未嘗(미상)은 일찍이 ~한 적이 없다. 결코 ~이지 않다.

21 君侯眞天神也 - 關羽는 華陀를 神醫로, 華陀는 關羽를 天神으로 인정했다.

22 關公箭瘡旣愈 設席款謝華佗 - 瘡은 부스럼 창. 종기, 상처. 愈는 병 나을 유. 設

서야 합니다. 절대로 怒氣로 상처를 건드리지 마십시오.[23] 1백 일 정도 지나야만 예전처럼 회복될 것입니다."

關公은 황금 1백 냥을 화타에게 사례하였다. 그러자 화타가 말했다.

"저는 君侯의 高義를 들어 알았기에 일부러 찾아와 치료하였으니, 어찌 보답을 바라겠습니까?"

화타는 군이 사양하며 약 1첩을 남겨 상처에 붙이게 한 뒤[24] 인사를 하고 떠나갔다.[25]

席은 연회석을 마련하다. 款은 정성 관. 대접하다.

23 然須愛護 切勿怒氣傷觸 - 愛護는 애호하다. 아끼며 잘 지키다. 觸은 닿을 촉. 傷觸(상촉)은 상처를 건드리다, 속을 태우다.

24 留藥一帖 以敷瘡口 - 帖은 문서 첩. 초대장, 글씨본, 약 봉지를 세는 量詞. 敷는 펼 부. 바르다, 칠하다.

25 화타는 이미 서기 208년에 죽고 없었다. 당시 부대에는 軍醫가 있었다니 관우는 보통 군의의 치료를 받았을 것이다. 정사《三國志 魏書 方技傳》에는 화타의 치료 사례를 상세하게 기록했다. 화타는 본래 士人이 되고 싶었고, 의술이 본업처럼 되어버린 것을 스스로 후회했다. 뒷날 조조의 치료를 전담하면서 조조가 병에 걸리거나 병세가 나빠지면 화타에게만 전적으로 치료케 하였다. 화타는 오랫동안 집을 떠나 있었기에 귀가하고 싶어 아내의 병을 핑계로 집에 돌아왔다가 조조에게 돌아가지 않았다. 조조는 여러 번 서신을 보내 화타를 불렀지만, 화타는 자신의 기예에 자부심을 가졌으며 타인의 지시를 받는 처지가 싫어서 떠나지 않았다. 조조는 대노했고, 화타는 許縣의 獄에 갇혔다가 고문을 받아 옥사했다. 화타는 죽기 전에 책 한 권을 옥리에게 주면서 "이는 사람을 살릴 수 있는 책이요."라고 말했다. 그러나 옥리는 법이 무서워 받지 않았고, 화타 역시 강요하지 않고 소각하였다. 화타가 죽은 뒤에도 조조의 두통은 낫지 않았다. 조조가 애지중지하던 아들 倉舒(창서, 코끼리 몸무게 측정 방법을 일러주었다.)가 병이 위독하자, 조조가 탄식하였다. "내가 화타를 죽인 것을 후회하나니, 그래서 이 아이가 원통하게 죽는구나!"

관 운 장 패 주 맥 성
56 關雲長敗走麥城
關,雲長은 麥城으로 敗走하다.

雲長은 荊州 방어라는 중책을 다하려 애썼지만 조조와 東吳의 군사에 맞서 싸우는 것은 사실 衆寡不敵(중과부적)이었다. 魯肅(노숙)이 죽자(건안 22년, 서기 217), 呂蒙(여몽)은 서쪽으로 나아가 陸口(육구)에 주둔하며 형주 탈환의 임무를 받았다. 여몽은 자신의 병이 심하다고 상서했고, 손권은 여몽의 격문과 여몽을 소환하겠다는 뜻을 공개하면서 은밀히 계책을 추진케 하였다. 관우는 그런 내용을 믿었고 예비 병력을 차츰 철수하며 東吳의 여몽을 경계하지 않았다.

그러나 여몽은 심리전을 펴면서 형주 지역의 민심을 동오 쪽으로 돌리었다. 이런 상황에서 관우의 장졸들은 吳軍과 싸우려는 마음이 없었다. 마침 손권의 본진이 江陵에 도착했고, 관우는 고립무원의 상태에서 麥城(맥성)으로 피신하자, 대부분의 장졸은 관우를 버려두고 투항하였다. 관우는 맥성으로 패주한 뒤, 구원병도 기대할 수 없는 최악의 상황으로 내몰린다.

原文

且說 劉封,孟達自取上庸, 太守申耽率衆歸降, 因此

漢中王加劉封爲副將軍, 與孟達同守上庸. 當日探知
關公兵敗, 二人正議間, 忽報廖化至. 封令請入問之.

化曰, "關公兵敗, 見困於麥城, 被圍至急. 蜀中援
兵, 不能旦夕卽至. 特令某突圍而出, 來此求救. 望二
將軍速起上庸之兵, 以救此危. 倘稍遲延, 公必陷矣."

封曰, "將軍且歇, 容某計議."

化乃至館驛安歇, 耑候發兵. 劉封謂孟達曰, "叔父
被困, 如之奈何?"

達曰, "東吳兵精將勇. 且荊州九郡, 俱已屬彼, 止
有麥城, 乃彈丸之地. 又聞曹操親督大軍四五十萬,
屯於摩陂. 量我等山城之衆, 安能敵得兩家之强兵?
不可輕敵."

封曰, "吾亦知之. 奈關公是吾叔父, 安忍坐視而不
救乎?"

國譯

한편 劉封(유봉)과 孟達(맹달)[1]이 上庸郡(상용군)을 탈취하자, 太守
인 申耽(신탐)은 그 무리를 이끌고 귀부 투항했는데, 이 때문에 漢

---

1 劉封,孟達自取上庸 – 劉封은 劉備가 형주에 있을 때 맞이한 養子. 孟達은 본래 劉
  璋의 부하였다가 劉備를 섬겼는데, 관우가 죽은 뒤 曹丕(조비)에 투항했다.

中王은 유봉을 副將軍으로 승진시켜 맹달과 함께 上庸郡을 지키게 하였다. 그날 關公의 패전한 것을 알고 두 사람이 한참 의논할 때 갑자기 廖化(요화)[2]가 도착했다는 말을 들었다. 유봉은 요화를 들어오게 하여 관공의 소식을 물었다.

요화가 말했다.

"關公이 패전하신 뒤, 麥城(맥성)에서 곤경에 처했고 포위되어 지금 매우 다급합니다. 蜀에서 구원군은 아침이나 저녁에(하루 이틀 사이에) 올 수도 없습니다. 저는 특별히 명을 받아 포위를 뚫고 구원을 요청하러 탈출하였습니다. 그러니 두 장군께서는 빨리 상용의 군사를 동원하여 이 위기를 구원해야 합니다. 만약 조금이라도 늦는다면[3] 관공은 틀림없이 함락될 것입니다."

그러자 유봉이 말했다.

"장군은 일단 쉬면서 우리의 협의를 기다려 주십시오."

---

2 廖化(요화, ? - 264년, 本名 廖淳, 字 元儉) - 廖는 공허할 료(요), 성씨. 荊州 南郡 襄陽縣 출신. 요화는 前將軍인 關羽(관우)의 主簿(주부)였는데 관우가 패전하며 吳에 남게 되었다. 유비에게 돌아갈 일념으로 거짓 죽은 척했고, 그때 사람들이 그런 줄 알았는데, 요화는 노모를 모시고 밤낮으로 서쪽으로 갔다. 마침 先主가 東征할 때, 秭歸縣(자귀현)에서 만나자, 선주는 요화를 宜都郡(의도군) 태수에 임명했고 이어 무관으로 점차 승진하였다. '蜀中에 無大將하여 廖化가 作先鋒이라.'는 속담은 正史에 나오는 말이 아니다. 본래의 뜻은 요화가 늙어 선봉장이 되었지만 그렇다고 젊은이가 함부로 나설 일은 아니라는 뜻이었지만, 나중에는 인재가 없어 능력이 안 되는 사람을 등용한다는 뜻으로 전용되었다.

3 倘稍遲延 - 倘은 혹시 당. 稍는 벼줄기 끝 초. 약간. 遲는 늦을 지. 延은 끌 연. 늦추다.

요화는 館驛(역관)에서 쉬면서 오직 發兵하기만을 기다렸다.[4] 劉封이 孟達에게 말했다.

"숙부가 곤경에 처했는데 어쩌면 좋겠습니까?"

그러자 맹달이 말했다.

"東吳은 정병에 장수들은 용감합니다. 또 荊州의 9군이 이미 모두 동오에 속했고, 다만 탄환과 같이 좁은 麥城(맥성)만 남았습니다.[5] 또 내가 알기로, 조조는 친히 4, 50만 군사를 거느리고 摩陂(마피)란 곳에 주둔했습니다.[6] 우리 山城의

關雲長敗走麥城(관운장패주맥성)
繡像 三國志演義(수상 삼국지연의) – 上海 鴻文書局 印行, 국립중앙도서관 소장

---

4 耑候發兵 – 耑은 끝 단, 오로지 단. 專과 같음. 候는 기다릴 후.

5 止有麥城 乃彈丸之地 – 止는 그칠 지. 단지, 다만. 彈丸之地(탄환지지)는 아주 협소한 땅. 麥城은, 今 湖北省 서부 宜昌市(의창시) 관할 當陽市 兩河鎭 麥城村에 해당한다.

6 屯於摩陂 – 摩는 갈 마. 陂는 산비탈 피(파). 언덕.

군사로 어찌 양쪽의 강한 군대에 맞설 수 있겠습니까? 가벼이 맞설 수 없습니다."

이에 유봉이 말했다.

"나 역시 그렇게 알고 있습니다. 그러나 관공은 나의 숙부인데, 구원하지 않고 어찌 그냥 앉아서 두고 볼 수 있겠습니까?"

原文

達笑曰, "將軍以關公爲叔, 恐關公未必以將軍爲姪也. 某聞漢中王初嗣將軍之時, 關公卽不悅. 後漢中王登位之後, 欲立後嗣, 問於孔明. 孔明曰, '此家事也, 問關張可矣.' 漢中王遂遣人至荊州問關公. 關公以將軍乃螟蛉之子, 不可僭立, 勸漢中王遠置將軍於上庸山城之地, 以杜後患. 此事人人知之, 將軍豈反不知耶? 何今日猶沾沾以叔姪之義, 而欲冒險輕動乎?"

封曰, "君言雖是, 但以何詞却之?"

達曰, "但言山城初附, 民心未定, 不敢造次興兵, 恐失所守."

封從其言, 次日請廖化至, 言, "此山城初附之所, 未能分兵相救."

化大驚, 以頭叩地曰, "若如此, 則關公休矣!"

達曰, "我今卽往, 一杯之水, 安能救一車薪之火乎? 將軍速回, 靜候蜀兵至可也."

化大慟告求. 劉封, 孟達皆拂袖而入. 廖化知事不諧, 尋思須告漢中王求救, 遂上馬大罵出城, 望成都而去.

맹달이 웃으며 말했다.

"장군은 관공을 숙부라고 생각하지만, 關公은 아마도 장군을 조카로 생각하지 않을 것입니다. 나는 漢中王께서 처음에 장군을 양자로 삼을 때, 關公은 그 자리서 좋아하지 않았다고 들었습니다. 뒷날 漢中王이 왕위에 오른 뒤 후사를 세우려 할 때, 孔明에게 물었습니다. 공명은 '이 일은 가정사이니 관우와 장비에게 물어야 합니다.' 라고 말했습니다. 한중왕이 사람을 형주의 관공에게 보내 물었습니다. 關公은 장군이 바로 양자이기 때문에,[7] (養子를) 후계자로 세울 수 없다며, 한중왕에게 장군을 상용군의 山城 같은 이곳에 보

---

7 關公以將軍乃螟蛉之子 – 螟은 마디충 명. 벼의 줄기를 갉아먹는 이화명충. 蛉은 잠자리 영(령). 螟蛉(명령)은 애벌레. 螟蛉之子는 養子. →《三國演義》36회 – 관우는 "형님은 아들이 있으면서 왜 養子를 들이십니까? 뒷날 틀림없이 분란을 일으킬 것입니다." 라고 말했다. 이에 玄德은 "내가 자식처럼 대한다면, 그 아이도 틀림없이 나를 아버지로 섬길 터인데 무슨 분란이 있겠는가?" 라고 말했지만, 關羽는 좋아하지 않았다.

내어 後患을 막으라고 권유하였습니다. 이런 일은 누구나 다 아는데, 오히려 장군이 왜 모르겠습니까? 어이하여 오늘에 와서야 숙부와 조카라는 義를 고집하여[8] 모험하며 가벼이 움직이려 합니까?"

유봉이 말했다. "당신 말이 비록 옳지만, 단 무슨 말로 거절하겠습니까?"

맹달이 말했다.

"그냥 山城의 백성이 처음 복속하여 아직 민심이 안정되지 않았기에 갑자기 군사를 일으키면 이곳마저 잃을 수 있다고 말하십시오."

유봉은 맹달의 말에 따르기로 하고, 다음 날 요화를 불러 요화에게 말했다.

"이 山城은 처음 복속한 곳이라서 군사를 나눠 도와주기가 아직은 어렵습니다."

그러자 요화가 크게 놀라 머리를 땅에 찧어가며 말했다.

"정말 그러하다면 관공은 이제 끝났습니다!"[9]

이에 맹달이 말했다.

"우리가 지금 바로 달려간다 하여도 한 잔의 물로 한 수레 장작에 붙은 불을 어떻게 끌 수 있겠습니까?[10] 장군은 빨리 돌아가 蜀兵

---

8 何今日猶沾沾以叔姪之義 – 沾은 더할 첨(점). 젖다. 沾沾(점점)은 적시다. (사상에) 물들다. (은혜나 덕을) 입다.

9 則關公休矣 – 休는 쉴 휴. 끝나다. 矣는 어조사 의. (문장 끝에서) 完了의 뜻. 休矣는 모든 것이 끝(장)이다.

10 一杯之水 安能救一車薪之火乎 – 薪은 섶나무 신. 땔나무. 杯水車薪(배수거신)은 力量이 미미하여 일을 해결하지 못한다는 뜻.

이 도착하기를 조용히 기다리는 것이 좋을 것입니다."

　요화가 대성통곡하며 구해달라고 했지만 유봉과 맹달은 소매를 뿌리치고 안으로 들어갔다.[11] 요화는 일이 틀어진 것을 알고서, 한중왕에게 구원을 요청할 수밖에 없다고 생각하며, 바로 말에 올라 크게 욕을 하며 성을 빠져나가 成都로 달려갔다.

原文

　却說 關公在麥城盼望上庸兵到, 却不見動静. 手下止有五六百人, 多半帶傷. 城中無糧, 甚是苦楚. 忽報城下一人敎休放箭, 有話來見君侯. 公令放入, 問之, 乃諸葛瑾也.

　禮畢茶罷, 瑾曰, "今奉吳侯命, 特來勸諭將軍. 自古道, '識時務者爲俊傑.' 今將軍所統漢上九郡, 皆已屬他人矣. 止有孤城一區, 内無糧草, 外無救兵, 危在旦夕. 將軍何不從瑾之言, 歸順吳侯, 復鎮荊襄, 可以保全家眷. 幸君侯熟思之."

　關公正色而言曰, "吾乃解良一武夫, 蒙吾主以手足

---

11 化大慟告求 劉封,孟達皆拂袖而入 - 慟은 서럽게 울 통. 袖는 소매 수. 拂袖(불수)는 소매를 뿌리치고.

相待, 安肯背義投敵國乎? 城若破, 有死而已. 玉可碎
而不可改其白, 竹可焚而不可毀其節. 身雖殞, 名可
垂於竹帛也. 汝勿多言, 速請出城. 吾欲與孫權決一
死戰!"

瑾曰, "吳侯欲與君侯結秦晉之好, 同力破曹, 共扶
漢室, 別無他意. 君侯何執迷如是?"

國譯

한편, 關公은 麥城(맥성)에서 上庸郡(상용군)의 병력이 도착하기를
간절히 기다렸지만,[12] 끝내 아무런 움직임도 없었다. 관공의 수하에
는 겨우 5, 6백 명이 남았고, 대부분 상처를 입었다. 거기다가 성 안
에 양식이 없는 것도 심한 고초였다.[13] 갑자기, 성 아래에서 어떤 사
람이 '활을 쏘지 말라, 할 이야기가 있어 君侯를 보러 왔다.'고 말했
다. 관공이 불러들여 물어보니, 바로 諸葛瑾(제갈근)[14]이었다.

---

12 關公在麥城盼望上庸兵到 - 盼은 돌아볼 반. 盼望(반망)은 간절히 바라다, 희망하다.

13 甚是苦楚 - 楚는 가시나무 초. 회초리, 쓰라리다. 고통. 苦楚(고초)는 정신적 고
통. 생활의 시달림.

14 諸葛瑾(제갈근, 174 - 241년, 字 子瑜) - 琅琊郡(낭야군) 출신, 三國時期 東吳의 政
治家 겸 武將, 諸葛亮(제갈량)의 친형, 族弟인 諸葛誕(제갈탄)은 魏에 출사했다.
제갈근은 太傅 및 大將軍을 역임했고, 제갈근의 아들 諸葛恪(제갈각)은 東吳의
太傅 및 丞相을 역임했다. 제갈근은 용모가 온화하고 大方하였으며 손권의 절대
적 신임을 받았다. 제갈근은 張昭의 아들 張承(장승) 및 步騭(보즐), 嚴畯(엄준) 등
과 널리 교제했다. 제갈량의 두뇌를 본다면 그 형제들은 모두 두뇌 명석하였다.

인사를 마치고 차를 다 마시자 제갈근이 말했다.

"지금 吳侯(손권)의 명을 받고 장군에게 勸諭(권유)하러 일부러 왔습니다.[15] 자고로, '時務를 아는 자가 俊傑(준걸)이라.'고 하였습니다. 지금 장군이 통솔했던 漢水 지역의 9군(荊州)은 모두 남의 것이 되었습니다. 지금 다만 외떨어진 성 하나인데, 안으로는 군량과 馬草도 없고 밖으로는 구원병도 없어 아침저녁으로 위기에 처했습니다. 장군께서 저의 말에 따라 吳侯에 귀순하신다면 다시 荊襄(형양)의 땅을 다스리며 家眷(가권, 家族)을 보전할 수 있습니다.[16] 君侯께서는 깊이 생각해 보십시오."

그러자 관공은 정색을 하고 말했다.

"나는 본디 解良縣(해량현)[17]의 武夫이었지만, 나의 주군께서 나를 형제로 대우해주시는 은덕을 입었는데,[18] 어찌 의리를 배반하고 적국에 투항하겠는가? 城이 만약 격파된다면 죽음이 있을 뿐이요.[19] 玉이 부서지더라도 그 白色은 변하지 않고,[20] 竹은 타버릴지

諸葛瑾은 公私가 分明하여 아우 諸葛亮과 오랫동안 헤어져 있으면서 제갈근이 蜀에 사신으로 가서 공무만을 논했지 私的 만남이 없었다. 正史《三國志 吳書》7권,〈張顧諸葛步傳〉에 입전. 아들 제갈각은《三國志 吳書》19권,〈諸葛滕二孫濮陽傳〉에 입전.

15 特來勸諭將軍 – 諭는 깨우칠 유. 알리다. 勸諭(권유)는 勸告하다. 勸說.

16 可以保全家眷 – 眷은 돌아볼 권. 家眷은 가족, 家率, 妻.

17 關羽의 고향, 河東郡 解良은 解縣. 今 山西省 서남단 運城市.

18 蒙吾主以手足相待 – 蒙은 입을 몽. 은혜를 받다. 手足은 수족, 친형제.

19 有死而已 – 而는 어조사 이. ~지만, 그러나(역접), 而已는 ~만, ~뿐.

20 玉可碎而不可改其白 – 碎는 부서질 쇄. 玉碎(옥쇄)는 충절을 위해 깨끗이 생명을

언정 그 마디(節操)를 훼손치 않습니다.[21] 내 몸은 비록 죽더라도 내 이름은 역사에 기록될 것이요.[22] 당신은 여러 말하지 말고 빨리 성을 나가시오. 나는 孫權과 죽기로 한 번 싸우고 싶을 뿐이요!"

그래도 제갈근이 말했다.

"吳侯는 君侯와 혼인을 하는 우호관계[23]를 바라고 있으며, 힘을 합쳐 조조를 격파하고 함께 漢室을 부흥하길 바랄 뿐 다른 뜻은 없습니다. 君侯는 어찌 이리 미혹을 고집합니까?"[24]

原文

言未畢, 關平拔劍而前, 欲斬諸葛瑾. 公止之曰, "彼弟孔明在蜀, 佐汝伯父, 今若殺彼, 傷其兄弟之情也."

遂令左右逐出諸葛瑾. 瑾滿面羞慚, 上馬出城, 回見吳侯曰, "關公心如鐵石, 不可說也."

孫權曰, "眞忠臣也! 似此如之奈何?" 呂範曰, "某

버림.

21 竹可焚而不可毀其節 – 焚은 탈 분. 毀는 헐 훼. 망가트리다, 비방하다.

22 身雖殯 名可垂於竹帛也 – 殯은 죽을 운. 떨어지다. 垂는 드릴 수. 후세에 전하다. 帛은 비단 백. 竹帛은 竹簡과 布帛, 서적. 역사.

23 秦晉之好(진진지호) – 서로 혼인하는 좋은 관계. 春秋時代에 秦과 晉의 두 나라는 혼인에 의한 우호관계였다.

24 君侯何執迷如是 – 執은 가질 집. 집착하다. 迷는 미혹할 미. 갈피를 잡지 못하다. 迷惑(미혹).

請卜其休咎." 權卽令卜之. 範撰著成象, 乃 '地水師卦', 更有玄武臨應, 主敵人遠奔. 權問呂蒙曰, "卦主敵人遠奔, 卿以何策擒之?" 蒙笑曰, "卦象正合某之機也. 關公雖有沖天之翼, 飛不出吾羅網矣!"

第七十六回 徐公明大戰沔水 關雲長敗走麥城 中 節錄

國譯

(제갈근이) 말을 마치기도 전에, 關平(관평)이 칼을 빼들고 다가와 제갈근을 목 베려고 하였다. 그러자 관공이 제지하며 말했다.

"저 사람 동생 孔明이 蜀에서 너의 큰아버지를 돕고 있으니, 만약 죽인다면 그 형제의 정을 다칠 수 있다."

그러면서 측근을 불러 제갈근을 내쫓게 시켰다. 제갈근은 얼굴에 부끄러운 기색이 역력한 채로[25] 말을 타고 성을 나가서 吳侯에게 돌아가 말했다.

"關公의 마음은 鐵石(철석)같아서 설득할 수가 없습니다."

이에 손권이 말했다.

"참으로 忠臣이로다! 그가 그렇다면 어떻게 해야 하는가?"[26]

---

25 瑾滿面羞慚 – 瑾은 아름다운 옥 근. 羞는 부끄러울 수. 慚은 부끄러울 참.

26 似此如之奈何 – 似는 같을 사. 奈何는 어떻게 하다. 如之奈何는 어찌(어떻게) 해야 하나?

그러자 呂範(여범)²⁷이 "제가 점으로 關羽의 길흉을 알아보겠습니다."라고²⁸ 말했다. 손권은 즉시 점을 치게 하였다. 그러자 여범이 시초를 뽑아 象(상)을 만들어보니 바로 地水師(지수사) 卦(괘)가 나왔고,²⁹ 거기다가 玄武가 臨應(임응)하니 主된 敵人(적인, 關羽)이 멀리 도망하는 뜻이었다.³⁰ 이에 손권이 여몽에게 물었다.

"卦에 主 敵人이 멀리 도망친다 하였는데, 卿은 무슨 방책으로 관우를 잡겠는가?"

그러자 여몽이 웃으며 대답하였다.

"卦象(괘상)이 저의 예상과 딱 맞아 떨어졌습니다. 관공이 설령 하늘로 솟구치는 날개가 있다 해도³¹ 저의 그물을 벗어나 날아가지는 못할 것입니다."³²

---

27 呂範(여범, ?‒228年, 字 子衡)‒ 汝南郡 細陽縣 출신, 원래 원술의 謀士. 손책을 섬김. 東吳의 重要 장군, 大司馬 역임. 유비가 손권의 여동생과 결혼하러 왔을 때 유비를 가두거나 죽여야 한다고 건의했으나 실행되지 않았다. 손권의 절대적인 신임을 받았다. 正史《三國志 吳書》11권,〈朱治朱然呂範朱桓傳〉에 입전.

28 某請卜其休咎 ‒ 卜은 점칠 복. 休는 쉴 휴. 慶事. 咎는 허물 구. 休咎(휴구)는 吉凶, 禍福.

29 範揲著成象 乃地水師卦 ‒ 揲은 맥 짚을 설. 數를 세다. 著는 시초 시. 점을 칠 때 쓰는 풀의 줄기. 象은 여기서는 卦(괘)의 모양. 卦象. 地水師는《周易》64 卦名의 하나. 地(☷)水(☵)의 형상으로 장수(呂範)에 유리하다는 뜻.

30 更有玄武臨應 主敵人遠奔 ‒ 玄武는 북방 水의 기운을 주관하는 神. 臨應(임응)은 나타나서 응한다. 奔은 달아날 분.

31 關公雖有沖天之翼 ‒ 沖天(충천)은 하늘을 뚫다(衝天). 翼은 날개 익.

32 飛不出吾羅網矣 ‒ 羅는 벌릴 라(나). 網은 그물 망.

관 공 부 자 개 우 해

57 關公父子皆遇害
關公 父子가 함께 죽음을 당하다.

고립무원에 처한 關公 수하의 사졸들은 麥城(맥성)에서 달아나기 시작했다. 呂蒙(여몽)은 맥성의 북문 밖에 복병을 숨겨두고 관우를 기다렸다. 결국 관우는 생포되어 손권 앞에 끌려 나간다.
손권은 관우에게 항복을 권유했지만 관우는 당당히 거절하며 죽음을 맞이한다. 때는 서기 219년, 12월이었다.

原文

且說 關公在麥城, 計點馬步軍兵, 止剩三百餘人. 糧草又盡. 是夜城外吳兵招喚各軍姓名, 越城而去者甚多. 救兵又不見到. 心中無計, 謂王甫曰, "吾悔昔日不用公言! 今日危急, 將復如何?"

甫哭告曰, "今日之事, 雖子牙復生, 亦無計可施也."

趙累曰, "上庸救兵不至, 乃劉封,孟達按兵不動之

274 삼국연의 원문 읽기 (下)

故. 何不棄此孤城, 奔入西川, 再整兵來, 以圖恢復?"

公曰, "吾亦欲如此." 遂上城觀之. 見北門外敵軍不
多, 因問本城居民, "此去往北, 地勢若何?"

答曰, "此去皆是山僻小路, 可通西川."

公曰, "今夜可走此路."

王甫諫曰, "小路有埋伏, 可走大路."

公曰, "雖有埋伏, 吾何懼哉!"

卽下令, 馬步官軍, 嚴整裝束, 準備出城.

甫哭曰, "君侯於路, 小心保重! 某與部卒百餘人,
死據此城. 城雖破, 身不降也! 專望君侯速來救援!"

公亦與泣別.

<hr>

國譯

한편, 關公은 맥성에서 기병과 보병의 병력을 점검하니 겨우 3백
여 명이었다. 군량과 마초도 다 떨어졌다. 이날 밤 성 밖에서 東吳
의 병사들이 각 군사들의 성명을 불러대니, 성벽을 넘어 도망가는
자가 매우 많았다. 그러나 구원병은 오지 않았다. 마음에 아무 대
책도 없어 관공이 王甫(왕보)에게 말했다.

"내가 전날 그대의 건의를 받아들이지 않은 것을 후회한다.[1] 오

---

1 吾悔昔日不用公言 - 王甫는 東吳의 呂蒙이 陸口에 주둔하며 荊州를 빼앗으려 하

늘의 이 위급을 어찌해야겠는가?"

그러자 왕보가 울면서 말했다.

"오늘의 이 사태는 비록 姜太公이 다시 살아나더라도[2] 쓸만한 계책이 없습니다."

그러자 趙累(조루)가 말했다.

"上庸(상용)의 구원병이 오지 않는 것은, 바로 유봉과 맹달이 군사를 동원하지 않기 때문입니다. 그렇다면 왜 이 외딴 성을 버리고 西川에 들어가 다시 군사를 정비하여[3] 회복을 시도하지 않으십니까?"

관공은 "나도 그렇게 하려고 생각했다."라고 말했다. 그리고는 성에 올라 살펴보았다. 그래도 북문 밖에 적군이 많아 보이지 않아 본 성에 살았던 백성에게 "여기서 북쪽으로 나가면 지세가 어떠한가?"라고 물었다. 그러자 백성이 말했다.

"성 밖은 모두 산속의 외딴 샛길인데 西川으로 갈 수 있습니다."

그러자 관공이 말했다. "오늘 밤 북쪽 길로 나갈 것이다."

왕보가 간언했다.

"소로에는 매복이 있을 것이니 큰 길로 가서야 합니다."

니 형주 방어를 강화해야 한다는 방책을 관우에게 건의했었다. 그리고 요지를 지키는 장군의 人事에 대해서도 건의했으나 받아들이지 않았다. 결국 관우는 번성 공격에 치중하다가 형주를 여몽에게 빼앗겼다.

2 雖子牙復生 - 子牙(자아, 姜太公, 姜尙, 太公). 兵法에도 能했다.

3 再整兵來 以圖恢復 - 整兵(정병)은 병력을 재정비하다. 恢는 클 회. 넓히다. 원래로 돌아가다. 恢復(회복).

그러자 관공이 말했다.

"비록 적이 매복한들 내가 무엇을 두려워하랴!"[4]

관공은 즉시 명령을 내려 기병과 보병 모두 단단히 챙겨 성을 탈출할 준비를 시켰다. 그러자 왕보가 통곡하며 말했다.

"君侯께서는 가시는 길에 몸조심하십시오.[5] 저는 본부 병력 1백여 명을 거느리고 이 맥성에서 죽도록 저항하겠습니다.[6] 성이 격파되어도 이 몸은 투항하지 않겠습니다. 오직 君侯의 빠른 구원만을 기다리겠습니다!"

관공 역시 눈물을 흘리며 작별했다.

原文

　遂留周倉與王甫同守麥城. 關公自與關平, 趙累引殘卒二百餘人, 突出北門. 關公橫刀前進. 行至初更以後, 約走二十餘里, 只見山凹處, 金鼓齊鳴, 喊聲大震, 一彪軍馬, 爲首大將朱然, 驟馬挺鎗叫曰. "雲長休走! 趁早投降, 免得一死!"

---

4 吾何懼哉 – 懼는 두려울 구. 哉는 어조사 재. 사실 이 말도 관우의 오만일 것이다.

5 小心保重 – 小心은 조심하다, 주의하다, 세심하다.(↔ 大意). 保重은 몸조심하다. 건강에 주의하다.

6 死據此城 – 據는 의지할 거. 차지하다, 굳게 지키다. 기댈 곳. 死據(사거)는 죽어도 항거하겠다.

公大怒, 拍馬輪刀來戰. 朱然便走, 公乘勢追殺. 一棒鼓響, 四下伏兵皆起. 公不敢戰, 望臨沮小路而走. 朱然率兵掩殺.

關公所隨之兵, 漸漸稀少. 走不得四五里, 前面喊聲又震, 火光大起, 潘璋驟馬舞刀殺來. 公大怒, 輪刀相迎. 只三合, 潘璋敗走. 公不敢戀戰, 急望山路而走. 背後關平趕來, 報說趙累已死於亂軍中. 關公不勝悲惶, 遂令關平斷後, 公自在前開路, 隨行止剩得十餘人. 行至決石, 兩下是山, 山邊皆蘆葦敗草, 樹木叢雜. 時已五更將盡.

國譯

결국 周倉(주창)과 王甫(왕보)를 남겨 함께 성을 지키라 하였다. 關公은 關平(관평), 趙累(조루)와 함께 남은 2백여 명을 거느리고 북문을 빠져나갔다. 관공은 칼을 비껴 들고 전진했다. 초경이 지난 뒤로 약 20여 리를 달려와 바라다보니, 산의 우묵한 곳에서[7] 징과 북소리가 함께 울리고[8] 함성이 크게 진동하며 한 떼의 軍馬가 나오는데, 적장 朱然(주연)이 대장으로 창을 움켜쥐고 말을 달려오며 외

---

7 只見山凹處 – 凹는 오목할 요. 凹凸은 요철.
8 金鼓齊鳴 – 鼓는 북 고. 金鼓(금고)는 징과 북.

쳤다.[9]

"雲長은 도주하지 말라! 빨리 투항하여[10] 죽음이나 면하라!"

관공이 대노하며 말에 채찍질하고 칼을 휘두르며 싸우러 나갔다.[11] 그러자 주연은 바로 도주했고, 관공은 승세를 타고 추격하며 적을 무찔렀다. 그러나 북소리가 한번 크게 나면서,[12] 사방에서 매복한 군사가 몰려나왔다. 관공은 감히 맞설 수가 없어 臨沮(임저) 쪽을 향하여 작은 길을 따라 달려 나갔다. 그러자 주연이 병졸을 이끌고 추격해 왔다.[13]

관공을 따르는 병사는 점차 줄어

關平(관평)

들었다.[14] 4, 5리를 채 못 갔는데 앞쪽에서 함성이 또 진동하며 불길이 크게 치솟으며 潘璋(반장)이 말을 달려 칼을 흔들며 공격해왔

---

9 驟馬挺鎗叫曰 — 驟는 달릴 취. 挺은 곧을 정(直持也). 꼿꼿하게.

10 趁무投降 — 趁은 쫓을 진. 때나 기회를 타다. 趁무(진조)는 일찌감치, 급히 ~하다.(赶무와 同)

11 拍馬輪刀來戰 — 拍은 칠 박. 輪은 바퀴 륜(윤), 빙빙 돌릴 륜.

12 一棒鼓響 — 棒은 몽둥이 봉. 響은 울릴 향. 울리다. 소리.

13 朱然率兵掩殺 — 掩은 가릴 엄. 掩殺(엄살)은 불시에 습격하다, 기습하다.

14 漸漸稀少 — 漸은 젖을 점, 나아갈 점. 차차. 稀는 드물 희.

다. 관공은 대노하며 칼로 맞서 싸웠다. 겨우 三合을 싸우고 반장
은 패주했다. 관공도 굳이 싸울 생각이 없어[15] 서둘러 산길을 따라
달려갔다. 뒤에서 관평이 달려와서 趙累(조루)도 혼전 중에 죽었다
고 말했다. 관공은 매우 슬프고도 당황하며,[16] 관평에게 추격 군을
막으라 명령하고 앞에서 길을 열며 달려갔는데, 따르는 병졸이 겨
우 10여 명이었다. 決石(결석)이란 곳에 오자, 양옆이 모두 산이었
는데, 산 아래는 갈대와 시든 풀 뿐이었고 잡목이 뒤섞여 있었다.[17]
때는 오경이 지나려 했다.

原文

　正走之間, 一聲喊起, 兩下伏兵盡出, 長鉤套索, 一
齊並擧, 先把關公坐下馬絆倒. 關公翻身落馬, 被潘
璋部將馬忠所獲.

　關平知父被擒, 火速來救. 背後潘璋, 朱然率兵齊至,
把關平四下圍住. 平孤身獨戰, 力盡亦被執.

　至天明, 孫權聞關公父子已被擒獲, 大喜, 聚衆將於

---

15 公不敢戀戰 – 戀戰은 싸움에 미련을 두다. 싸우고 싶은 생각.
16 關公不勝悲惶 – 不勝은 참을 수 없다. 견디지 못하다. 매우. 悲惶(비황)은 슬프고
　당황스럽다.
17 山邊皆蘆葦敗草 樹木叢雜 – 蘆는 갈대 노. 葦는 갈대 위. 叢은 모일 총. 雜은 섞
　일 잡. 叢雜(총잡)은 뒤섞이다, 어수선하다.

帳中. 少時, 馬忠簇擁關公至前.

權曰, "孤久慕將軍盛德, 欲結秦晉之好, 何相棄耶? 公平昔自以爲天下無敵, 今日何由被吾所擒? 將軍今日還服孫權否?"

關公厲聲罵曰, "碧眼小兒, 紫髥鼠輩! 吾與劉皇叔桃園結義, 誓扶漢室, 豈與汝叛漢之賊爲伍耶! 我今誤中奸計, 有死而已, 何必多言!"

國譯

한창 달려가는데 고함소리가 크게 들리면서 양옆에서 복병이 쏟아져 나오며 긴 갈고리와 올가미가[18] 한꺼번에 튀어나왔다. 먼저 關公이 탄 말을 걸어 넘어뜨렸다.[19] 關公의 몸이 나뒹굴어[20] 말에서 떨어지며, 潘璋(반장)의 부장인 馬忠(마충)에게 사로잡혔다.

關平은 부친이 사로잡힌 것을 알고 황급히 구출하려고 서둘렀다. 그러나 배후에서 반장과 朱然의 군사가 일제히 몰려들어 관평

---

18 長釣套索 − 釣는 낚시 조. 낚다. 수단을 부려 名利를 취하다. 套는 덮을 투. 덮개, 굴레, 거듭하다. 索은 줄 삭, 찾을 색. 套索(투삭)은 사람이나 군마를 잡아채는 올가미.

19 先把關公坐下馬絆倒 − 把는 잡을 파. 묶음. 동작의 대상을 동사 앞으로 이끌어낸다. 絆은 줄 반. 굴레, 발이나 덫에 걸리다. 倒는 넘어질 도. 거꾸로 되다, 망하다. 絆倒(반도)는 걸려 넘어지다, 실족하여 넘어지다.

20 關公翻身落馬 − 翻은 뒤집을 번. 번복하다.(飜과 同) 翻身(번신)은 몸이 나뒹굴다.

을 사방에서 포위하였다. 關平은 외롭게 혼자 싸우다가 힘이 다하면서 사로잡혔다. 날이 밝으면서 손권은 關公 부자가 이미 사로잡혔다는 소식을 듣고 크게 기뻐하며 여러 장수들을 장막 안으로 소집하였다.

얼마 안 있어, 마충이 관공을 에워싸고²¹ 손권 앞으로 들어왔다. 그러자 손권이 말했다.

"나는 장군의 높은 德을 오랫동안 사모하여²² 서로 혼인의 인연을 맺으려 했는데, 왜 싫다고 하였는가? 公은 원래 자신이 천하무적이라 생각했었는데, 오늘은 무슨 연유로 나에게 잡혔는가? 장군은 오늘도 이 손권에게 항복하지 않겠는가?"

그러자 관공은 큰 소리로 꾸짖었다.

"碧眼(벽안)의 小兒에 자줏빛 수염의 쥐새끼 같은 놈아!²³ 나는 劉皇叔과 함께 桃園結義하며 漢室을 부흥키로 서약했거늘, 어찌 너같은 叛漢之賊과 한패가 되겠나!²⁴ 내가 이번에 간계에 걸려들었지만, 죽이면 끝이거늘 무슨 말이 많은가!"

---

21 馬忠簇擁關公至前 – 簇은 대나무 족, 모일 족. 무리, 떼 지어 모이다. 擁은 안을 옹. 끼다, 호위하다. 簇擁(족옹)은 여럿이 떼 지어 둘러싸다.

22 孤久慕將軍盛德 – 孤는 외로울 고. 王侯의 謙稱.

23 碧眼小兒 紫髯鼠輩 – 碧은 푸를 벽. 碧眼은 파란 눈. 紫는 자주색 자. 靑紅의 間色. 髯은 구레나룻 염. 鼠는 쥐 서.

24 豈與汝叛漢之賊爲伍耶 – 伍는 대오 오. 5人이 1伍. 군대, 동료. 爲伍는 동료가 되다, 한패거리가 되다.

權回顧衆官曰, "雲長世之豪傑, 孤深愛之. 今欲以禮相待, 勸使歸降, 何如?"

主簿左咸曰, "不可. 昔曹操得此人時, 封侯賜爵, 三日一小宴, 五日一大宴. 上馬一提金, 下馬一提銀, 如此恩禮, 畢竟留之不住. 聽其斬關殺將而去, 致使今日反爲所逼, 幾欲遷都以避其鋒. 今主公旣已擒之, 若不卽除, 恐貽後患."

孫權沈吟半晌曰, "斯言是也." 遂命推出.

於是關公父子皆遇害, 時建安二十四年冬十二月也. 關公卒年五十八歲.

第七十七回 玉泉山關公顯聖 洛陽城曹操感神 中 節錄

손권이 여러 관리들을 돌아보며 물었다.

"雲長은 이 시대의 豪傑(호걸)이라서 나는 매우 경애했었다. 지금 내가 예우하여 투항케 한다면 어떻겠는가?"

그러자 主簿(주부)인 左咸(좌함)이 말했다.

"그렇지 않습니다. 옛날 조조가 운장의 마음을 얻으려고 제후에 봉하고 작위를 내렸으며, 3일에 작은 잔치를 5일에 큰 연회를 열어주었습니다. 그리고 上馬할 때 一金을 주고, 下馬할 때도 銀을 내주면서 은택을 내리고 예우했지만 끝내 머물게 하지는 못했습니다.[25] 운장이 관문을 지나며 장수를 죽인 것을 보거나, 오늘에 이르러 도리어 운장에게 밀려 (曹魏에서는) 遷都(천도)까지 생각하며 예봉을 피하려 했습니다.[26] 지금 主公께서 그를 생포했는데도 즉시 죽이지 않으시면 아마 後患(후환)을 남길까 걱정이 됩니다."[27]

손권은 한참을 깊이 생각하다가 "그 말이 맞다."면서 끌어내라고 명령했다. 이리하여 關公 父子가 함께 살해당했으니, 때는 建安 24년(서기 219, 후한 멸망 1년 전) 겨울인 12월이었다. 관공의 卒年은 58세였다.

※【參考】關公이 사로잡힐 때, 赤兎馬(적토마)를 馬忠이 노획하여 손권에게 바쳤다. 손권은 마충에게 적토마를 하사했는데, 적토마는 여러 날 사료를 먹지 않다가 죽었다.[28]

---

25 畢竟留之不住 - 畢은 마칠 필. 竟은 다할 경. 畢竟(필경)은 결국, 마침내, 드디어.

26 관우가 우금의 7軍을 수장할 때, 관우의 위세가 낙양과 허도에 진동하며 魏는 천도까지 생각했었다.

27 恐貽後患 - 貽는 끼칠 이. 남기다. 물건을 보내다.

28 關羽가 적토마를 조조로부터 받을 때가 呂布가 죽은 서기 199년인데, 關羽가 죽는 219년까지 살아 있을 수가 없다. 이는 소설에서나 가능한 일이다.

58 傳遺命曹操數終
전유명조조수종

遺命을 남기고 曹操가 죽다.

曹操는 서기 220년에 66세로 죽는데, 당시로서는 長壽한 셈이다. 조조는 죽기 전에 중신들에게 후계자인 장남 曹조(조비)를 보좌하라고 부탁한다. 또 자신의 가짜 무덤 72개를 만들어 놓으라는 지극히 조조다운 유언도 남겼다.

原文

却說 曹操自殺華佗之後, 病勢愈重, 又憂吳,蜀之事. 正慮間, 近臣忽奏東吳遣使上書. 操取書柝視之. 略曰,

「臣孫權久知天命已歸王上, 伏望早正大位, 遣將剿滅劉備, 掃平兩川, 臣卽率群下納土歸降矣.」

操觀畢大笑, 出示群臣曰, "是兒欲使吾居爐火上耶!" 侍中陳群等奏曰, "漢室久已衰微, 殿下功德巍

巍, 生靈仰望. 今孫權稱臣歸命, 此天人之應, 異氣齊聲. 殿下宜應天順人, 早正大位."

操笑曰,"吾事漢多年, 雖有功德及民, 然位至於王, 名爵已極, 何敢更有他望? 苟天命在孤, 孤爲周文王矣."

司馬懿曰,"今孫權旣稱臣歸附, 王上可封官賜爵, 令拒劉備." 操從之, 表封孫權爲驃騎將軍南昌侯, 領荊州牧. 卽日遣使齎誥勅赴東吳去訖.

國譯

한편, 曹操는 華佗(화타)를 죽인 뒤로,[1] 병세(두통)가 더욱 심해졌고, 또 吳와 蜀의 일에 대한 걱정이 많아졌다. 한참 생각 중인데, 近臣이 東吳에서 사자를 보내 국서를 보내왔다고 아뢰었다. 조조가 국서를 받아 열어서 읽었다.[2]

「臣 孫權은 天命이 이미 魏王에게 있음을 오래 전부터 알고 있었으며, 빨리 大位에 오르시고 장수를 보내 유비의 근거를 없애어 漢中과 西川 일대를 평정하시기를 엎드려 바라오며,[3] 臣은 즉시 모든

---

1 曹操自殺華佗之後 – 自는 ~에서부터. 위 文章에서는 '自殺'이 아님. → 華陀가 曹操에게 머리를 쪼개고 風의 근원을 꺼내야 한다는 頭痛(두통) 치료법을 제시하자, 조조는 화타가 자신을 죽이려 한다고 의심했다.
2 取書柝視之 – 柝은 터질 탁. 붙어 있는 것을 뜯다.
3 伏望早正大位 – 伏望(엎드려 바라다)의 목적어는 '~兩川'까지.

신하를 거느리고, 토지를 헌납하며 歸降할 것입니다.」

조조는 다 읽고서 크게 웃으며 국서를 여러 신하에게 보이며 말했다.

"이 아이가 나를 화롯불(爐火) 위에 앉히려고 하는가!"[4]

그러자 侍中인 陳群(진군)[5] 등이 아뢰었다.

"漢室이 오래 전에 이미 쇠미하였고 殿下(전하)의 功德은 높고도 크니(巍巍),[6] 이는 만백성의 소원입니다. 지금 손권이 稱臣하며 귀의하는 것은 바로 하늘과 인간의 상호 감응이며 많은 백성의 心願입니다.[7] 전하께서는 應天順人(응천순인)하여 빨리 帝位에 오르셔야 합니다."

그러자 조조가 웃으면서 말했다.

"나는 漢朝를 오랫동안 받들었으니, 비록 나의 공덕이 백성에게

---

4 是兒欲使吾居爐火上耶 - 爐는 화로 로. 조조가 자립하여 漢을 없애고 황제가 된다면, 손권은 '大逆不道한 曹操' 라면서 자기를 공격할 것이 확실하다. 이는 화롯불 위에 앉혀 태우려는 것과 같은 것이다.

5 陳群(진군, 陳羣, 字 長文) - 潁川郡 許昌人. '九品官人法'(九品中正法, 인재천거제도)을 처음 발의. 正史《三國志 魏書》22권, 〈桓二陳徐衛盧傳〉에 立傳. ※ 한자에는 群과 羣처럼 部首의 위치나 모양이 바뀌어도 통용되는 글자가 있다. 중국에서 출판되는 책에도 이런 경우가 많다. 陳群과 陳羣이 같은 책에서도 다르게 표기되지만 모두 통한다. 이런 예는 裏 - 裡, 裴 - 裵, 鑑 - 鑒, 讎 - 讐(원수 수), 慙 - 慚(부끄러울 참), 匯 - 滙(물이 모일 회) 등 매우 많다.

6 漢室久已衰微 殿下功德巍巍 - 衰微(쇠미)는 쇠퇴하다. 巍는 산이 높고 큰 모양 위(외).

7 此天人之應 異氣齊聲 - 異氣는 相異한 氣運. 衆人齊聲은 異口同聲으로 말하다. 많은 백성들이 마음속으로 바라는 것.

미치었어도, 그러나 나는 이미 왕위에 올라 명성과 작위가 극에 달했거늘[8] 어찌 敢히 더 다른 것을 바라겠는가? 설령 天命이 나에게 있다 하여도 나는 그저 周의 文王일 뿐이다."[9]

그러자 司馬懿(사마의)가 말했다.

"지금 孫權(손권)이 臣下라 칭하면서 附庸(부용)의 뜻을 밝혔으니, 대왕께서는 손권에게 관직과 작위를 내려 유비를 막게 하십시오."

조조는 그 말을 받아 표문을 올려 孫權을 驃騎將軍으로 삼아 南昌侯에 봉하고, 荊州牧을 거느리게 하였다.[10] 그리고 바로 황제의 조칙을 가진 사자를 東吳로 보냈다.

原文

操病勢轉加. 忽一夜夢三馬同槽而食, 及曉, 問賈詡曰,

"孤向日曾夢三馬同槽, 疑是馬騰父子爲禍. 今騰已死, 昨宵復夢三馬同槽. 主何吉凶?" 詡曰, "祿馬吉兆

---

8 조조의 공식 직위는 魏王으로 끝이었다.

9 苟天命在孤, 孤爲周文王矣 – 周의 文王은 여러 징후로 볼 때 殷(은) 王朝를 대신할 天命이 나타났어도, 자신은 殷의 紂王(주왕)을 토벌하지 않았다. 결국 文王의 아들인 武王(發)이 殷을 멸망시키고 周를 건국했다. 曹操의 이 말은 자신의 아들이 새 나라의 皇帝가 되기를 바란다는 뜻으로 해석할 수 있다.

10 孫權의 荊州 지배를 공식적으로 인정해주었다.

也. 祿馬歸於曹, 王上何必疑乎?" 操因此不疑. 後人有詩曰,

三馬同槽事可疑, 不知已植晉根基.

曹瞞空有奸雄略, 豈識朝中司馬師.

是夜操臥寢室, 至三更, 覺頭目昏眩, 乃起 伏几而臥. 忽聞殿中聲如裂帛, 操驚視之, 忽見伏皇后,董貴人,二皇子並伏完,董承等二十餘人, 渾身血污, 立於愁雲之內, 隱隱聞索命之聲.

操急拔劍望空砍去, 忽然一聲響亮, 震坍殿宇西南一角. 操驚倒於地, 近侍救出, 遷於別宮養病. 次夜又聞殿外男女哭聲不絕.

至曉, 操召群臣入曰, "孤在戎馬之中, 三十餘年, 未嘗信怪異之事. 今日爲何如此?"

群臣奏曰, "大王當命道士設醮修禳."

操歎曰, "聖人云, '獲罪於天, 無所禱也.' 孤天命已盡, 安可救乎?"

遂不允設醮.

曹操의 병세는 날로 더 심했다. 홀연히, 어느 날 밤, 세 마리 말이 같은 구유에서 먹는 꿈을 꾸었다. 날이 밝자, 조조는 賈詡(가후)[11]를 불러 물었다.

"나는(孤) 그전에도 말 세 마리가 한 구유(槽)에서 먹는 꿈을 꾼 적이 있었는데,[12] 이것을 馬騰(마등) 부자가 화근일 것이라 생각했었다. 지금 마등은 이미 죽고 없는데, 어젯밤에도 三馬同槽의 꿈을 또 꾸었다. 이는 吉凶의 어느 쪽 징조 이겠는가?"[13]

그러자 가후가 말했다.

賈詡(가후)

---

11 賈詡(가후, 147 - 223, 字 文和) - 詡는 자랑할 후. 前漢 賈誼(가의)의 후손, 武威郡 姑臧縣(今 甘肅省 중부 武威市) 출신. 본래 동탁의 부하인 이각의 참모. 동탁이 살해된 뒤에 이각 등에게 반기를 들라고 건의했었다. 이각은 郭汜(곽사), 張濟(장제) 등과 합작, 長安에 진출하여 獻帝를 협박하여 4년간 정치를 독단했다. 이각 일당은 내분으로 약해진 뒤에 조조에게 패망했다. 뒷날 가후는 張良, 陳平(진평) 만한 재능을 발휘하며 曹操 제일의 참모로 활약했다. 正史《三國志 魏書》10권, 〈荀彧荀攸賈詡傳〉에 立傳.

12 忽一夜夢三馬同槽而食 - 槽는 구유 조. 가축 먹이 통. 槽는 朝와 同音, 朝廷을 의미. 同槽는 曹氏 朝廷에서 세력을 키운다는 의미로 해석. 三馬는 司馬懿와 그 아들 司馬師와 司馬昭. 三父子를 의미.

13 主何吉凶 - 主는 길흉화복과 자연의 변화를 예시하다.

"官祿을 받아먹는 말(馬)은 吉兆(길조)입니다. 祿馬가 曹氏에 歸附(귀부)하는 것이니 왕께서는 무얼 의심하십니까?"

조조는 이 때문에 司馬氏를 의심하지 않았다. 후세 사람이 이를 시로 읊었다.

세마리 말이 같은 구유서 먹으니 疑心할 일이나,
司馬氏 쯤이 이미 뿌리가 심어진 것을 몰랐도다.
曹氏의 魏는 아마 奸雄의 智略에 따른 성과였고,
조정에 司馬 父子 욕심을 어찌 알 수 있었겠나?

이날 밤 조조는 침실에 누웠는데, 三更에 이르러 머리와 눈이 어지럽고 흐릿하여 일어나 안석에 기대어 있었다.[14] 그때 갑자기 전각 내에서 비단을 찢는 소리가 들리는 것 같아 조조가 놀라며 응시해보니 홀연히 伏皇后(복황후), 董貴人(동귀인), 그리고 헌제의 두 아들과 伏完(복완), 董承(동승) 등 20여 명이 온몸에 피범벅이 된 채, 참담한 정경 속에 서 있으면서[15] 은은하게 목숨을 내 놓으라는 소리가 들려왔다.[16]

---

14 覺頭目昏眩 乃起伏几而臥 - 眩은 어지러울 현. 几는 안석 궤.

15 渾身血汚, 立於愁雲之內 - 渾은 흐릴 혼. 전부, 거의. 渾身은 온몸. 汚는 더러울 오. 더럽히다. 血汚(혈오)는 피 얼룩, 피 묻은 곳. 愁雲(수운)은 참담한 구름. 슬픔을 느끼게 하는 정경.

16 隱隱聞索命之聲 - 隱隱(은은)은 어렴풋이. 索은 찾을 색.

조조가 급히 칼을 뽑아 허공을 향해 휘둘렀는데 홀연히 큰 소리가 또렷하게 나면서 전각의 서남쪽 한 모퉁이가 무너졌다.[17] 조조가 놀라 땅에 졸도하자, 近侍(근시)가 구원하며 별궁으로 자리를 옮겨 병을 조리케 하였다. 다음 날 밤에도 전각 밖에서는 남녀의 곡소리가 그치지 않고 들려왔다.

새벽이 되자, 조조는 여러 신하를 불러 들어오게 한 뒤에 말했다.

"나는 전쟁 속에서 30여 년을 지내면서 일찍이 괴이한 일을 믿은 적이 없었다.[18] 그런데 오늘은 왜 이런 일이 있겠는가?"

여러 신하들은 "대왕께서는 道士를 불러 醮祭(초제)를 지내고 액운을 씻어내게 하십시오."라고 말했다.[19] 그러나 조조가 탄식하며 말했다.

"聖人(孔子)께서는 '하늘에 죄를 지으면 빌 곳이 없다.'고 하였다.[20] 나의 천명이 이제 다 되었으니 무슨 구원을 바라겠는가?"

그러면서 초제를 지내지 못하게 하였다.

---

17 忽然一聲響亮 震坍殿宇西南一角 – 響은 울릴 향. 亮은 밝을 량, 목소리가 분명하다. 震은 벼락 진. 坍은 무너질 담. 震坍(진단)은 흔들려 무너지다.

18 未嘗信怪異之事 – 怪異(괴이)한 일을 믿은 적이 없다. 怪異之事는 不可思議한 현상.

19 大王當命道士設醮修禳 – 醮는 제사 지낼 초. 결혼 때 신에게 제사하다, 제단을 차리다. 道士는 道敎의 성직자. 여기서는 方士, 術士. 禳은 제사 이름 양. 修禳(수양)은 액막이를 하다, 치성을 드리다.

20 獲罪於天 無所禱也 – 禱는 빌 도. 《論語 八佾(논어 팔일)》편의 구절.

次日, 覺氣沖上焦, 目不見物, 急召夏侯惇商議. 惇
至殿門前, 忽見伏皇后,董貴人,二皇子,伏完,董承等,
立在陰雲之中. 惇大驚昏倒, 左右扶出, 自此得病. 操
召曹洪,陳群,賈詡,司馬懿等, 同至臥榻前, 囑以後事.

曹洪等頓首曰,"大王善保玉體, 不日定當霍然."

操曰,"孤縱橫天下三十餘年, 群雄皆滅, 止有江東
孫權, 西蜀劉備, 未曾剿除. 孤今病危, 不能再與卿等
相敍, 特以家事相託. 孤長子曹昂, 劉氏所生, 不幸早
年歿於宛城. 今卞氏生四子, 丕,彰,植,熊. 孤平生所
愛第三子植, 爲人虛華少誠實, 嗜酒放縱, 因此不立.
次子曹彰, 勇而無謀. 四子曹熊, 多病難保. 惟長子曹
丕, 篤厚恭謹, 可繼我業. 卿等宜輔佐之."

曹洪等涕泣領命而出.

다음 날, 조조는 몸의 氣가 上焦(상초)까지 올라왔다고 느껴졌고[21]

---

[21] 覺氣沖上焦 目不見物 — 沖은 흔들릴 충. 충돌하다, 솟구치다. 焦는 그을릴 초.
타다. 上焦(상초)는 中醫學에서 소화계통을 상·중·하초로 구분하는데, 상초는
胃腸의 입구.

눈으로 사물을 볼 수 없어 급히 夏侯惇(하후돈)을 불러 상의했다. 하후돈이 대전 문 앞에 왔을 때, 홀연히 복황후, 동귀인, 헌제의 두 아들, 복완, 동승 등이 음침한 구름 뒤에 서 있는 모습이 보였다. 하후돈이 크게 놀라 혼절해 쓰러지자 좌우에서 부축해 나갔지만 하후돈은 그때부터 앓기 시작했다. 조조는 曹洪(조홍), 陳群(진군), 賈詡(가후), 司馬懿(사마의) 등을 모두 누워있는 침상 앞에 불러 뒷일을 부탁했다.[22] 조홍 등이 머리를 조아리며 말했다.[23]

"대왕께서는 玉體를 잘 보전하시면 머지않아 반드시 깨끗하게 나을 것입니다."[24]

그러자 조조가 말했다.

"나는 30여 년간 천하를 종횡으로 누비며 많은 강자들을 없애버렸지만, 다만 강동 땅의 孫權과 西蜀의 劉備를 아직 소탕하지 못하였다.[25] 지금 나의 병이 위독하여 다시는 여러분들과 상의하기 어려울 것이기에 나의 가사를 부탁하고자 한다. 나의 長子 曹昻(조앙)은 劉氏(유씨) 소생이었는데, 불행히 젊은 나이에 (南陽郡) 宛城(완

---

22 同至臥榻前 囑以後事 – 榻은 걸상 탑. 臥榻(와탑)은 침상. 囑은 부탁할 촉. 분부하다.

23 曹洪等頓首曰 – 頓은 조아릴 돈. 頓首(돈수)는 머리를 땅에 대며 절하다.

24 不日定當霍然 – 不日은 며칠 안에, 멀지 않아. 定當은 반드시, 꼭. 霍은 빠를 곽. 霍然(곽연)은 병이 신속히 깨끗하게 낫는 모양.

25 未曾剿除 – 未曾 지금까지 ~을 못하다. 일찍이 ~한 적이 없다. 剿는 끊을 초, 죽일 초. 소탕하다. 剿除(초제)는 토벌하여 제거하다.

성)에서 전사하였다.[26] 지금 卞氏(변씨)[27] 소생의 4子는 조(비), 彰(창), 植(식), 熊(웅)이다.[28] 나는 살아서 셋째 아들인 植을 아꼈지만 爲人이 虛華(허화)하고 誠實性이 부족하며 술을 좋아하고 放縱(방종)[29]하여 후사로 삼지 않았다. 둘째인 曹彰(조창)은 용감하나 지모가 없다. 4子인 曹熊(조웅)은 병치레가 많아 보장할 수가 없다. 오직 長子인 曹丕(조비)는 敦篤(돈독)하고 仁厚(인후)하며 공손하고 근면하니, 나의 가업을 계승할 만하다. 卿 등은 잘 輔佐(보좌)하라."

曹洪 등은 눈물을 흘리며[30] 명을 받고 나갔다.

---

26 建安 2년(서기 197) 봄 정월은 曹公이 (南陽郡) 宛縣(완현)에서 張繡(장수)와 싸웠는데 曹公이 패전하면서 流矢(유시)에 맞았고, 曹公의 장남인 曹昂(조앙)과 조카인 曹安民(조안민)이 전사했다. 조조가 타고 있던 말이 화살에 맞아 쓰러지자, 曹昂(조앙, 字 子脩)은 자신의 말을 부친에게 주어 조조는 탈출할 수 있었다. 조앙은 劉부인 소생으로 20권, 〈文武世王公傳〉에 입전.

27 曹操의 原配 正室夫人인 丁夫人은 曹操와 反目으로 폐위되었고, 첩실이었던 卞氏(변씨)는 曹丕(조비), 曹彰(조창), 曹植(조식), 曹熊(조웅)의 생모로 조비가 등극하면서 조조는 武帝, 변씨는 武宣皇后로 추존되었다. 魏武宣卞皇后(161 - 230, 卞氏, 名字 미상) - 卞은 조급할 변, 법 변. 본래 倡家(창가, 歌舞藝人)였는데, 20세에 曹操가 譙縣(초현)에 있을 때 조조의 妾(첩)이 되었다. 정사《三國志 魏書》5권, 〈后妃傳〉에 입전.

28 曹丕는 正史《三國志 魏書》2권, 〈文帝紀〉 참고. 다른 아들은 正史《三國志 魏書》19권, 〈任城陳蕭王傳〉에 입전되었다.

29 爲人虛華少誠實 嗜酒放縱 - 虛華(허화)는 겉치레가 많고 內實이 없음. 少는 적다(↔ 多) 부족하다. 嗜는 즐길 기. 放縱(방종)은 제멋대로다.

30 曹洪等涕泣領命而出 - 涕는 눈물 체. 泣은 울 읍. 無聲出涕.

操令近侍取平日所藏名香, 分賜諸侍妾, 且囑曰,
"吾死之後, 汝等須勤習女工, 多造絲履, 賣之可以得
錢自給."

又命諸妾多居於銅雀臺中, 每日設祭, 必令女伎奏
樂上食. 又遺命於彰德府講武城外, 設立疑塚七十二,
勿令後人知吾葬處, 恐爲人所發掘故也. 囑畢, 長歎
一聲, 淚如雨下. 須臾, 氣絶而死. 壽六十六歲, 時建
安二十五年春正月也.

第七十八回 治風疾神醫身死 傳遺命奸雄數終 中 節錄

조조는 가까운 시종을 불러 평소에 소장했던 좋은 향을 여러 시
첩들에게 나누어준 뒤에 부탁하였다.

"내가 죽은 뒤에 너희들은 모름지기 女工을 부지런히 익혀,[31] 실
이나 신발 등을 많이 만들어 팔아서[32] 돈을 벌어 자급토록 하라."

또 여러 첩들을 銅雀臺(동작대)에 모여 살게 하면서, 매일 제사를

---

31 汝等須勤習女工 - 女工은 바느질, 길쌈 등 여자가 해야 할 일.

32 多造絲履 - 絲는 실 사. 履는 신 리(이).

지내며 필히 女伎(여기, 妓女)들이 주악하며 上食하게 하였다.[33] 또 彰德府 講武城 밖에 72개소의 疑塚(의총)을 만들어[34] 조조가 묻힌 곳을 후세 사람들이 모르게 하였으니, 아마 사람들에게 파헤쳐질 것을 걱정했기 때문일 것이다. 조조는 부탁의 말을 끝내고[35] 크게 한숨을 짓더니 눈물을 비 오듯 흘렸다. 얼마 뒤 기절하여 죽었다.[36] 조조의 나이 66세에, 때는 建安 25년(서기 220년), 봄 정월이었다.

---

33 必令女伎奏樂上食 – 伎는 재주 기. 女伎는 妓女. 上食은 進食. 亡者의 식사를 올리다.

34 設立疑塚七十二 – 塚은 높은 무덤 총. 疑塚(의총)은 가짜 무덤.

35 囑畢 – 囑은 부탁할 촉. 畢은 마칠 필.

36 魏王 曹操의 공식 諡號는 武王이고, 二月 丁卯日에 高陵(고릉)에 장례했다. 曹操(155 – 220)는 소설《三國演義》의 중심인물이다. '조조' 하면 곧바로 '권모술수'가 연상되지만 뛰어난 전략가였고 성공한 정치인이었으며, 무엇보다는 當代의 우수한 시인이었다.《삼국연의》를 읽다보면, 조조의 캐릭터는 매우 복잡다단하여 파악하기가 결코 쉽지 않지만, 유비나 손권과는 비교가 안 될 큰 그릇이었다고 말할 수 있다. 조조는 변화에 잘 적응했고 참모나 신하들이 그 역량을 발휘하도록 키워서 後漢 말기에 새로운 시대를 열었다. 조조의 인격에 대한 비판도 많지만 조조는 나름대로 미래를 내다보는 시각을 가졌던 인물이었고, 삼국에서 가장 뛰어난 지도자였다. 우리 속담의 '호랑이도 제 말하면 온다.' 와 같은 뜻으로, 중국인들은 '조조 이야기를 하면 조조가 온다(講曹操 曹操就到).' 라고 말한다. 이처럼 조조는 중국인들에게 '화제의 대상' 이다. 조조는 자신이 처한 상황에 능동적으로 대처했으며 결코 수동적이지 않았다. 조조의 臨機應變(임기응변)은 '새로운 변화와 적응' 이다. 조조의 적극성은 세상과 맞서면서 풍파를 이기고 개척하는 출발점이었다. 물론 그 변화와 적극성이 항상 正道만은 아니었다. 漢末의 혼란 속에 정도만을 고집하는 그 자체가 변화와 적응은 아닐 것이다.

형 핍 제 조 식 부 시

59 兄逼弟曹植賦詩
兄이 아우를 핍박하고 曹植은 詩를 짓다.

中國文學史 조조의 장남 曹丕(조비)는 건안 22년(서기 217)에 魏 태자로 책립되었다. 太祖(魏王 曹操)가 죽자, (曹丕는 漢의) 승상 겸 魏王이 되었다(서기 220년 정월). 이어 母后(卞氏)를 王太后로 높이고, 建安 25년(서기 220)을 延康(연강) 원년으로 改元하였다. 그리고 그해 10월에, 漢 獻帝의 禪讓(선양)을 받아 황제로 즉위하며 黃初(황초)로 개원한다.

曹操의 3남 曹植(조식)은 文才가 뛰어났고 曹操의 인정을 받았으며, 한때 후계자로 조비의 강력한 경쟁자이었다. 東晉의 詩人 謝靈運(사령운)[1]은 '天下의 재주가 1石(十斗)이라면 그중 八斗를 曹植이 가졌다.'고 하였다.(八斗之才).

조비는 魏王으로 즉위하면서(서기 220년), 특히 조식을 정치 일선이나 대우에서 철저히 배제했다. 아우 曹植을 죽이려 했지만 文才가 아까워 또 생모 卞氏(변씨)의 하소연도 있어 詩를 읊으라고 명령했다. 七步詩는 이런 상황에서 나왔다.

---

1 謝靈運(사령운, 385 - 433년) - 陳郡 陽夏縣 출신, 今 河南省 周口市 太康縣. 南北朝 시대의 저명 山水 詩人. 謝靈運의 어릴 적 이름이 '客'이라서 보통 謝客으로도 불리며, 謝康公, 謝康樂으로도 호칭한다.

　却說 曹丕之母卞氏，聽得曹熊縊死，心甚悲傷．忽又聞曹植被擒，其黨丁儀等已殺，大驚．急出殿，召曹丕相見．

　丕見母出殿，慌來拜謁．卞氏哭謂丕曰，"汝弟植平生嗜酒疎狂，蓋因自恃胸中之才，故爾放縱．汝可念同胞之情，存其性命，吾至九泉亦瞑目也．"

　丕曰，"兒亦深愛其才，安肯害他？今正欲戒其性耳，母親勿憂．"卞氏灑淚而入．

　丕出偏殿，召曹植入見．華歆問曰，"適來莫非太后勸殿下勿殺子建乎？"

　丕曰，"然．"歆曰，"子建懷才抱智，終非池中物．若不早除，必爲後患．"

　丕曰，"母命不可違．"

　歆曰，"人皆言子建出口成章，臣未深信．主上可召入，以才試之．若不能，卽殺之．若果能，則貶之，以絕天下文人之口．"

　丕從之．

한편, 曹조(조비)의 모친 卞氏(변씨)는 아들 曹熊
(조웅)이 목을 매 죽었다는 소식을 듣고[2] 마음
이 몹시 슬펐다. 그런데 갑자기 또 曹植(조
식)이 잡혀 있고, 그 일당인 丁儀(정의) 등은
이미 처형되었다는 소식에 크게 놀랐다.
변씨는 급히 대전으로 나가 조비를 불러 만
났다. 조비는 御殿(어전)에 나온 모친을 보
고 황망히 배알했다. 변씨가 울면서 조비
에게 말했다.

"네 동생 植(식)이 평생에 술을 좋아하
고 소략하고 난잡한 것은[3] 아마도 가슴
속 재주를 스스로 뽐내기 때문에 방종한
것이다.[4] 너는 친형제의 情을 생각해서
그 애의 목숨만을 살려준다면, 내가 九泉

曹植(조식, 192~232년)

---

2 聽得曹熊縊死 − 縊은 목맬 액. (國內 玉篇의 音이 相異하다. 목맬 예, 목맬 의 등 3
音. 中文大辭典의 '於計切'로 보면 '예'가 합당하나 현재 자액(自縊), 액사(縊死)
등 '목맬 액'이 통용되고 있다. 조조의 4子 曹熊(조웅)은 多病難保한 사람이었는
데, 曹조가 魏王으로 즉위하자, 奔喪(분상)도 않고 있다가 자결했다.

3 汝弟植平生嗜酒疎狂 − 嗜는 즐길 기. 좋아하다. 疎는 뚫릴 소. 거칠다. 疎狂(소광)
은 행동이 거칠고 난잡하다.

4 蓋因自恃胸中之才 故爾放縱 − 蓋는 덮을 개. 아마. 恃는 믿을 시. 自恃(자시)는 자
신이 넘쳐 교만하게 굴다. 故爾(고이)는 그러므로, 그 때문에.

에 가더라도 눈을 감을 것이다."⁵

이에 조비가 말했다.

"저 역시 그 재주를 많이 아끼오니, 어찌 동생을 해치겠습니까? 지금 조금 그 성질을 바로잡아주려는 것이니 모친께서는 걱정하지 마십시오."

변씨는 눈물을 뿌리고 돌아갔다.⁶

조비가 편전에 나가 조식을 불러 들어오게 했다. 그러자 華歆(화흠)⁷이 물었다.

"조금 전에, 太后께서 전하에게 子建(曹植)을 죽이지 말라고 권유하신 것 아닙니까?"⁸

"그렇소."

"子建(曹植)은 재능과 지략을 갖고 있어 결코 평범한 사람은 아닙니다.⁹ 만약 일찍 제거하지 않는다면 틀림없이 후환이 있을 것입

---

5 吾至九泉亦暝目也 – 九泉은 黃泉, 저승. 暝은 눈 감을 명.

6 卞氏灑淚而入 – 灑는 물 뿌릴 쇄. 淚는 눈물 루.

7 華歆(화흠, 157 – 232)은 管寧(관녕, 158 – 241)과 함께 공부한 벗이었다. 화흠은 《三國演義》에서는 伏皇后를 죽이는데 악역을 담당하였고 권세에 추종하는 악인으로 묘사되었다. 화흠은 獻帝가 제위를 曹조에게 禪讓하는 과정에서 중요 역할을 했고 魏의 司徒, 太尉를 역임했다. 正史《三國志 魏書》13권, 〈鍾繇華歆王朗傳〉에 입전. 管寧은 魏에 끝까지 출사하지 않았다. 화음이 勢利를 탐하는 것을 보고 자리를 갈라 앉고 단교하였다(割席斷交). 관녕은 正史《三國志 魏書》11권, 〈袁張涼國田王邴管傳〉에 입전.

8 適來莫非太后勸殿下勿殺子建乎 – 適은 마침 적. 적합하다. 適來(절개)는 방금. 莫非는 혹시 ~이 아닐까?, 아마 ~일 것이다. 모두 ~이다.

9 終非池中物 – 終非는 결코 ~은 아니다. 池中物은 평범한 인물. 與世無爭之人.

니다."

"모친의 뜻을 어길 수가 없소."

"사람들은 모두 子建이 出口成章(출구성장)한다고 말하지만,[10] 臣은 확실히 믿지는 못하겠습니다. 주상께서 불러들인 뒤에 그 재주를 시험해 보십시오. 만약 능력이 안 되면 즉시 죽이시고, 만일 능히 해낸다면 그의 직위를 폄하하여[11] 천하 문인들의 입을 막아야 합니다."

조비는 화흠의 말을 따르기로 했다.

原文

須臾, 曹植入見, 惶恐伏拜請罪.

丕曰, "吾與汝情雖兄弟, 義屬君臣. 汝安敢恃才蔑禮? 昔先君在日, 汝常以文章誇示於人, 吾深疑汝必用他人代筆. 吾今限汝行七步吟詩一首. 若果能, 則免一死. 若不能, 則從重治罪, 決不姑恕."

植曰, "願乞題目."

時殿上懸一水墨畫, 畫着兩隻牛, 鬪於土牆之下, 一

---

10 人皆言子建出口成章 – 出口成章은 입을 열면 文章이 된다. 文才가 뛰어나다. 才思가 민첩하고 言辭가 風雅하다.

11 若果能 則貶之 – 若果는 如果, 만일. 貶은 떨어트릴 폄. 벼슬을 깎다, 헐뜯다.

牛墜井而亡. 丕指畫曰, "卽以此畫爲題. 詩中不許犯
着 '二牛鬪牆下, 一牛墜井死' 字樣."

植行七步, 其詩已成. 詩曰,

兩肉齊道行,　頭上帶凹骨.

相遇块山下,　欻起相搪突.

二敵不俱剛,　一肉臥土窟.

非是力不如,　盛氣不泄畢.

　잠시 후 曹植(조식)[12]이 들어와 알현하면서 황공한 듯 엎드려 절
하고 용서를 빌었다.[13] 조비가 말했다.

---

12 曹植(조식, 192 - 232년, 字 子建) - 卞氏嫡出의 第 3子, 曹丕 - 曹彰 - 曹植 順. 曹
魏의 저명한 詩人. '才高八斗(八斗之才)' '七步成詩' 의 주인공. 조식의 才華는
후세 시인의 推崇을 받았다. 曹操, 曹丕와 함께 시단의 '三曹' 로 불림. 부친이나
형과는 달리 政務에는 전혀 손을 대지 않았다. 陳 思王은 죽은 다음의 시호이다.
曹植 작품은 1백여 편이 전하나 대부분 五言詩이고 후세에 《陳思王集》이 편찬
되었다. 조식의 詩作은 '骨氣奇高' 하다는 평을 듣는데, 建安文學의 成就와 特色
을 잘 나타내고 있다. 조식은 10세 남짓에 《詩經》과 《論語》 및 문장 수십만 자를
외우고 읽었으며, 글을 잘 지었다. 한 번은 조조가 조식이 지은 글을 보고 "너는
남의 글을 베꼈는가?"라고 물었다. 이에 조식이 무릎을 꿇고 말했다. "제가 입
을 열면 바른말을 하고, 붓을 잡으면 문장을 지으며 눈앞에서 지어보라고 하실
수도 있는데, 남의 글을 어찌 베끼겠습니까?" 조식은 천성이 간결 용이하고 위
엄이나 형식을 따지지 않았다. 수레나 말, 복장이나 차림새에 멋을 내지도 않았
다. 들어가 뵐 때마다 어려운 문제에 금방 대답을 잘하여 특별한 총애를 받았다.

13 惶恐伏拜請罪 - 惶恐(황공)은 두려워 떨다. 請罪는 용서를 빌다.

"나와 너는 情誼(정의)로는 형제이지만 義理로는 君臣이다. 너는 어찌하여 감히 재주를 믿고 예를 지키지 않는가?[14] 지난 날, 先君께서 살아계실 적에,[15] 너는 늘 문장을 잘 짓는다고 사람들에게 뽐내었지만, 나는 네가 다른 사람을 시켜 대필할 수 있다고 의심하였다. 내가 지금 시간을 정하니, 네가 7보를 걸으면서 詩 한 수를 짓도록 하라. 만약 지을 수 있다면 죽이지는 않겠다. 만약 짓지 못한다면 엄중하게 치죄하여, 결코 용서하지 않을 것이다."[16]

조식은 "제목을 말씀해 주십시오."라고 말했다.

그때, 전각에는 水墨畫 하나가 걸렸는데,[17] 두 마리 소가[18] 흙 담 아래서 싸우는 그림으로, 한 마리는 구덩이에 빠져 죽어 있었다. 조비가 그림을 가리키며 말했다.

"이 그림을 제목으로 삼아라. 그러나 詩에서 '二牛가 담장 아래에서 싸우는데, 一牛는 구덩이에 떨어져 죽었네.' 하는 文句는 써서는 안 된다."

조식은 7걸음을 걸었고, 시는 이미 완성되었다.

고기 덩어리 둘이 서로 길을 가는데,

---

14 汝安敢恃才蔑禮 - 恃는 믿을 시. 蔑은 업신여길 멸.

15 昔先君在日 - 昔은 옛 석. 昔日, 昔時. 先君은 先親, 先王.

16 決不姑恕 - 姑는 시어머니 고. 잠시, 잠깐. 姑恕(고서)는 잠시 용서하다.

17 時殿上懸一水墨畫 - 懸은 매달 현. 높이 들어 올리다.

18 畫着兩隻牛 - 隻(척)은 禽獸를 세는 量詞, 마리.

둘다 머리에 우묵 패인 뼈가 있었네.[19]
높은 산아래 우연히 상봉했는데
힘껏 갑자기 힘대로 들이받았네.[20]
모두 근육이 함께 강하지 않아서
그중 하나는 토굴 아래에 누웠다.
아마 서로 근력이 같지 않겠지만
강한 기력 전부를 쓰지 못했는가?[21]

原文

曹丕及群臣皆驚. 丕又曰, "七步成章, 吾猶以爲遲. 汝能應聲而作詩一首否?" 植曰, "願卽命題." 丕曰, "吾與汝乃兄弟也. 以此爲題. 亦不許犯著'兄弟'字樣." 植略不思索, 卽口占一首曰,

煮豆燃豆萁, 豆在釜中泣.
本是同根生, 相煎何太急?

---

19 頭上帶凹骨 – 凹는 오목할 요. 두 뿔이 솟았다는 뜻.
20 欻起相搪突 – 欻은 갑자기 홀. 느닷없이. 搪은 뻗을 당. 막다. 搪突(당돌)은 唐突 과 同.
21 盛氣不泄畢 – 泄은 샐 설. 발산하다, 힘이 빠지다. 畢은 마칠 필.

曹丕聞之, 潸然淚下. 其母卞氏, 從殿後出曰, "兄
何逼弟之甚耶?"

丕慌忙離坐告曰, "國法不可廢耳."

於是貶曹植爲安鄕侯. 植拜辭上馬而去.

第七十九回 兄逼弟曹植賦詩 姪陷叔劉封伏法 中 節錄

國譯

조비와 여러 신하들은 모두 놀랐다. 그러자 조비가 또 말했다.

"7보에 시를 짓는 것도 나는 오히려 늦다고 생각한다. 너는 말이
끝나자마자, 시를 지을 수 있겠는가?"[22]

"주제를 말씀해 주십시오."

"너와 나는 형제이다. 이를 주제로 한다. 물론 시 속에 '兄弟'라
는 말이 들어가서는 안 된다."

조식은 대략 생각하지도 않고 말이 끝나자마자 입에서 시 한 수
를 읊었다.[23]

콩을 삶으며 콩깍지를 태우니,[24]

---

22 汝能應聲而作詩一首否 – 應聲(응성)은 대답하다. 소리가 나자마자. → yesman
을 '應聲虫' 이라 한다.

23 植略不思索 卽口占一首 – 略은 다스릴 략(약). 간략하다, 생략하다. 口占은 詩를
지을 때 글자를 쓰지 않고 입으로 중얼거리다.

24 煮豆燃豆萁 – 煮는 삶을 자. 익히다. 燃은 태울 연. 萁는 콩깍지 기. 콩 대.

콩은 솥에서 소리없이 울도다.

본디 같은 뿌리서 자라났건만,

어찌 이리 다급히 볶아대는가?[25]

조비는 듣고서는 주르르 눈물을 흘렸다.[26] 그 모친 卞氏(변씨)가 전각 뒤쪽에서 나오며 말했다.

"형이 어찌 이리 심하게 동생을 핍박하는가?"

조비는 황망히 자리에서 일어나 말했다.

"국법을 지키지 않을 수 없습니다."

그리고는 조식을 강등시켜 安鄕侯에 봉했다. 조식은 절을 올려 하직한 뒤 말을 타고 떠났다.

---

25 相煎何太急 - 煎은 볶을 전. 불에 조리다, 불에 말리다.

26 潸然淚下 - 주르르 눈물을 흘렸다. 潸은 눈물 흘릴 산.

한 왕 정 위 속 대 통

60 漢王定位續大統

한왕이 황제가 되어 大統을 잇다.

曹丕(조비)는 漢 獻帝를 퇴위시키고 魏 文帝로 즉위한다. 이는 前漢
(B.C. 206~A.D. 8)과 後漢(A.D. 25~220)의 400여 년을 마감하는 큰
변혁이었지만 사실상 예고된 것이었다.

이 소식이 전해지자 蜀의 漢中王 劉備가 황제로 즉위하여 漢의 대통
을 이어야 한다는 주장이 나왔는데, 이는 名分論이며 又 漢 正統論이
었다. 劉備의 즉위(221년)로 漢의 正統이 이어진다는 생각이었지만
국세는 미약했고 유비의 재위 기간도 겨우 햇수로 3년이었다.

原文

蚤有人到成都, 報說曹丕自立爲大魏皇帝, 於洛陽
蓋造宮殿. 且傳言漢帝已遇害. 漢中王聞知, 痛哭終
日, 下令百官掛孝, 遙望設祭, 上尊諡曰'孝愍皇帝.'
玄德因此憂慮, 致染成疾, 不能理事, 政務皆託與孔
明. 孔明與太傅許靖, 光祿大夫譙周商議, 言天下不可

308 삼국연의 원문 읽기 (下)

一日無君, 欲尊漢中王爲帝.

　譙周曰, "近有祥風慶雲之瑞. 成都西北角有黃氣數
十丈, 沖霄而起, 帝星見於畢, 胃, 昴之分, 煌煌如月,
此正應漢中王當卽帝位, 以繼漢統. 更復何疑?"

　於是孔明與許靖, 引大小官僚上表, 請漢中王卽皇
帝位. 漢中王覽表, 大驚曰, "卿等欲陷孤爲不忠不義
之人耶?"

　孔明奏曰, "非也, 曹丕簒漢自立, 王上乃漢室苗裔,
理合繼統以延漢祀."

國譯

　이미 成都[1]에 와서 조비가 자립하여 大魏皇帝가 되었으며, 洛陽
에 궁전을 새로 짓는다고[2] 알려주는 사람이 있었다.[3] 또 들려오는
말에는 漢帝(獻帝)가 이미 시해되었다고 하였다.[4] 漢中王은 이런

---

1 成都(성도)는 蜀郡의 治所. 나중에는 益州牧의 치소. 유비 蜀漢의 도읍지, 今 四川
　省 중부 成都市.

2 於洛陽蓋造宮殿 – 蓋는 덮을 개. 집을 짓다. 대개, 아마도. 蓋造는 집을 짓다. 조
　비는 헌제의 禪讓(선양)을 받은 뒤 병에 걸려 고생했다. 이는 許昌(허창)의 궁궐에
　요괴가 많기 때문이라며, 許昌에서 洛陽(낙양)으로 옮겨가 궁실을 크게 지었
　다.(제80회).

3 蚤有人到成都 報說～ – 蚤는 벼룩 조. 일찍, 조기의(시간적으로 앞섬). 早와 통용
　일찍. 報說은 알려주다.

4 且傳言漢帝已遇害 – 傳言은 소문, 풍문, 남의 말을 전하다. 遇는 만날 우. 조우하

소식을 듣고 종일 통곡하며 모든 관리들에게 상복을 입으라고 명령했으며,[5] 멀리 낙양을 향해 제사를 지내며 헌제에게 '孝愍皇帝(효민황제)'라는 시호를 올렸다.[6] 玄德은 이를 매우 걱정하여 결국 병이 나서[7] 정사를 다스리지 못하고 일반 정무는 모두 공명에게 위탁하였다. 孔明과 太傅(태부)인 許靖(허정), 光祿大夫인 譙周(초주)[8]는 서로 상의하여, 천하에 단 하루라도 주군이 없을 수 없으니 漢中王을 황제로 모셔야 한다고 말했다.

　이에 초주가 말했다.

다. 遇害 는 살해당하다. 재난을 만나다.

5　下令百官掛孝 – 掛는 걸 괘. 掛孝(괘효)는 상복을 입다, 복상하다.

6　上尊諡曰 孝愍皇帝 – 尊은 높을 존. 존경하다, 올리다. 諡는 시호 시. 죽은 이후에 통용하는 공식 칭호. 愍은 근심할 민. 사실 이때 헌제는 살아있었다. 조비는 黃初 원년(서기 220) 11월, 河內郡 山陽邑의 1만 戶로 漢帝(獻帝)를 山陽公으로 봉했다. 山陽公(獻帝 劉協)은 曹魏 明帝 靑龍 2년(서기 234) 3월에 죽었다.

7　致染成疾 – 染은 물들 염. 병에 걸리다. 疾은 병 질.

8　譙周(초주, 199 – 270年, 字 允南)는 六經과 天文에 밝은 蜀地의 大儒로, 그 문하에 正史《三國志》의 저자인 陳壽(진수)와 李密(이밀), 杜軫(두진) 등의 제자가 있었다. 諸葛亮(제갈량)이 益州牧으로 있으면서 초주를 勸學從事로 등용했다. 諸葛亮 사후에 後主 劉禪(유선)은 태자 劉璿(유선)을 책립한 뒤 초주로 하여금 輔導케 하였다. 이후 여러 관직을 역임했다. 正史《三國志 蜀書》12권,〈杜周杜許孟來尹李譙郤傳〉에 입전.

초주는《三國演義》에서도 주요 인물인데, 第 65回에서는 劉璋을 따라 劉備에 투항하고. 80회에서는 제갈량과 함께 劉備를 황제로 옹립할 것을 논의한다. 91회에서는 諸葛亮의 북벌 준비에 천문의 뜻으로 북벌에 반대하나 제갈량은 받아들이지 않는다. 역시 102회에서도 제갈량에게 북벌 중지를 권유한다. 105회에서 초주는 천문을 보아 제갈량의 죽음을 알고 후주에게 보고한다. 112회에서는《仇國論》을 지어 姜維의 북벌 준비를 반대하였고, 118회에서는 魏軍이 닥치자 후주에게 투항을 권유하고, 119회에서 劉禪을 따라 曹魏에 투항한다.

"요즈음에 상서롭고 경하로운 風雲의 길조가 있었습니다. 成都의 서북쪽에 黃氣가 수십 길이나 하늘로 치솟고,[9] 帝星이 畢星(필성), 胃星(위성), 昴星(묘성)의 사이에 보이는데 밝기가 달과 같았으니,[10] 이는 바로 漢中王이 제위에 올라야 漢의 대통을 이어야 한다는 하늘의 뜻이니 무엇을 더 의심하겠습니까?"

이에 공명과 허정은 대소 官僚를 이끌고 表文을 올려 漢中王이 皇帝로 즉위할 것을 주청하였다. 그러자 漢中王은 표문을 읽고 크게 놀라며 "卿等은 나를 不忠하고 不義한 사람으로 모함하려 하는가?"라고 말했다. 이에 공명이 상주하였다.

"그렇지 않습니다. 조비가 漢을 찬탈하고 自立하였는데,[11] 대왕께서는 바로 漢의 후예[12]로 大統을 이어 한실의 제사를 연장하는 것이 이치에 맞습니다."

原文

漢中王勃然變色曰, "孤豈效逆賊所爲!" 拂袖而起, 入於後宮. 衆官皆散. 三日後, 孔明又引衆官入朝, 請

---

9 黃氣數十丈 沖霄而起 - 黃氣는 천자의 기운. 沖은 빌 충. 찌르다. 衝과 通. 霄는 하늘 소.(天空)

10 帝星見於畢,胃,昴之分 煌煌如月 - 畢은 마칠 필. 星 이름. 胃는 밥통 위. 星 이름. 昴는 별자리 이름 묘. 煌은 빛날 황. 煌煌은 밝은 모양.

11 曹丕簒漢自立 - 簒은 빼앗을 찬. 신하가 帝位를 빼앗다. 불법으로 탈취하다.

12 王上乃漢室苗裔 - 苗는 싹 묘. 裔는 후손 예. 苗裔(묘예)는 후예, 자손.

漢中王出. 衆皆拜伏於前.

許靖奏曰, "今漢天子已被曹丕所弑, 王上不卽帝位, 與師討逆, 不得爲忠義也. 今天下無不欲王上爲君, 爲孝愍皇帝雪恨. 若不從臣等所議, 是失民望矣."

漢中王曰, "孤雖是景帝之孫, 並未有德澤以布於民. 今一旦自立爲帝, 與篡竊何異?"

孔明苦勸數次, 漢中王堅執不從. 孔明乃設一計, 謂衆官曰, "如此如此." 於是孔明託病不出.

漢中王聞孔明病篤, 親到府中, 直入臥榻邊問曰, "軍師所感何疾?"

孔明答曰, "憂心如焚, 命不久矣."

漢中王曰, "軍師所憂何事?" 連問數次, 孔明只推病重, 瞑目不答. 漢中王再三請問.

孔明喟然歎曰, "臣自出茅廬, 得遇大王, 相隨至今, 言聽計從. 今幸大王有兩川之地, 不負臣夙昔之言. 目今曹丕篡位, 漢祀將斬, 文武官僚, 咸欲奉大王爲帝, 滅魏興劉, 共圖功名. 不想大王堅執不肯, 衆官皆有怨心, 不久必盡散矣. 若文武皆散, 吳, 魏來攻, 兩川難保, 臣安得不憂乎?"

繡像 三國志演義(수상 삼국지연의) – 上海 鴻文書局 印行
왼쪽부터 糜夫人(미부인), 孫夫人(손부인), 甘夫人(감부인), 昭烈帝(소열제), 국립중앙도서관 소장

　그러나 漢中王은 불끈 화를 내고[13] 안색을 바꾸어 "내가 어찌 逆賊이 한 짓을 따라 하겠는가?"라고 말하면서 소매를 뿌리치고 일어나[14] 後宮에 들어갔다. 이에 여러 관리들은 모두 해산하였다. 3일 후 공명이 또 여러 관리들을 데리고 入朝하여 漢中王의 알현을 요청했다. 여러 관리가 모두 배례하고 부복하였다. 그리고 許靖(허정)이 주청하였다.

　"지금 漢 천자는 이미 조비 등에게 시해 당했으니, 대왕께서 帝位에 오르시고 군사를 일으켜 역적을 토벌하지 않는다면, 이는 忠義를 지키지 않는 것입니다. 지금 천하는 대왕께서 황제가 되어 효민황제를 위해 雪恨(설한)하기를[15] 바라지 않는 이가 없습니다. 만약 저희들의 의논에 따르시지 않는다면 백성들이 크게 실망할 것입니다."

　그러자 漢中王이 말했다.

　"내가 景帝의 후손이지만 백성에게 은택을 베푼 것이 조금도 없다.[16] 그리고 이제 어느 날 황제로 자립한다면 찬탈한 것과 무엇이

---

13 漢中王勃然變色 – 勃은 발끈할 발. 왕성하다. 갑자기. 勃然(발연)은 갑자기 화를 내다.

14 拂袖而起 – 拂은 뿌리칠 불. 袖는 소매 수.

15 爲孝愍皇帝雪恨 – 雪은 눈 설. (치욕, 원한 따위를) 씻다. 복수하다.

16 並未有德澤以布於民 – 並은 합치다. 나란히 하다. 결코, 조금도, 並未(병미)는 아직 ~한 것이 하나도 없다. 德澤은 남에게 주는 은혜, 혜택.

다르겠는가?"[17]

孔明이 여러 차례 권고하였지만 漢中王은 고집을 부리며 따르지 않았다. 이에 공명은 계책을 하나 생각하고 여러 관리들에게 "이러 이렇게 하라."고 말했다. 그리고 공명은 병을 핑계로 입조하지 않았다.

漢中王은 孔明의 병이 위중하다는 말을 듣고 친히 공명의 집을 방문하여 공명의 침상 옆에 앉아 물었다.[18]

"軍師께서는 무슨 병인 것 같습니까?"

"걱정이 마치 불타는 듯하니 命이 길지 못할 것입니다."

"군사께서 걱정하는 일이 무엇입니까?"

한중왕이 연이어 몇 번을 물었지만, 공명은 병이 위중한 듯 눈을 감고 대답하지 않았다. 漢中王이 두세 번 다시 물었다. 그러자 공명이 한숨을 내쉬었고, 다시 크게 탄식하면서 말했다.[19]

"臣이 초가를 떠나서 대왕을 만나 지금까지 대왕을 수행했지만, 대왕께서는 저의 건의와 방책을 따라주셨습니다. 지금 대왕께서는 西川의 땅을 차지하셨고 臣이 이전에 한 말을 저버리지 않았습니다.[20] 지금 조비가 漢을 찬위했고 황실의 제사가 단절되려 하기에, 문무의 관료들은 모두 대왕을 받들어 황제로 추대하여 曹魏를 없

---

17 與篡竊何異 – 篡은 빼앗을 찬. 竊은 훔칠 절. 篡竊(찬절)은 빼앗고 훔치다.

18 親到府中 直入臥榻邊問 – 府中은 고관의 저택. 宅, 집. 榻은 걸상 탑. 臥榻(와탑)은 침상.

19 孔明喟然歎曰 – 喟는 한숨 위. 喟然(위연)은 긴 한숨을 쉬다.

20 不負臣夙昔之言 – 夙은 일찍이 숙. 昔은 옛 석. 夙昔(숙석)은 이전, 지난 날.

애고 劉氏를 부흥하여 功名을 같이 도모하고 있습니다. 그러나 대왕께서는 고집을 부리시며 승낙하지 않으니, 모든 관리들은 원망을 품고 있어 머지않아 틀림없이 다 흩어질 것입니다. 만약 문무 관리가 다 흩어지고 東吳와 曹魏가 공격해오면 兩川의 땅을 지킬 수도 없으니, 臣이 어찌 걱정하지 않겠습니까?"

原文

漢中王曰, "吾非推阻, 恐天下人議論耳."

孔明曰, "聖人云, '名不正, 則言不順' 今大王名正言順, 有何可議? 豈不聞 天與弗取, 反受其咎?"

漢中王曰, "待軍師病可, 行之未遲."

孔明聽罷, 從榻上躍然而起, 將屛風一擊, 外面文武衆官皆入, 拜伏於地曰, "王上旣允, 便請擇日以行大禮."

第八十回 曹丕廢帝篡炎劉 漢王正位續大統 中 節錄

國譯

이에 漢中王이 말했다.

"내가 핑계를 대고 막는 것이 아니라,[21] 세상 사람들의 여론을 걱정하는 것입니다."

---

21 吾非推阻 - 推는 밀칠 퇴, 밀 추. 핑계를 대다. 阻는 험할 조. 방해하다.

그러자 孔明이 말했다.

"聖人(孔子)의 말씀에 '名分이 바르지 못하면 그 言辭(언사)도 순리가 아니다.'라고[22] 하셨습니다. 지금 대왕의 명분이 바르고 언사가 순리를 따르는데 무슨 여론이 있겠습니까? '하늘이 주는데 받지 않는다면 도리어 재앙을 받는다.'라는[23] 말도 있지 않습니까?"

그러자 漢中王이 말했다.

"軍師의 병이 낫는 것을 기다려[24] 실행하여도 늦지 않습니다."

공명은 그 말을 듣자마자 침상에서 뛰듯이 일어났다.[25] 그리고 屛風(병풍)을 한번 두드리자, 밖에 있던 문무의 모든 관리가 들어오면서 바닥에 부복하며 말했다.

"大王께서 이미 윤허하셨으니,[26] 바로 택일하여 大禮를 거행하시길 간청합니다."[27]

---

22 名不正 則言不順 – 다음에 '言不順 則事不成'이 이어진다. 곧 名分이 정당하지 못하면 아무 일도 할 수 없다. 《論語 子路》篇의 孔子의 말.

23 天與弗取, 反受其咎 – 弗은 아닐 불. 不보다 뜻이 강함. 咎는 허물 구. 재앙, 죄.

24 待軍師病可 – 可는 좋다, 괜찮다, 적합하다. 형용사로 쓰였다.

25 孔明聽罷 從榻上躍然而起 – 罷는 그칠 파. 다하다. 躍은 뛸 약. 躍然(약연)은 살아 움직이는 모양.

26 王上旣允 – 允은 믿을 윤. 옳게 여기다, 윤허하다. 남의 아들 윤.

27 漢中王은 成都 武擔山(무담산)의 남쪽에서 帝位에 등극하였다. 그 祭文에서 말했다. 「建安 26년(서기 221) 4월 丙午日, 皇帝 備(비)는 삼가 검은 황소를 바치며 皇天上帝와 后土神祇(후토신기)에 아룁니다. 漢이 천하를 차지한 이후 歷數는 끝이 없습니다. 옛날에 王莽(왕망)이 제위를 찬탈하였지만, 光武皇帝가 震怒(진노)하시어 왕망을 죽인 뒤, 사직을 다시 이었습니다. 지금 曹操가 무력을 바탕으로 잔인하게 황후와 皇子를 죽였고, ~」

61 急兄仇張飛遇害
급 형 구 장 비 우 해

조급히 형의 원수를 갚으려다가 장비가 죽다.

> 사실《三國演義》에서 張飛는 차분하고 지혜로운 면도 있긴 하지만,
> 대개의 경우 조급하고 덜렁대며 거칠 것 없이 행동하는 용감무쌍한
> 캐릭터이다. 그러나 義理로 뭉친 삼형제의 막내로서 형님들에 대한
> 깍듯한 예의와 충성심은 가히 본보기가 될 만하다. 하지만 장비의 죽
> 음은 너무 어이가 없다.
> 참고로 덧붙이면, 後主 劉禪(유선)은 장비의 큰딸과 결혼했고, 즉위
> 후 황후가 되었고(敬哀皇后), 첫 황후가 죽자 다시 황후의 여동생을
> 황후로 맞이하였다.[1] 장비의 딸이 기본적인 미모가 없었다면 불가했
> 을 것이다.

却說 張飛在閬中, 聞知關公被東吳所害, 旦夕號泣,

1 後主 敬哀皇后(경애황후)는 車騎將軍 張飛(장비)의 長女이다. 先主 章武 원년(서기 221), 太子妃가 되었다. 後主 建興 원년(서기 223), 皇后가 되었다. 건흥 15년(서기 237)에 죽어, 南陵에 장례했다. 後主의 張皇后는 앞서 황후였던 경애황후의 여동생이다. 建興 15년에, 궁궐에 들어와 貴人이 되었다. 後主 延熙 원년(서기 238)에 황후로 책봉되었다. 正史《三國志 蜀書》4권, 〈二主妃子傳〉에 입전.

血濕衣襟. 諸將以酒勸解, 酒醉, 怒氣愈加. 帳上帳下, 但有犯者卽鞭撻之, 多有鞭死者. 每日望南切齒睜目怒恨, 放聲痛哭不已. 忽報使至, 慌忙接入, 開讀詔旨. 飛受爵望北拜畢, 設酒款待來使.

飛曰, "吾兄被害, 讎深似海. 廟堂之臣, 何不早奏興兵?"

使者曰, "多有勸先滅魏而後伐吳者."

飛怒曰, "是何言也! 昔我三人桃園結義, 誓同生死. 今不幸二兄半途而逝, 吾安得獨享富貴耶! 吾當面見天子, 願爲前部先鋒, 掛孝伐吳, 生擒逆賊, 祭告二兄, 以踐前盟!"

言訖, 就同使命望成都而來.

國譯

한편, 張飛는 閬中縣(낭중현)[2]에 있으면서 關公이 東吳에게 殺害되었다는 것을 들어 알고서는, 아침저녁으로 소리 내어 통곡하였는데 그 피눈물이 옷을 적시었다. 여러 장수가 술로 위로를 하면 술에 취해 노기가 더 심해졌다. 군영 내의 상하 그 누구든 지시를 어

---

2 閬中縣(낭중현, 郎中) – 閬은 솟을 대문 낭(랑). 巴西郡의 治所, 今 四川省 동북부, 嘉陵江(가룡강) 중류, 閬中市.

急兄讐張飛遇害(급형수장비우해)

繡像 三國志演義(수상 삼국지연의) − 上海 鴻文書局 印行, 국립중앙도서관 소장

기는 자가 있으면 즉각 매질을 했기에[3] 맞아 죽는 자도 많았다. 장비는 매일 남쪽을 보며 이를 갈고(切齒) 눈을 부릅뜨고 원한에 사무쳐 방성통곡하기를 그치지 않았다.

갑자기 조정의 사자가 왔다는 말에 장비는 서둘러 맞이하여 조서를 읽었다. 張飛는 황제가 내리는 작위를 받고서 황제 계신 쪽으로 배례를 마친 뒤,[4] 술상을 차려 來使를 환대하였다.[5]

장비가 말했다.

"내 형이 돌아가셨기에 내 원한의 깊이는 바다와 같습니다.[6] 지금 조정의 重臣들은[7] 왜 군사를 일으켜야 한다고 서둘러 상주하지 않습니까?"

사자는 "먼저 魏를 정벌한 다음에 吳를 정벌해야 한다고 권하는 사람이 많습니다."라고 말했다. 그러자 장비가 화를 내며 말했다.

"이 무슨 말입니까? 옛날 우리 세 사람이 桃園結義하며 생사를 같이 하기로 맹서하였습니다. 지금 불행히도 둘째 형님이 중간에

---

3 但有犯者卽鞭撻之 – 鞭은 채찍 편. 撻은 매질할 달. 鞭撻(편달)은 채찍으로 치다.(鞭楚, 楚撻).

4 望北 – 地理的으로 張飛가 있는 閬中은 成都의 東北이지만, 皇帝는 언제나 南面하니 臣下는 望北拜禮해야 한다.

5 設酒款待來使 – 款은 정성 관. 대접하다. 款待(관대)는 歡待(환대), 정성스레 대접하다.

6 讎深似海 – 讎는 원수 수. 원한, 앙심.

7 廟堂之臣 – 廟는 사당 묘. 廟堂은 朝廷.

돌아가셨으니,[8] 내 어찌 혼자 이런 부귀를 누리겠는가! 나는 곧 천
자를 알현한 뒤 내가 전방부대의 선봉이 되어 상복을 입고 東吳를
정벌하여 역적을 산채로 잡아다가 둘째 형에게 제사한 뒤, 전날의
맹세를 실천하겠습니다."

말을 마친 장비는 사자와 함께 成都를 향하여 출발하였다.

原文

(前略) 却說 張飛回到閬中, 下令軍中, 限三日內製
白旗白甲, 三軍掛孝伐吳. 次日, 帳下兩員末將, 范
彊,張達入帳告曰, "白旗白甲, 一時無措, 須寬限方
可."

飛大怒曰, "吾急欲報讎, 恨不明日便到逆賊之境,
汝安敢違我將令!"

叱武士縛於樹上, 各鞭背五十. 鞭畢, 以手指之曰,
"來日俱要完備! 若違了限, 卽殺汝二人示衆!"

打得二人滿口出血, 回到營中商議.

范彊曰, "今日受了刑責, 明日如何辦得? 其人性暴
如火. 倘來日不完, 你我皆被殺矣!"

---

8 半途而逝 – 途는 길 도. 半途는 中途에. 逝는 갈 서. 죽다.

張達曰, "比如他殺我, 不如我殺他." 疆曰, "怎奈
不得近前."

達曰, "我兩個若不當死, 則他醉於床上. 若是當死,
則他不醉."

二人商議停當.

却說 張飛在帳中, 神思皆亂, 動止恍惚, 乃問部將
曰, "吾今心驚肉顫, 坐臥不安, 此何意也?"

部將答曰, "此是君侯思念關公, 以致如此."

國譯

(前略)[9]

한편, 장비는 낭중현으로 돌아와, 3일 이내로 흰색 깃발과 갑옷을
다 만들어 3군이 모두 상복을 입고 東吳를 원정하겠다고 명령했다.

다음 날, 휘하의 末將인 范疆(범강)과 張達(장달) 두 사람이 들어
와[10] "白旗와 白甲을 한꺼번에 만들 수가 없으니 기한 날짜를 늦추
어야 합니다."라고 요청하였다. 그러자 장비가 대노하며 말했다.

"나는 내일이라도 역적의 땅에 들어가지 못하는 것이 한스러운

---

9 前略 - 장비는 유비를 만나 東吳 정벌을 주장했고, 유비도 이를 승낙하고 합동작
전을 펴기로 한다. 제갈량도 이 원정을 말릴 수 없었다.

10 帳下兩員末將 范疆,張達 - 員은 수효 원,官員. 사람이나 武將을 세는 量詞. 范은
풀이름 범. 疆은 지경 강.

데, 너희들이 감히 나의 將令을 어기려 하는가!"

　그리고는 무사를 시켜 두 사람을 나무에 묶어 놓고 등짝을 각각 50대씩 매질하라고 시켰다. 매질이 끝나자, 손으로 두 사람을 지목하며 "내일까지 모두 완비하라! 만약 기한을 어기면 즉시 너희 두 사람을 죽여 여러 사람에게 보여주겠다."[11]

　입안에 가득 피가 고이도록 얻어맞은 두 사람은 군영에 돌아와 상의하였다. 범강이 말했다.

　"오늘 형벌을 받고 내일까지 어떻게 마련하겠는가?[12] 그 사람 사납기가 불과 같으니[13] 만약 내일까지 완비하지 못하면 너나 나나 모두 죽어야 한다!"

　張達도 말했다.

　"가령 그가 우리를 죽이는 것보다 우리가 그를 죽이는 것이 더 나을 것이다."[14]

　"어찌해야 하나? 접근하기가 어려운데!"[15]

　"우리 둘이 죽지 않아도 된다면 그는 취해서 잘 것이다. 만약 우리가 죽어야 한다면 장비는 취하지 않을 것이다."

---

11 卽殺汝二人示衆 – 示衆은 공개적으로 죄인을 징벌하다.

12 今日受了刑責 明日如何辦得 – 刑責은 체벌과 질책. 辦은 힘쓸 판. 처리하다, 준비하다.

13 其人性暴如火 – 暴는 사나울 포. 햇볕에 말릴 폭.

14 比如他殺我 不如我殺他 – 比如는 가령, 예컨대(比方). 不如는 ～만 못하다, ～하는 것이 낫다. 不若.

15 怎奈不得近前 – 怎은 어찌 즘. 奈는 어찌 내. 怎奈(즘내)는 어찌하랴?

두 사람은 상의를 마쳤다.[16] 한편, 張飛는 장막 안에서 정신이 어지럽고 동작이 흐리멍덩한 것 같아[17] 部將을 불러 물었다.

"나는 지금 심장이 뛰고 살이 떨리며[18] 앉아있으나 누우나 불안한데 이게 무슨 징조이겠나?"

部將이 대답하였다.

"이는 장군께서 關公을 깊이 생각하셔서 그런 것입니다."

原文

飛令人將酒來與部將同飲, 不覺大醉, 臥於帳中. 范,張兩賊, 探知消息, 初更時分, 各藏短刀, 密入帳中, 詐言欲稟機密重事, 直至床前.

原來張飛每睡不合眼. 當夜寢於帳中, 二賊見他鬚豎目張, 本不敢動手. 因聞鼻息如雷, 方敢近前, 以短刀刺入飛腹. 飛大叫一聲而亡. 時年五十五歲. 後人有詩歎曰,

---

16 二人商議停當 – 停은 머무를 정. 停當(정당)은 적절하다. 일이 끝나다.
17 神思皆亂 動止恍惚 – 神思는 정신, 마음, 기분. 動止(동지)는 동작. 恍惚(황홀)은 흐리멍덩하다. 갑자기.
18 吾今心驚肉顫 – 顫은 떨릴 전.

安喜曾聞鞭督郵, 黃巾掃盡佐炎劉.
虎牢關上聲先震, 長板橋邊水逆流.
義釋嚴顏安蜀境, 智欺張郃定中州.
伐吳未克身先死, 秋草長遺閬地愁.

却說 二賊當夜割了張飛首級, 便引數十人連夜投東
吳去了. 次日, 軍中聞知, 起兵追之不及. 時有張飛部
將吳班, 向自荊州來見先主, 先主用爲牙門將, 使佐
張飛守閬中. 當下吳班先發表章, 奏知天子. 然後令
長子張苞具棺槨盛貯, 令弟張紹守閬中, 苞自來報先
主. 時先主已擇期出師. 大小官僚, 皆隨孔明送十里
方回.

孔明回至成都, 怏怏不樂, 顧謂眾官曰, "法孝直若
在, 必能制主上東行也."

第八十一回 急兄讎張飛遇害 雪弟恨先主興兵 中 節錄.

國譯

장비는 사람을 시켜 술을 가져오게 하여 部將과 함께 마셨는데
자신도 모르게 대취하여 장막 안에 누워있었다. 범강과 장달 두 범
인은 이런 소식을 듣고서는 初更(초경) 무렵에 각각 단도를 품고 몰

래 장막에 들어가 機密重事(기밀중사)를 알리려 한다고 거짓말을 한 뒤[19] 바로 침상 앞으로 다가갔다.

　원래 장비는 잠잘 때 눈을 감지 않았다. 그날 밤도 장막 안에서 두 범인은 수염이 곤두서고 눈을 뜨고 있는[20] 장비를 보고서는 감히 손을 쓸 수가 없었다. 그러나 뇌성처럼 코 고는 소리를 듣고서는[21] 앞으로 나아가 단도로 장비의 배를 찔렀다. 장비는 큰 소리를 한번 지르고서는 그대로 죽었다. 그때 나이는 55세였다. 후인이 시를 지어 장비를 찬탄하였다.

　　安喜縣서 독우를 매질하여 일찍이 소문이 났었고,
　　黃巾賊을 깨끗이 쓸어내어 火德의 漢朝를 도왔다.
　　虎牢關서 크나큰 명성을 먼저 떨쳤으며,[22]
　　長板橋의 옆에서 강물을 역류케 했었다.[23]
　　의리로 嚴顔을 풀어줘 蜀땅을 안정시켰고[24]

---

19 詐言欲稟機密重事 - 詐는 거짓 사. 稟은 받들 품, 여쭐 품. 녹봉으로 받는 곡식 늠.

20 二賊見他鬚豎目張 - 鬚는 수염 수. 豎는 더벅머리 수. 수직, 세로, 직립, 세우다.

21 因聞鼻息如雷 - 鼻息(비식)은 콧김, 호흡. 코 고는 소리.

22 虎牢關上聲先震 - 虎牢關은, 今 河南省 滎陽縣. 유비 3형제가 呂布와 싸운 곳.

23 長板橋邊水逆流 - 曹操의 군사에게 張飛가 호통을 치자, 조조의 군사가 썰물 빠지듯 도망쳤다.

24 嚴顔(엄안) - 본래 劉璋의 巴西太守. 건안 19년(서기 214) 江州를 지키다가 장비에게 사로잡히나, 장비가 엄안을 풀어주어 굴복케 했다.

슬기로 張郃을 속여서 漢中을 평정했었다.[25]

東吳를 치려다 이기지 못하고 몸이 죽으니,

秋草의 閬中땅 愁心만 길길이 그냥 남았다.

한편, 두 범인은 장비의 목을 잘라가지고 수십 명 부하들을 데리고 밤을 새워 東吳로 도주하였다. 다음 날 軍中에서는 이를 알고 군사를 보내 추격했지만 따라잡지 못했다. 그전에 장비의 부장 吳班 (오반)은 荊州로 가서 先主(유비)를 알현했고, 선주는 오반을 牙門將에 임명하여 장비를 도와 낭중현을 지키게 했었다. 장비가 죽음을 당하자, 오반은 즉각 상주문을 발송하여 천자에게 알렸다.[26] 그런 뒤에 장비의 長子인 張苞(장포)와 함께 棺槨(관곽)을 준비하여 시신을 안치하였고,[27] 장비의 동생 張紹(장소)가 낭중을 지키게 한 뒤, 장포는 직접 先主에게 보고하였다. 그때 선주는 이미 기일을 정하여 出師하였다. 대소 관료는 모두 공명을 따라 10리를 전송한 뒤에 막 돌아왔다.

孔明은 成都로 돌아와 불만으로 기분이 좋지 않았다.[28] 공명은

---

25 智欺張郃定中州 – 張郃(장합, ? – 231年, 字 儁乂)의 郃은 고을 이름 합. 曹魏 五子良將 중 유일한 望族 출신. 袁紹를 섬기다가 曹操에 귀부. 제갈량의 북벌을 잘 막아냈지만 결국 蜀과 전투 중 木門道란 곳에서 戰死했다.

26 當下吳班先發表章 – 當下는 먼저, 바로, 즉시. 表章은 上奏하는 글, 보고서.

27 長子張苞具棺槨盛貯 – 棺槨은 시신을 넣은 棺(관, 널)에, 棺을 감싸는 外棺이 槨(곽, 덧 널)이다.

28 怏怏不樂 – 怏은 원망할 앙. 怏怏(앙앙)은 즐겁지 않은 모양.

여러 관원들을 보고 말했다.

"만약 法正(孝直)이 살아 있었다면,[29] 틀림없이 이번 東吳 원정을 제지했을 것이다."[30]

---

29 法正 - 劉備를 잘 보필했으나 서기 220년에 죽었다.

30 陳壽는 正史《三國志 蜀書》6권, 〈關張馬黃趙傳〉의 評論에서 말했다. 「關羽와 張飛는 모두 만인을 상대할만한 장수라는 칭송을 들은 當代에 뛰어난 武臣(虎臣)이었다. 관우는 조조에게 은혜를 갚았고, 장비는 의리로 嚴顔(엄안)의 결박을 풀어주었으니 두 사람 다 國士의 풍모를 지닌 사람이었다. 그러나 관우는 너무 강하고 자긍심(剛而自矜) 때문에, 장비는 사납고 은덕을 베풀지 않는(暴而無恩), 단점으로 패망했으니 事理로 보면 당연하였다. ~ 」

東吳의 陸遜(육손)[1]은 猇亭(효정)과 夷陵(이릉) 전투[2]에서 유비가 이끄는 촉군을 대파하였다.(章武 2년, 서기 222년). 패전한 유비는 白帝城으로[3] 피난했다.

---

1 陸遜(육손, 183 – 245년, 字 伯言) – 본명은 陸議(육의). 吳郡 吳縣(今 江蘇省 蘇州市) 출신. 三國 시대 吳의 저명한 장군 .대도독. 政治人. 東吳의 국정을 운영. 出將入相의 전형. 62세에 죽어 蘇州에 묻혔고, 追諡는 昭侯(소후). 周瑜, 魯肅, 呂蒙(여몽)과 四大 都督으로 합칭. 유비는 曹丕의 즉위 소식을 듣고 獻帝가 피살된 줄 알고 복상하며 221년에 제위에 올랐다(章武元年). 이어 222년, 관우와 장비에 대한 복수 일념으로 대군을 이끌고 長江을 따라 7백 리에 군영을 설치하였다. 이에 맞선 吳將 陸遜(육손)은 以逸待勞(이일대로)의 병법 교과서대로 맞섰다. 육손은 陳壽 正史《三國志 吳書》13권, 〈陸遜傳〉에 입전.

2 夷陵之戰(이릉 전투), 또는 猇亭之戰(효정지전) – 서기 221년 7월, 유비가 제위에 오른 3개월 뒤, 관우에 대한 복수로 유비가 대군을 직접 지휘하여 장강을 따라 동오 원정에 나섰다. 동오에서는 육손을 대장으로 삼아 촉군을 방어하게 하였는데, 육손은 以逸待勞의 전술로 촉군의 공세를 저지하면서, 서기 222년 8월 (南郡) 夷陵縣(이릉현, 今 湖北省 서부 宜昌市 夷陵區) 일대에서 유비의 촉한대군을 철저하게 파괴하였다.

3 巴郡(巴東郡) 魚復縣은 章武 2년(서기 222), 劉備가 夷陵戰에서 패한 뒤 白帝城으로 물러나와 머물면서 魚復縣을 永安縣으로 개명했다. 유비는 臨終 전에 白帝城

유비는 "丞相의 말을 따랐더라면 오늘의 이런 패배는 없었을 것이다.[4] 내가 무슨 면목으로 成都에 들어가 여러 신하들을 보겠는가?" 하면서 白帝城의 驛館을 永安宮이라 이름 짓고 그대로 머물렀다.

유비의 병은 날로 깊어졌고, 章武 3년(223년) 4월에, 유비 앞에 關羽와 張飛의 혼령이 자주 나타났다. 이에 유비는 제갈량을 白帝城으로 불렀다.

原文

且說 孔明到永安宮, 見先主病危, 慌忙拜伏於龍榻之下. 先主傳旨, 請孔明坐於龍榻之側, 撫其背曰, "朕自得丞相, 幸成帝業. 何期智識淺陋, 不納丞相之言, 自取其敗. 悔恨成疾, 死在旦夕. 嗣子孱弱, 不得不以大事相託." 言訖, 淚流滿面.

의 永安宮에서 丞相 諸葛亮를 불러 후사를 부탁했다.(劉備託孤.) 당시 백제성은 한쪽은 육지와 연결되고 삼면이 강물이었으나 지금은 산샤(三峽) 댐 공사로 수면이 높아져서 완전한 섬이 되었다. 예로부터 李白, 杜甫, 白居易, 劉禹錫(유우석), 蘇軾(소식), 黃庭堅(황정견) 등이 이곳에 와서 명작을 남겼다. 그래서 백제성은 '詩城'이라는 멋진 이름으로 불린다. 今 重慶市 동부 奉節縣.

4 劉備의 패전은 諸葛亮의 군사적 재능을 별로 신임하지 않았기에 유비 자신이 親征에 나설 수밖에 없었다고 분석하는 사람도 있다. 그러나 제위에 오른 지 3개월 만에 국력을 다 동원한 복수의 전쟁을 일으켰다는 자체가 비합리적 판단이라 할 수 있다. 거기다가 陸遜(육손)의 능력을 너무 과소평가한 착각에, 자신도 평생을 싸움터에서 살았다는 자만심, 빨리 吳를 치고 분을 풀겠다는 조급한 감정과 승부욕이 자신의 죽음과 연결되는 참패를 불러왔다.

孔明亦涕泣曰,"願陛下善保龍體, 以副天下之望!"

先主以目遍視, 只見馬良之弟馬謖在傍, 先主令且退. 謖退出, 先主謂孔明曰,"丞相觀馬謖之才何如?"

孔明曰,"此人亦當世之英才也."

先主曰,"不然. 朕觀此人, 言過其實, 不可大用. 丞相宜深察之."

分付畢, 傳旨召諸臣入殿, 取紙筆寫了遺詔, 遞與孔明而歎曰,"朕不讀書, 粗知大略. 聖人云, '鳥之將死, 其鳴也哀. 人之將死, 其言也善.' 朕本待與卿等同滅曹賊, 共扶漢室, 不幸中道而別. 煩丞相將詔付與太子禪, 令勿以爲常言. 凡事更望丞相教之."

國譯

한편, 孔明은 永安宮에 도착하여 先主의 병환이 위독한 것을 보고, 慌忙(황망)히 龍榻(용탑) 아래에서 엎드려 절을 하였다.[5] 先主[6]는 孔明을 침상 곁으로 당겨 앉게 부른 뒤에, 孔明의 등을 어루만지면서 말했다.

---

5 慌忙拜伏於龍榻之下 – 慌은 어리둥절할 황. 忙은 바쁠 망. 慌忙은 황급하게. 龍榻 (용탑)은 황제의 침상.

6 先主 – 유비의 공식적 시호는 漢 昭烈帝(소열제)이다. 그러나 正史《三國志》는 曹

"朕(짐)은 丞相을 얻었기에 다행히도 帝業을 성취하였소. 그러나 나의 지혜와 식견이 천박비루하고[7] 丞相의 말을 받아들이지 않아 내 스스로 패망케 될 줄을 어찌 생각했겠소? 나의 悔恨(회한)이 병이 되어 죽음이 눈앞에 닥쳤소. 그러나 아들이 연약하고 무능하기에[8] 부득이 大事를 승상에게 부탁하려 하오."

말을 마친 선주는 온 얼굴에 눈물을 흘렸다. 공명 역시 눈물을 흘리면서 말했다.

"폐하께서는 龍體를 잘 보전하시어 온 천하 백성의 여망에 부응하시길 바랍니다."

先主가 馬良(마량)의 동생인 馬謖(마속)이 곁에 있는 것을[9] 돌아보고서는 선주는 모두 나가 있으라고 말했다. 마속이 나가자, 선주는 공명에게 말했다.

"승상은 마속의 재능을 어떻게 생각하시오?"

孔明은 "그 사람은 이 시대의 英才입니다."라고 대답했다. 이에 선주가 말했다.

魏를 정통으로 인식하여 曹魏의 황제만 本紀라 기록했고, 蜀漢은 先主와 後主, 東吳는 吳主라 호칭하면서 본기가 아닌 〈○○傳〉으로 기록했다.

7 何期智識淺陋 - 何期(하기)는 어찌 생각이나 했겠는가? ~라고는 생각 못했다. 淺은 얕을 천. 陋는 좁을 누(루). 비루하다.

8 嗣子孱弱 - 嗣는 이을 사. 嗣子는 嫡子(적자), 상속자. 孱은 잔약할 잔(弱也). 허약하다. 孱弱(잔약)은 연약하고 무능하다.

9 只見馬良之弟馬謖在傍 - 馬良은 白眉(백미)의 주인공. 謖(속)은 일어날 속. 뛰어난 모양. 馬謖(마속)은 諸葛亮의 泣斬馬謖(읍참마속)의 주인공. 傍은 곁 방. 접근하다.

"그렇지 않습니다. 짐이 볼 때 그 사람은 말이 실질보다 앞서니 크게 쓸 수 없습니다. 승상은 적절히 깊이 살펴보시오."

분부를 마친 선주는 모든 신하들을 침전으로 들어오라고 한 뒤에 지필을 가져오게 하여 遺詔(유조)를 다 쓴 뒤에 공명에게 넘겨주고서 탄식하며 말했다.

"짐이 공부가 많지는 않지만 그래도 대략은 알고 있소이다. 성인께서도 '새가 죽으려 할 때 그 울음이 애달프고, 사람이 죽기 전에 그 말(言)이 善하다.'고 말했소.[10] 짐은 본래 여러 경들과 함께 반적 조조를 박멸하고 한실을 함께 부흥하려 했지만 불행히 중도에 헤어져야 하오. 승상이 번거롭겠지만 太子 禪(선)에 조서를 보내어, 나의 부탁을 늘 듣던 말이라 생각지 않게 사시오.[11] 그리고 승상께서는 모든 일에 태자를 더 많이 가르쳐 주시오."

原文

　孔明等泣拜於地曰,"願陛下將息龍體! 臣等盡施犬馬之勞, 以報陛下知遇之恩也."

---

10 鳥之將死 其鳴也哀 ~ –《論語 泰伯》편에 나오는 曾子의 말. 鳴은 울 명. 也는 어조사 야. ~도 또한, ~마저도. 여기서는 文章 가운데서 잠깐 멈추는 語氣를 표시.

11 令勿以爲常言 – 勿은 말 물. 禁止辭. 以爲는 생각하다, 여기다. 常言은 俗諺. 늘 들어오던 말.

先主命内侍扶起孔明, 一手掩淚, 一手執其手, 曰, "朕今死矣! 有心腹之言相告!"

孔明曰, "有何聖諭?"

先主泣曰, "君才十倍曹丕, 必能安邦定國, 終定大事. 若嗣子可輔, 則輔之. 如其不才, 君可自爲成都之主."

孔明聽畢, 汗流遍體, 手足失措, 泣拜於地曰, "臣安敢不竭股肱之力, 效忠貞之節, 繼之以死乎!"

言訖, 叩頭流血.

先主又請孔明坐於榻上, 喚魯王劉永, 梁王劉理近前, 分付曰, "爾等皆記朕言, 朕亡之後, 爾兄弟三人, 皆以父事丞相, 不可怠慢."

言罷, 遂命二王同拜孔明. 二王拜畢, 孔明曰, "臣雖肝腦塗地, 安能報知遇之恩也!"

先主謂衆官曰, "朕已託孤於丞相, 令嗣子以父事之. 卿等俱不可怠慢, 以負朕望."

國譯

孔明 등은 울면서 바닥에 엎드려 절하며 말했다. "폐하께서는 龍

體를 편히 쉬시기 바랍니다! 臣 등은 모두 충성을 다 바치면서 폐하의 인정을 받은 은덕에 보답하겠습니다."[12]

선주는 內侍에게 공명을 일으키라고 말하고서 한 손으로는 눈물을 감추고,[13] 다른 한 손으로는 공명의 손을 잡고서 말했다.

"짐은 이제 죽을 것이요! 내 속마음에 진정 할 말을[14] 말해주겠소!"

그러자 공명이 "어떤 말씀이십니까?"라고 물었다. 선주는 눈물을 흘리며 말했다.

"승상의 재능은 曹丕(조비)의 열 배는 되니 결국 大事(漢室 中興)에 성공할 것이오. 만약 嗣子(사자, 後嗣, 劉禪)가 보좌할 만하면 승상이 보필하지만, 도울만한 재능이 아니라면[15] 승상이 스스로 成都의 주인이 되어도 좋습니다."

공명이 듣고서는 온몸에 땀이 흐르고 손발을 어찌할지 몰라[16] 울면서 바닥에 엎드려 말했다.

"臣이 어찌 신하로서의 할 일과[17] 忠貞의 절개를 다 바치지 않을

---

12 知遇之恩(지우지은) – 나의 학식, 인격, 능력을 알아주고 또 그만큼 대우해 준 은혜.

13 一手掩淚 – 掩은 가릴 엄. 掩淚(엄루)는 눈물을 감추다, 눈물을 훔치다.

14 心腹之言(심복지언) – 마음속의 말, 眞心 어린 말.

15 如其不才 – 如其는 만일. 不才는 재능이 적다, 재능이 없는 사람. 보필할만한 인물이 아니다.

16 汗流遍體 手足失措 – 汗은 땀 한. 遍體(편체)는 온몸. 失措(실조)는 어찌할 바를 모르다.

17 臣安敢不竭股肱之力 – 竭은 다할 갈. 다 바치다. 股는 넓적다리 고. 肱은 팔 굉.

수 있겠습니까!'

말을 마친 공명은 머리를 바닥에 찧어 피를 흘렸다.

先主는 다시 孔明을 불러 침상에 걸터앉게 한 뒤에 魯王인 劉永(유영)과 梁王인 劉理(유리)[18]를 앞으로 나오게 하여 분부하였다.

"너희들은 모두 짐의 말을 기억해야 하나니 짐이 죽은 뒤, 너희 형제 셋은 승상을 부친처럼 받들어 게을리하지 말라." [19]

말을 마치자, 두 아들에게 함께 공명에게 절을 하라고 시켰다. 두 아들이 절을 하고 나자 공명이 말했다.

"臣이 비록 肝腦(간뇌)로 땅을 적실지라도[20] 知遇之恩(지우지은)을

後周 劉禪(후주 유선, 207-271)
재위(223-263년)

股肱之力은 신하로서의 할 일. 충성의 책무.

18 魯王 劉永과 梁王 劉理는 諸葛亮이 成都에서 데리고 함께 왔었다. 劉永(유영, 字 公壽)은 先主의 아들이며, 後主의 庶弟. 先主 章武 원년(서기 221) 6월에 魯王에 책봉되었다. 劉理(유리, 字 奉孝)는 後主의 庶弟, 劉永의 이복 아우. 先主 章武 원년(서기 221) 6에 梁王에 책봉되었다.

19 爾兄弟三人, 皆以父事丞相, 不可怠慢 - 兄弟 三人은 成都에 남아있는 太子 劉禪(유선)까지. 爾는 너 이(汝, 而와 同). 怠는 게으를 태. 慢은 게으를 만.

20 肝腦塗地(간뇌도지) - 肝과 腦가 흙과 뒤섞이다. 主君에게 죽음으로 충성을 다하다.

어찌 다 보답하겠습니까!"

선주는 여러 관원에게 말했다.

"朕은 이제 어린 자식들을 승상에게 맡겼고[21] 아들들이 부친으로 모시라 하였다. 여러분들도 태만할 수 없으니 짐의 기대를 저버리지 말라."

原文

又囑趙雲曰, "朕與卿於患難之中, 相從到今, 不想於此地分別. 卿可想朕故交, 早晚看覷吾子, 勿負朕言."

雲泣拜曰, "臣敢不效犬馬之勞!" 先主又謂衆官曰, "卿等衆官, 朕不能一一分囑, 願皆自愛." 言畢, 駕崩, 壽六十三歲, 時章武三年四月二十四日也. 後杜工部有詩歎曰,

蜀主窺吳向三峽, 崩年亦在永安宮.
翠華想在空山外, 玉殿虛無野寺中.

---

21 朕已託孤於丞相 - 朕은 나 짐(皇帝 自稱). 孤(고)는 아버지를 잃은 아들. 유비의 아들을 지칭.

古廟杉松巢水鶴,　歲時伏臘走村翁.

武侯祠屋長鄰近,　一體君臣祭祀同.

第八十五回　劉先主遺詔託孤兒　諸葛亮安居平五路　中　節錄

國譯

이어 趙雲에게도 부탁하였다.

"짐과 卿은 환난 속에 서로 따르며 지금까지 왔지만 뜻밖에도 여기서 헤어져야 하오. 卿은 그간 짐과의 옛정을 생각하여 조석으로 내 아들을 보살펴[22] 짐의 부탁을 버리지 마시오."

조운이 울며 말했다.

"臣이 어찌 신하로서 고생을 마다할 수 있겠습니까!"

先主는 이어 여러 관원에게 말했다.

"여러분께 짐이 한 사람 한 사람 부탁하지 못하지만 모두 사직을 아껴주기 바라오."

말을 마치고 붕어하니,[23] 나이는 63세, 때는 章武 3년(서기 223) 4월 24일이었다. 뒷날 杜工部(杜甫, 두보)[24]가 시를 지어 先主를 찬

---

22 早晩看覷吾子 - 覷는 엿볼 처. 살피다. 看覷(간처)는 보살피다, 돌보다.

23 言畢 駕崩 - 畢은 마칠 필. 駕는 멍에 가. 天子의 수레(大駕, 法駕). 崩은 무너질 붕. 駕崩(가붕)은 天子가 죽다.(崩駕, 崩御 同).

24 杜工部 - 杜甫(두보, 712~770, 字 子美, 號는 少陵野老, 杜陵野客, 杜陵布衣)는 唐의 詩人. 훗날 工部員外郎이라는 직책에 있었기에 杜工部라 칭함. 이 詩는 杜甫의 〈詠懷古跡〉의 일부이다.

탄하였다.

蜀主는 東吳를 정벌하려 三峽에 나갔지만,[25]
붕어할 때에는 永安宮이 마지막 처소였다.
옛영화 그리니 지금은 空山의 밖에 있나니,[26]
玉殿은 비어서 시골의 한적한 절이 되었다.
오래된 사당옆 삼나무 물새가 둥지 지었고,[27]
철따라 때맞춘 제사에 村老만 혼자 바쁘다.[28]
武侯의 사당과 오래도록 이웃이 되었으니,[29]
한몸된 君臣은 제사마저 똑같이 받는구나.

---

25 蜀主窺吳向三峽 − 窺는 엿볼 규. 峽은 골짜기 협. 長江 三峽(삼협, Sānxiá)은 今 重慶市와 湖北省 경내 長江에 위치, 西쪽 重慶市 奉節縣의 白帝城에서 동쪽 湖北省 宜昌市의 南津關까지 全長 193km의 瞿塘峽(구당협), 巫峽(무협), 西陵峽(서릉협)을 말한다.

26 翠華想像空山外 − 翠華(취화)는 皇帝가 쓰는 푸른 日傘. 황제의 행차.

27 古廟杉松巢水鶴 − 杉은 삼나무 삼. 상록수의 일종.

28 歲時伏臘走村翁 − 歲時는 계절, 철. 臘은 섣달 랍. 伏臘은 三伏과 섣달(臘月).

29 武侯祠屋長鄰近 − 武侯祠는 諸葛武侯(제갈량)의 祠堂. 鄰은 이웃 린(인).

63 武侯彈琴退仲達

제갈량이 탄금하여 중달을 물리치다.

諸葛亮과 司馬懿(사마의)의 대결에서 사마의는 제갈량의 적수가 못되었지만, 曹魏는 장수와 병력, 군량에서 우세했었다.

사마의와 張郃(장합)이 2십 만 대군으로 촉한의 군사와 맞서면서 漢中(한중)과 연결되는 咽喉之路(인후지로)에 해당하는 街亭(가정)을 공격할 것이라 예상한 제갈량은 가정을 지키기 위해 馬謖(마속)을 보냈지만, 마속의 실책으로 가정과 列柳城(열류성)을 잃는다.

위기에 처한 제갈량은 군량의 후방 반출을 직접 지휘하던 西城(서성)에서 사마의의 15만 대군이 몰려온다는 소식을 듣는다.

原文

却說 孔明自令馬謖等守街亭去後, 猶豫不定, 忽王平使人送圖本至. 孔明喚入, 左右呈上圖本. 孔明就文几上析開視之, 拍案大驚曰, "馬謖無知, 坑陷吾軍矣!"

左右問曰, "丞相何故失驚?"

孔明曰, "吾觀此圖本, 失却要路, 佔山爲寨. 倘魏兵大至, 四面圍合, 斷汲水道路, 不須二日, 軍自亂矣. 若街亭有失, 吾等安歸?"

長史楊儀進曰, "某雖不才, 願替馬幼常回."

孔明將安營之法, 一一分付與楊儀.

正待要行, 忽報馬到來, 說, "街亭 列柳城, 盡皆失了!"

孔明跌足長歎曰, "大事去矣! 此吾之過也!"

急喚關興,張苞分付曰, "汝二人各引三千精兵, 投武功山小路而行. 如遇魏兵, 不可大擊, 只鼓譟吶喊, 爲疑兵驚之. 彼當自走, 亦不可追. 待軍退盡, 便投陽平關去."

又令張翼先引軍去修理劍閣, 以備歸路. 又密傳號令, 敎大軍暗暗收拾行裝, 以備起程. 又令馬岱,姜維斷後, 先伏於山谷中, 待諸軍退盡, 方始收兵. 又令心腹人, 分路與天水,南安,安定 三郡官吏軍民, 皆入漢中. 又令心腹人到冀縣 搬取姜維老母, 送入漢中.

한편, 孔明은 街亭(가정)[1]을 수비하라고 馬謖(마속)[2] 등에게 명령하여 보낸 뒤에, 결단을 내리지 못하고 망설이고 있는데,[3] 갑자기 王平(왕평)이 인편에 군영 배치 도본을 보내왔다. 공명이 불러들이자, 좌우에서 도본을 올렸다. 공명이 탁자 위에서 열어보고서는[4] 탁자를 치며 크게 놀랐다.[5]

"마속이 無知하여 나의 군사를 함정에 몰아넣었구나!"[6]

馬謖(마속)

---

1 제갈량의 1차 北伐(북벌), (後主) 建興 6년(서기 228) 봄, 제갈량은 마속에게 명하여 선봉에서 각 부대를 통솔 감독케 하였고, 마속은 장합과 街亭(가정)에서 전투를 벌였다. 街亭(가정)은, 今 甘肅省 남부 天水市 관할 秦安縣 隴城鎭(농성진)에 해당.

2 孔明自令馬謖等守街亭去後 - 謖은 일어날 속(起也), 높이 빼어난 모양 속. 馬謖(마속, 字는 幼常)은 白眉 馬良의 아우. 劉備는 임종 직전에 제갈량에게 '마속은 '聰明才氣하나 爲人이 言過其實하니 중임을 맡길 수 없다.' 고 말하였다.

3 猶豫不定 - 猶는 어미 원숭이 유, 머뭇거릴 유, 오히려 유. 마치 ~ 같다. 豫는 큰 코끼리 예, 미리 예. 기쁘다. 猶(유)와 豫(예) 두 동물 모두가 의심이 많아 결단을 내리지 못하고 꾸물대다.

4 孔明就文几上拆開視之 - 几는 안석 궤. 작은 탁자. 文几(문궤)는 책상, 탁자. 拆은 터질 탁. 拆開는 뜯다. 찢어서 열다.

5 拍案大驚 - 拍은 칠 박. 때리다. 案은 책상 안. 공문서, 기록.

6 坑陷吾軍矣 - 坑은 구덩이 갱. 갱도, 파묻다. 陷은 빠질 함. 빠트리다.

측근들이 "승상께서는 왜 이리 놀라십니까?"라고 물었다. 이에 공명이 말했다.

"내가 이 배치도를 보니 요긴한 통로를 버려두고 산기슭에 의지하여 營寨(영채)를 세웠다.[7] 만약 魏兵이 밀어닥치어, 사면을 포위하고 물 긷는 길을 차단한다면,[8] 이틀을 버티지 못하고[9] 우리 군사는 혼란에 빠질 것이다. 만약 가정을 상실한다면 우리들은 어떻게 귀환하겠는가?"

長史인 楊儀(양의)[10]가 다가와 말했다.

"제가 재능은 없지만, (그 직을 대행하여) 馬幼常(馬謖)을 돌아오게 하겠습니다."

孔明은 양의에게 군영을 배치하는 법을 하나하나 일러 주었다. 그리고 양의가 막 떠나려 하는데 연락병이 와서 "가정과 列柳城(열류성)을 모두 상실하였습니다!"라고 말했다.

공명은 발을 구르며 크게 탄식하다.[11]

---

7 失却要路 佔山爲寨 – 失却(실각)은 잃다. 놓치다. 佔은 볼 점. 차지하다.(占과 同) 寨는 울타리 채. 軍營.

8 斷汲水道路 – 汲은 물 길을 급. 당기다. 급한 모양.

9 不須二日 – 須는 모름지기 수. 기다리다(待也). ~하여야 한다.

10 長史는 丞相, 太尉, 公, 將軍, 太守의 속관, 승상의 장사는 승상의 비서실장격. 태수의 속관은 군사에 관한 일 담당. 질록 6백석~1천석. 楊儀(양의,?-235년, 字 威公)는 蜀漢 文臣, 北伐 시기 제갈량의 속관. 재간이 있고 영민했으나 국량이 좁았다. 제갈량 사후에 배반한 魏延(위연)을 제거하였지만 승진에 대한 불평불만으로 하옥되었다가 옥중에서 자결했다.

11 跌足長歎 – 跌은 넘어질 질. 跌足(질족)은 발을 동동 구르다. 歎은 탄식할 탄.

"大事는 이제 틀렸다. 이는 나의 잘못이다!"

그리고는 급히 (관우의 아들) 關興(관흥)과 (장비의 아들) 張苞(장포)를 불러서 분부하였다.

"너희 두 사람은 각각 3천 정병을 거느리고 武功山(무공산)의 산길을 따라 진군하라. 만약 曹魏의 군사를 만나더라도 크게 공격하지 말고 다만 북이나 치고 고함을 질러[12] 숨겨놓은 군사가 있는 것처럼 적을 놀라게 하라. 적이 도주하더라도 추격하면 안 된다. 그 군사가 다 퇴각하기를 기다렸다가 바로 陽平關(양평관)[13]으로 들어가라."

그리고 張翼(장익)[14]을 시켜 먼저 군사를 이끌고 劍閣(검각)의 棧道(잔도)[15]를 수리하여 귀로를 확보케 하였다. 또 비밀리에 전령을 보내 모든 군사가 암암리에 행장을 수습케 하여 준비되는 대로 출발케 하였다. 또 馬岱(마대)와 姜維(강유)[16]를 시켜 후미에 적의 공격

---

12 只鼓譟呐喊 - 只는 다만 지. 鼓는 북 고. 두드리다. 譟는 시끄러울 조. 呐은 말 더듬을 눌. 고함을 치다. 喊은 소리 함. 고함.

13 당시 漢中郡 沔陽縣(면양현) 定軍山의 陽平關(양평관). 定軍山은, 今 陜西省 남부 漢中市 서쪽 勉縣(면현)에 소재.

14 張翼(장익, ? - 264年, 字 伯恭) - 蜀漢의 장군, 나중에 左車騎將軍 역임.

15 劍閣 - 蜀에 통하는 要路, 今 四川省 劍閣縣 大小 劍山 間의 棧道가 있다.

16 姜維(강유, 202 - 264년, 字 伯約)는 蜀漢의 장수, 본래는 曹魏의 天水郡 中郎將, 촉한에 투항, 제갈량의 인정을 받았다. 諸葛亮 사후에 蜀漢의 軍權을 쥐고 전후 11차례나 伐魏에 나섰다. 司馬昭가 蜀漢을 멸망시킬 때, 姜維는 劍閣(검각)에서 鍾會(종회)를 막고 있었으나, 鄧艾(등애)가 陰平(음평) 小路로 成都를 함락시켰고 後主 劉禪(유선)의 투항을 받았다. 종회는 등애를 제거한 뒤 강유와 그 군사를 거느

을 차단할 수 있도록 산 계곡에 먼저 매복해 있다가 모든 군사가 다 퇴각하면 군사를 거둬 돌아가게 하였다. 또 심복을 여러 길로 보내어 天水(천수), 南安(남안), 安定(안정) 등 3개 郡의 관리와 군인 가족 등을 모두 漢中郡으로 철수시켰다. 또 다른 심복을 (天水郡) 冀縣(기현)[17]에 보내 강유의 노모를 漢中郡으로 모셔오게 하였다.

原文

孔明分撥已定, 先引五千兵去西城縣搬運糧草. 忽然十餘次飛馬報到, 說司馬懿引大軍十五萬, 望西城蜂擁而來.

時孔明身邊並無大將, 只有一班文官, 所引五千軍, 已分一半先運糧草去了, 只剩二千五百軍在城中. 衆官聽得這個消息, 盡皆失色.

孔明登城望之, 果然塵土沖天, 魏兵分兩路望西城縣殺來. 孔明傳令, 敎將旌旗盡皆藏匿, 諸將各守城鋪, 如有妄行出入, 及高聲言語者, 立斬. 大開四門,

리고 위를 정벌하려는 반역을 꾸몄고, 강유도 딴 뜻을 품고 종회에 동조하였지만, 종회의 부하들이 반기를 들면서 亂軍 속에서 62세에 죽었다. 正史《三國志 蜀書》14권, 〈蔣琬費禕姜維傳〉에 立傳

17 (天水郡) 冀縣(기현) – 今 甘肅省 남부 天水市 甘谷縣에 해당.

每一門上用二十軍士, 扮作百姓, 灑掃街道, 如魏兵到時, 不可擅動, 吾自有計.

孔明乃披鶴氅, 戴綸巾, 引二小童攜琴一張, 於城上敵樓前, 憑欄而坐, 焚香操琴.

却說 司馬懿前軍哨到城下, 見了如此模樣, 皆不敢進, 急報與司馬懿, 懿笑而不信, 遂止住三軍, 自飛馬遠遠望之. 果見孔明坐於城樓之上, 笑容可掬, 傍若無人 焚香操琴. 左有一童子, 手捧寶劍, 右有一童子, 手執塵尾. 城門內外有二十餘名百姓, 低頭灑掃, 旁若無人.

國譯

孔明은 임무를 다 배정하고 나서, 먼저 5천 군사를 거느리고 西城縣(서성현)¹⁸에 가서 군량과 마초를 운반케 했다. 그런데 비상 연락병(飛馬)이 와서, 司馬懿(사마의)가 15만 대군을 이끌고 서성현을 향해 벌떼처럼 몰려오고¹⁹ 있다고 보고하였다.

그때, 공명의 신변에는 대장이 한 사람도 없고²⁰ 보통 문관들이 5천

---

18 西城縣 – 지금 甘肅省 天水市 南. 搬은 옮길 반.

19 望西城蜂擁而來 – 蜂은 벌 봉. 擁은 안을 옹. 蜂擁(봉옹)은 무리를 이루다. 떼를 지어.

20 時孔明身邊並無大將 – 並은 아무를 병. 결코, 조금도. 否定의 의미를 강조. 並無

군사를 이끌고 와서 이미 그 절반은 군량을 가지고 출발하였고, 다만 2,500명의 군졸이 성 안에 남아 있었다. 관원들은 사마의 공격 소식에 모두 실색하였다.

孔明이 성에 올라 바라보니, 생각한 그대로 흙먼지가 하늘에 가득 차게[21] 曹魏의 대군이 양쪽 갈래로 나눠 서성현을 향하여 진격해왔다. 孔明은 전령을 보내, 장교로 하여금 군대의 모든 깃발을 숨기게 하였고,[22] 장교가 성의 각 초소를 지키되[23] 함부로 출입하거나 큰 소리를 이야기하는 자는[24] 즉각 참수하게 하였다. 그리고 사방의 성문을 활짝 열어놓고 각 성문에는 20여 명의 군사를 배치하여 일반 백성처럼 분장하고서 거리를 청소하라고 시켰고, 위나라 군사가 오더라도 멋대로 행동하지 말라[25] 분부하며, (적을 물리칠) 계책이 있다고 하였다.

孔明은 바로 鶴氅(학창)을 입고 綸巾(윤건)을 쓰고서[26] 두 小童이

는 아무도 없다, 하나도 없다.

21 果然塵土沖天 – 果然은 과연, 생각한대로. 塵은 티끌 진. 塵土는 먼지. 沖은 날아오를 충. 위로 솟다. 沖天은 하늘 높이 치솟다(衝天).

22 教將旌旗盡皆藏匿 – 教는 ~하게 시키다, 시키다. 旌은 깃발 정. (덕을) 표창하다. 旗는 깃발 기. 旌旗(정기)는 깃발의 총칭. 藏은 감출 장. 匿은 숨을 닉(익). 숨기다. 藏匿(장익)은 숨기다.

23 諸將各守城鋪 – 鋪는 펼 포. 城鋪(성포)는 성곽의 경계초소나 지점.

24 扮作百姓, 灑掃街道 – 扮은 꾸밀 분. 扮作(분작)은 가장하다. 灑는 물 뿌릴 쇄. 掃는 쓸 소. 쓸다. 灑掃(쇄소)는 물을 뿌리고 비로 쓸다. 청소하다.

25 不可擅動 – 擅은 멋대로 천.

26 孔明乃披鶴氅 戴綸巾 – 披는 나눌 피. 옷을 입다. 氅은 새털 창. 鶴氅(학창)은 鶴

348 삼국연의 원문 읽기 (下)

거문고 하나를 들게 하고,[27] 성 위 망루 앞 난간에 기대어 앉아 향을 피우고 琴(금)을 연주하였다.

한편, 사마의의 前軍 초병이 가까이 와서 이런 모양을 보고서는[28] 감히 앞으로 나아가지 못하고 서둘러 사마의에게 보고하였는데, 사마의는 웃으며 믿지 않다가 결국은 3군을 멈추게 하고서는, 직접 말을 달려와 좀 멀리서 바라보았다. 그런데 孔明이 성루에 앉아서 웃는 얼굴이 아주 뚜렷하고[29] 곁에 아무도 없는 것처럼 행동하면서 (傍若無人) 香을 피워 놓고 거문고를 타고 있었다. 왼편에는 동자 하나가 공명의 보검을 들고, 오른쪽의 동자는 손이 먼지떨이를 들고 있었다.[30] 성문 안팎에는 20여 명 정도의 백성이 고개를 숙인 채 물을 뿌리거나 거리를 청소하며 마치 아무 일도 없는 것 같았다.

原文

懿看畢大疑, 便到中軍, 敎後軍作前軍, 前軍作後軍, 望北山路而退. 次子司馬昭曰, "莫非諸葛亮無軍,

戴衣. 戴는 머리에 일 대. 머리에 쓰다. 綸은 굵은 실 윤.

27 引二小童攜琴一張 – 攜는 끌 휴. 가지다, 손에 들다. 張은 量詞, 거문고 한 개.

28 見了如此模樣 – 模는 법 모. 본보기, 본뜨다. 樣은 모양 양. 模樣(모양)은 모습, 생김새.

29 笑容可掬 – 掬은 움켜 쥘 국. 可掬(가국)은 손으로 움켜쥐다, 확실하다.

30 手執塵尾 – 塵는 큰 사슴 주. 塵尾(주미)는 먼지떨이. 神仙이 손에 들고 다니는 소도구인 拂塵(불진).

故作此態? 父親何便退兵?"

懿曰,"亮平生謹愼, 不曾弄險. 今大開城門, 必有埋伏. 我兵若進, 中其計也. 汝輩豈知? 宜速退."

於是兩路兵盡退去. 孔明見魏軍遠去, 撫掌而笑. 衆官無不駭然. 乃問孔明曰,"司馬懿乃魏之名將, 今統十五萬精兵到此, 見了丞相, 便速退去, 何也?"

孔明曰,"此人料吾平生謹愼, 必不弄險, 見如此模樣, 疑有伏兵, 所以退去. 吾非行險, 蓋因不得已而用之. 此人必引軍投山北小路去也. 吾已令興,苞二人在彼等候."

衆皆驚服曰,"丞相之玄機, 神鬼莫測. 若某等之見, 必棄城而走矣."

孔明曰,"吾兵止有二千五百, 若棄城而走, 必不能遠遁. 得不爲司馬懿所擒乎?"

後人有詩讚曰,

瑤琴三尺勝雄師,　諸葛西城退敵時.
十五萬人回馬處,　後人指點到今疑.

第九十五回 馬謖拒諫失街亭 武侯彈琴退仲達 中 節錄

사마의는 (제갈량을) 보고서는 크게 의심하며, 바로 中軍으로 돌아와 後軍을 前軍으로 삼고, 前軍을 後軍으로 삼아서 북쪽 산길을 바라보며 퇴각하였다. 작은아들인 司馬昭(사마소)[31]가 말했다.

"혹시 제갈량이 군사가 없어서[32] 그런 모습을 한 것이 아니겠습니까? 아버님은 어찌 이리 급히 퇴각하십니까?"

臥龍西城彈琴(와룡서성탄금)
《중국소설회모본》, 영조 38년(1762),
국립중앙도서관 소장

---

31 司馬昭(사마소, 211 – 265년, 字 子上,《三國演義》에서는 子尙) – 河內郡 溫縣(今 河南省 하수 북쪽 焦作市 관할 溫縣) 출신, 司馬懿와 모친 張春華(장춘화)의 次子, 司馬師의 동생, 西晉 開國皇帝 武帝 司馬炎(사마염)의 부친. 蜀漢을 멸망시키고 曹魏의 권력을 완전 장악했다. 司馬炎은 曹魏의 마지막 황제 曹奐(조환)의 禪讓(선양)을 받아 칭제한 뒤에, 司馬昭를 晉 文帝로 추존했다.

32 莫非諸葛亮無軍 – 莫非는 설마 ～이 아닐까?, 아마 ～일 것이다.

"제갈량은 평생 동안 근신하여 위험한 짓은 하지 않는다.³³ 지금 성문을 활짝 열어놓았으니 틀림없이 매복한 군사가 있을 것이다. 내가 만약 진격했다가는 그 계략에 빠지는 것이다. 너희가 어찌 알겠는가? 빨리 퇴각해야 한다."

이에 양 갈래 군사가 모두 철수하였다. 공명은 魏軍이 멀리 간 것을 알고 기뻐 손뼉을 치며 웃으니³⁴ 놀라지 않는 관원이 없었다.³⁵ 그리고 공명에게 물었다.

"사마의는 魏의 명장으로, 이번에 15만 정병을 이끌고 와서는 승상을 보고 서둘러 퇴각한 이유가 무엇입니까?"

공명이 말했다.

"그 사람은 내가 평생 謹愼(근신)하며 위험한 일을 하지 않는 것을 알고 있었는데, 나의 이런 모양을 보고서는 복병이 있을 것이라 의심했기에 퇴각하였다. 나도 위험한 일을 하고 싶어 한 것은 아니었지만 부득이 한 경우에는 써야만 한다.³⁶ 사마의는 틀림없이 군사를 이끌고 山北의 샛길로 퇴각했을 것이다. 나는 이미 관흥과 장포에게 거기서 사마의를 기다리라고 시켰다."³⁷

---

33 不曾弄險 - 弄은 희롱할 농. 다루다, 행하다. 弄險(농험)은 위험한 짓을 하다.

34 撫掌而笑 - 撫는 어루만질 무. 쓰다듬다, 위로하다, (손뼉을) 치다.(拊와 同)

35 衆官無不駭然 - 無不은 ~하지 않는 것이 없다. 모두 ~이다. 駭는 놀랄 해.

36 蓋因不得已而用之 - 蓋는 덮을 개. 아마도. 이유나 원인을 표시. 不得已(부득이)는 할 수 없이.

37 在彼等候 - 等候(등후)는 기다리다.

이에 모두가 놀라며 말했다.

"丞相의 현묘한 지략은[38] 귀신도 헤아리지 못할 것입니다. 만약 우리였다면 틀림없이 성을 버리고 도주했을 것입니다."

"나에게 겨우 2,500명의 군사뿐인데, 성을 버리고 도주한다 하여도 틀림없이 멀리 갈 수 없으며, 그러면 사마의에게 잡히지 않을 수 있겠는가?"

후세 사람이 시를 지어 공명을 칭송하였다.

석자의 아름다운 거문고로 大軍을 이기니,[39]

西城의 제갈량이 사마의를 물리칠 때였다.

십오만 魏나라의 대병력이 말머리 돌린 곳을,

後人은 손짓으로 가리키며 지금도 의심하네.[40]

---

38 丞相之玄機 - 玄機는 玄妙(현묘)한 신통력이나 이치.

39 瑤琴三尺勝雄師 - 瑤는 아름다운 옥 요. 瑤琴은 옥으로 장식한 거문고.

40 '武侯彈琴退仲達'의 고사는 諸葛亮의 空城計인데, 이는 확실한 허구이지만 너무나 유명한 이야기라서 절록했다. 本來 空城計는 〈三十六計〉 중 제 32計이며, 이는 일종의 심리전술이다. 그리고 앞서 馬謖(마속)을 격파한 장수는 司馬懿가 아닌 張郃(장합)이었다.

64 隕大星丞相歸天

큰 별이 지면서 丞相은 歸天하다.

諸葛亮은 연료도 필요 없이 밤낮으로 일할 수 있는 木牛流馬(목우류마)라는 군량 운반용 기계 장치를 만들었는데, 이 木牛流馬는 그 혀를 빼버리면 타인이 작동시킬 수 없는 안전장치도 있었다.

중국인들이 생각한 제갈량은 가히 全知全能한 神의 경지였으니, 말하자면 1800년 전에 창조된 중국인들의 슈퍼맨이었다. 제갈량의 이름은 지금도 여전히 빛이 나고, 제갈량에 대한 이야기는 지금도 계속 윤색되며 창조되고 있다.

제갈량의 재능은 비범했으며, 그의 기본 사상은 儒學을 숭상했고 정사에서는 법과 원칙을 준수했다. 제갈량의 천성적 우수한 능력과 자질은 그렇다 치더라도 그가 魏・蜀・吳 삼국의 안정적 鼎立(정립) 구도를 짜고, 천하통일을 목표로 北伐(북벌)을 추진한 그 국가경영 능력은 어떻게 가능했을까?

先主(劉備)가 죽은 뒤, 제갈량은 어리석은 後主(劉禪)와 용렬한 신하들만이 있는 蜀의 內政을 추스르면서 북벌을 시도했지만 아무런 성과를 거두지 못하였다. 建興 12년(서기 234년)에 여섯 번째로 祁山에 출정하지만(실제로는 5회), 그것이 그의 마지막 원정이었다.

《三國演義》에는 諸葛亮이라는 슈퍼맨의 죽음에 대한 아쉬움이 그대로 나타나 있다. 《三國演義》라는 大作의 규모를 파악할 겸 105회의 全文을 우리 조상들이 읽던 그대로 懸吐(현토)하여 수록한다. 이는 《三國演義》를 읽는 또 하나의 재미이다.

※ 懸吐(현토)의 懸은 매달 현. 吐는 토하다. 한문 문장을 끊어 읽는 우리말 조사 토를 漢字로 옮긴 글자이다. 곧 예부터 우리 조상이 사용한 口訣(구결)을 한글로 옮긴 말이라 할 수 있다.

예를 들어, 구결은 漢字의 '할(하다) 위(爲 → 為)'의 머리 두 획을(ソ)을 '하'로 읽고, '옛 古'의 '口'를 '고'로 읽어, 곧 'ソ口'라 쓰고 '하고'로 읽었다. 또 '~하다'는 '할 爲'의 'ソ'와 '많을 多'에서 '夕'만 따와서 'ソ夕'로 표기하였다. '나를 飛'의 'ㅓ'를 '나'로 읽어 '~ソㅓ' '~하나'로 읽었다. '새 乙'은 그대로 '~을'로, '隱(숨을 은)'의 阝를 줄여 卩로 쓰고 '~은', '더할 加'의 力를 떼어 '~力(~가)'로, '다섯 五'는 그대로 '~오', '尼(중 니)'의 匕만 '니'로 읽어 '~ソ匕'는 '~하니'가 된다.

이처럼 구결은 한자에서 音만 취한 읽기 수단이며 부호인데, 이를 우리말 한글로 옮겨 쓴 것이 懸吐(현토)라고 이해하면 된다. 이 현토는 한문 문장을 풀이하는 말이며, 동시에 낭독에서 語氣의 조절이나 끊어 읽기의 한 방법이었다. 물론 이 방법은 지금도 經書를 읽고 공부하는 방편으로 충분히 사용될 수 있다. 역자는 20대에 '公州 麻谷寺 생골'이라는 마을의 재래식 書堂에서 구결로 현토한《論語》를 배웠었다.

한문은 본래 마침표나 쉼표 같은 문장부호가 없어서, 또 우리말과 語順이 다르기에, 읽다가 어디서 떼거나, 잠시 숨을 쉬면서, 낭독과 동시에 문장을 해독하였다. 우리 조상은 이렇게 한문 학습에서 문장 이해의 방법으로 우리말 助詞를 붙여 읽었다. 그러면 문장부호가 없는 한문을 거의 해독하게 된다.

예를 들어 '姜維見魏延踏滅了燈'을 해석하는 순서는 '姜維(主語)는 魏延이 (뛰어 들어오면서) 本命 燈을 踏滅了한 것을(目的語) 見하고(動詞)'가 된다. 그래서 현토는 '姜維는 見魏延踏滅了燈하고'가 된다. 여기서 見을 좀 길게 읽거나, 아주 잠깐이라도 숨을 쉬면 '見이 동사이고 다음에 목적어가 나온다.'는 문장구조를 알고 있다는 뜻이다.

이는 우리 조상들이 한문을 通讀하며 이해하는 방편이었다. 물론 읽는 사람에 따라 현토는 달라질 수 있다. 우리말 문장도 ~이, 가, 은, 는이나(主格助詞) ~을, 를, 에게(目的格 조사) 등은 문장을 쓰거나 교정하는 사람에 의하여 바뀔 수 있다.

역자는 1961년 10월, 서울 世昌書館本(발행자 申泰三)《原文 懸吐 三國志》를 기본 텍스트로 삼았다. 이 현토본에도 우리가 지금 사용하는 문장 부호가 하나도 없으나, 본 104회 현토본에 붙인 여러 문장부호는 역자가 붙였고, 또 필요한 곳에서 줄바꾸기를 했다. 이후 현토하면서 꼭 필요한 부분만 주석을 달았다.

隕大星丞相歸天(운대성승상귀천)
繡像 三國志演義(수상 삼국지연의) – 上海 鴻文書局 印行, 국립중앙도서관 소장

第一百四回 隕大星漢丞相歸天 見木像魏都督喪膽
(큰별이 지며 漢丞相은 歸天하고,[1] 木像을 보고 魏都督은 넋을 잃다.)

却說하나니, 姜維는 見魏延이 踏滅了燈하고 心中에 忿怒하여 拔劍하여 欲殺之하니 孔明이 止之曰 "此는 吾命當絶이오, 非文長之過也라."[2] 維는 乃收劍하다.

孔明이 吐血數口하고 臥倒床上하여 謂魏延曰 "此是 司馬懿가 料吾有病하고 故令人來試探虛實이니 汝는 可急出迎敵하라. 魏延이 領命하고 出帳上馬하여 引兵殺出寨來하다. 夏侯霸(하후패)[3]가 見了魏延하고 慌忙引軍退走하니 延이 追趕二十餘里라가 方回하다. 孔明은 令魏延自回本寨把守하다.

姜維가 入帳하여 直至孔明榻前하여 問安하니 孔明曰, "吾本欲竭忠盡力하여 恢復中原하고 重興漢室이러니 奈天意如此오?[4] 吾旦夕將死로다. 吾가 平生所學으로 已著書二十四篇 計十萬四千一百一十二字하여 內有八務, 七戒, 六恐, 五懼之法이라. 吾가 遍觀諸將에 無人可授라, 獨汝可傳我書하니 切勿輕忽하라!" 維가 哭拜而受하다.

孔明이 又曰 "吾有連弩之法이나[5] 不曾用得이라. 其法에 矢長은 八寸

---

1 隕大星 ~ - 隕은 떨어질 운. 죽다, 잃다. 殞(죽을 운)과 通.

2 非文長之過也 - 文長은 魏延의 字.

3 夏侯霸(하후패) - 夏侯淵(하후연)의 아내는 조조 아내의 동생이었다. 하후연의 長子는 夏侯衡(하후형)이고, 하후패는 그 작은아들이다.

4 어이하여 天意는 이러할까? 하늘의 뜻이니, 어쩔 수 없다는 탄식.

5 連弩之法(연노지법) - 쇠뇌(弩)를 연발하는 방법.

이오 一弩可發十矢라. 皆畫成圖本하니 汝는 可依法造用하라." 維亦拜受

하다. 孔明이 又曰 "蜀中諸道가 皆不必多憂나 惟陰平之地는[6] 切須仔細

하니[7] 此地가 雖險峻이나 久必有失하리라."[8]

又喚馬岱入帳하여 附耳低言하여 授以密計하며 囑曰, "我死之後에 汝

는 可依計行之하라."

岱가 領計而出하다. 少頃에 楊儀가 入하니 孔明喚至榻前하여 授與一

錦囊하며[9] 密囑曰, "我死면 魏延必反하리니, 待其反時하여 汝는 與臨陣

하여 方開此囊하라. 那時에 自有斬魏延之人也라."

孔明이 一一調度已畢하고[10] 便昏然而倒라가 至晚에 方蘇하여 便連夜

表奏後主하다.

後主가 聞奏大驚하여 急命尚書李福하여 星夜至軍中問安하고 兼詢後

事케 하다.[11] 李福이 領命하고 趲程赴五丈原하여[12] 入見孔明하고 傳後主

---

6 陰平之地 - (廣漢郡) 陰平道(음평도) - 서기 263년 鄧艾(등애)는 이 陰平(음평) 小
   路로 행군하여 成都를 함락시키고 後主 劉禪(유선)의 투항을 받았다.
7 切須仔細 - 꼭 仔細해야 한다. 仔細(자세)는 꼼꼼하다, 주의하다, 정신 차리다.
8 그곳이 비록 험준하지만 언젠가는 틀림없이 잃게 될 것이다. 오랫동안 방어하기
   는 힘든 곳이라는 뜻. 孔明은 30년 후, 蜀漢의 멸망을 예견했는지도 모른다.
9 授與一錦囊 - 錦囊(금낭), 비단 주머니.
10 一一調度已畢 - 調度는 업무나 절차, 人力 등을 배치하다, 조정하다. 已는 이미
   이. 畢은 마칠 필.
11 兼詢後事 - 겸해서 後事에 대해 자문을 하다. 詢은 물을 순.
12 趲程赴五丈原 - 길을 재촉하여 오장원에 가다. 趲은 흩어질 찬. 서두르다, 趲程
   은 길을 재촉하다. 五丈原(오장원)은, 今 陝西省 서남부 寶雞市 岐山縣 縣城 남쪽

之命하다.

問安畢에 孔明이 流涕曰, "吾는 不幸中道喪亡하여 虛廢國家大事하고 得罪於天下어니와 我死後에 公等은 宜竭忠輔主하라. 國家舊制를 不可改易이요,¹³ 吾所用之人을 亦不可輕廢로다. 吾兵法은 皆授與姜維하였으니 他自能繼吾之志하여 爲國家出力이라. 吾命은 已在旦夕하니 當卽有遺表上奏天子也라."

李福이 領了言語하고 匆匆辭去하다.¹⁴

孔明이 强支病體하며 令左右하여 扶上小車하여 出寨遍觀各營할새, 自覺秋風吹面하여 徹骨生寒이라.¹⁵ 乃長嘆曰, "再不能臨陣討賊矣라.¹⁶ 悠悠蒼天이여 曷此其極이리오!"¹⁷

嘆息良久하다. 回到帳中하니 病轉沉重이라. 乃喚楊儀하여 分付曰, "王平과 廖化, 張嶷과¹⁸ 張翼, 吳懿 等은 皆忠義之士요, 久經戰陣하고 多負勤勞하여 堪可委用이로다.¹⁹ 我死之後에 凡事를 俱依舊法而行하며, 緩

약 20km의 五丈原鎭. 고도 약 120m, 동서 약 1km, 남북 약 3.5km 정도의 黃土고원. 남쪽으로는 秦嶺산맥, 북쪽으로는 渭河(위하), 東西에 작은 강이 흐르는 험한 지형이다.

13 不可改易 – 改易은 바꾸다. 易은 바꿀 역.

14 匆匆辭去 – 총총히 작별하고 떠나다. 匆은 바쁠 총. 匆匆은 분주한 모양.

15 徹骨生寒 – 추위가 뼛속까지 스며들다. 徹은 뚫을 철. 관통하다.

16 再不能臨陣討賊矣 – 다시는 진을 치고 討賊할 수 없구나!

17 悠悠蒼天 曷此其極 – 멀고 먼 蒼天이여! 어찌 이것이 끝이어야 합니까? 悠는 오랠 유, 曷은 어찌 갈, 極은 다할 극. 끝.

18 廖化, 張嶷 – 人名. 廖는 공허할 료(요). 嶷는 산 이름 의, 높을 억.

19 堪可委用 – 등용해도 괜찮다. 堪은 견딜 감. 堪可~는 ~하기에 충분하다.

緩退兵하고 不可急驟하라. 汝는 深通謀略하니 不必多囑이요. 姜伯約은 智勇足備하여 可以斷後니라."

楊儀가 泣拜受命하다. 孔明이 令取文房四寶하여 於楊上手書遺表하여 以達後主하다.

表略曰 :

「伏聞, '生死常有하여 難逃定數라' 하오니,[20] 死之將至에 願盡愚忠하나이다. 臣亮은 賦性愚拙로 遭時艱難하여 分符擁節하고[21] 專掌鈞衡하여[22] 興師北伐타가 未獲成功하나이다. 何期에 病入膏肓하여[23] 命垂旦夕하여 不及終事陛下라서 飮恨無窮이나이다.

伏願컨대 陛下는 淸心寡欲하시고 約己愛民하사 達孝道於先皇하고 布仁恩於宇下하시며[24] 提拔幽隱하여[25] 以進賢良하시고 屛斥姦邪하여[26] 以厚風俗하소서. 臣家成都에 有桑八百株와 薄田十五頃하여 子弟衣食이 自有餘饒라. 至於臣在外任하여 別無調度라도 隨身衣食은 悉仰於官하

---

20 難逃定數 – 정해진 數에서 벗어날 수 없다. 逃는 달아날 도. 數는 운명, 팔자.

21 分符擁節 – 符節을 나누어 갖고, 군사를 지휘했다는 뜻. 符節은 信標, 군사지휘권. 擁은 껴안을 옹.

22 專掌鈞衡 – 人事權을 행사했다. 鈞은 三十斤 균, 衡은 저울 형. 鈞衡은 人才를 평가하고 확정하다.

23 病入膏肓 – 불치의 병이 들었다. 膏는 살찔 고. 肓은 명치끝 황. 膏肓(고황)은 약효가 미치지 못하는 신체의 깊은 곳.

24 布仁恩於宇下 – 아랫사람에게 仁恩을 베풀고. 宇는 집 우. 처마. 宇下(우하)는 아랫사람.

25 提拔幽隱 – 숨어 있는 人才를 발탁하다. 提拔(제발)은 끌어 올리고 발탁하다.

26 屛斥姦邪 – 姦邪(간사)한 사람을 물리치다(屛斥, 병척).

고²⁷ 不別治生하여 以長尺寸하나이다.²⁸ 臣死之日에 不使內有餘帛하고
外有嬴財하여²⁹ 以負陛下也니이다.」³⁰

孔明寫畢하고 又囑楊儀曰 "吾死之後에 不可發喪하니, 可作一大龕하
여³¹ 將吾屍坐於龕中하고 以米七粒으로 放吾口內하고 脚下用明燈一盞
하고 軍中安靜如常하되 切勿擧哀하라.³² 則將星이 不墜하고 吾陰魂은 更
自起鎭之하리라.³³ 司馬懿가 見將星不墜하고 必然驚疑하리라. 吾軍은
可令後寨先行하고 然後一營一營緩緩而退하라. 若司馬懿來追하면 汝는
可布成陣勢하고 回旗返鼓하여 等他來到하여 却將我先時所雕木像을³⁴
安於車上하여 推出軍前하며 令大小將士가 分列左右하면 懿見之하고 必
驚走矣하리라."

楊儀가 一一領諾하다.

---

27 悉仰於官 – 다 모든 것을 官에 의지했다. 悉은 다 실. 모두 다. 仰은 우러러보다,
의지하다.

28 不別治生 以長尺寸 – 별도로 재산을 증식하여 땅을 한 자 한 치도 늘리지 않았다.

29 外有嬴財(외유영재) – 집 밖에는 다른(남는, 여유 있는) 재물이 있다. 이 문장의
전체 부정은 앞에 있는 '不使~'이다.

30 不使 ~ 以負陛下也이다. – ~하여 폐하의 기대를 저버리지는 않았다.

31 可作一大龕 – 큰 감실을 하나 만들어. 龕은 감실 감. 닫집. 神佛이나 신상을 모
셔둔 이동용 수레 같은 시설.

32 切勿擧哀 – 절대로 슬피 통곡하지 말라. 擧哀는 상례에서 초혼한 뒤 散髮(산발)
하고 통곡하다.

33 吾陰魂 更自起鎭之 – 나의 죽은 魂은 다시 스스로 일어나 (魂魄의 身外 脫出을)
누를 것이다.

34 却將我先時所雕木像 – 즉시 내가 먼저 새겨 놓은 木像을 가지고.

是夜에 孔明이 令人扶出하여 仰觀北斗하다가 遙指一星하며 曰 "此가 吾之將星也라."

衆視之하니 見其色昏暗하여 搖搖欲墜라.[35] 孔明이 以劍指之하며 口中 念咒하다[36] 咒畢急回帳時에 不省人事하다. 衆將이 正慌亂間에 忽尙書 李福이 又至하여 見孔明昏絶하고 口不能言하며 乃大哭曰 "我가 誤國家 之大事也라."

須臾에 孔明이 復醒하여 開目遍視하다가 見李福立於榻前하다. 孔明 曰, "吾已知公復來之意로다." 福謝曰, "福이 奉天子命하여 問丞相百 年之後에[37] 誰可任大事者를 適因匆遽하여 失於諮請하여 故復來耳니이 다.[38]

孔明曰, "吾死之後에 可任大事者는 蔣公琰其宜也라."[39]

---

35 搖搖欲墜 – 흔들거리며 추락하려 하다. 搖는 흔들릴 요. 墜는 떨어질 추.

36 口中念咒 – 입으로 주문을 외우다. 咒는 빌 주. 주문, 주문을 외다. 呪와 同. 선악 의 주문에 다 사용할 수 있다. 詛(저주할 저)는 악독하거나 나쁜 소원을 빌 때 쓰 는 말.

37 問丞相百年之後 – 승상의 백 년 뒤를 묻다. 百年之後는 그 사람의 1백 세 이후, 곧 죽은 뒤에.

38 故復來耳 – 먼저 왔을 때 물었어야 하는 데, 그때 너무 갑작스런 일이라서 묻지 못했기에 지금 다시 왔다는 뜻.

39 蔣公琰其宜也 – 蔣琬(장완)이 아마 마땅할 것이다. 蔣琬(장완, ?~246년, 字 公琰) 의 蔣은 풀이름 장. 성씨. 琬은 아름다운 옥 완. 蜀漢의 重臣. 荊州 零陵郡 湘鄉 (今 湖南省 중동부 湘潭市 관할 湘鄉市) 출신. 蜀漢 四英(四相, 諸葛亮, 蔣琬, 費 禕, 董允)의 한 사람. 諸葛亮 卒後에 大將軍이 되어 후주 보필. 군정 대권을 장 악. 閉關息民 政策을 추진, 國力이 大增했다. 大司馬 역임. 安陽亭侯, 諡號 恭侯. 正史《三國志 蜀書》14권,〈蔣琬費禕姜維傳〉에 입전.

福曰, "公琰之後는 誰可繼之오?" 孔明曰, 費文偉可繼之라.[40] 福又問, "偉之後는 誰當繼者오?" 孔明이 不答하다. 衆將近前視之하니 已薨矣라.[41] 時는 建興十二年[42] 秋八月二十三日也요. 壽는 五十四歲라. 後에 杜工部(杜甫)가 有詩嘆曰:

長星昨夜墜前營, 訃報先生此日傾.[43]

虎帳不聞施號令, 麟臺惟顯著勳名.[44]

空餘門下三千客, 辜負胸中十萬兵.[45]

好看綠陰淸晝里, 於今無復雅歌聲.[46]

---

40 費文偉可繼之 – 費禕(비의, 字 文偉)가 繼位할 수 있다. 費禕(비의, ? – 253년, 字 文偉) – 費가 성씨. 禕는 아름다울 의. 荊州 江夏郡 鄳縣(맹현), 今 河南省 동남부 信陽市 관할 羅山縣. 제갈량의 신임이 두터웠다. 蜀漢四英(四相, 諸葛亮, 蔣琬, 費禕, 董允)의 한 사람. 正史 《後漢書 蜀書》 14권, 〈蔣琬費禕姜維傳〉에 입전.

41 已薨矣 – 이미 죽었다. 薨은 죽을 홍. 諸侯의 죽음.

42 (後主) 建興十二年 – 서기 234년.

43 長星昨夜墜前營, 엊저녁 長星이 前營에 떨어졌고,
訃報先生此日傾. 先生의 訃報를 오늘서 듣는구나.
墜는 떨어질 추. 傾은 기울 경.

44 虎帳不聞施號令, 장수의 휘장엔 호령도 안 들리고,
麟臺惟顯著勳名. 麟臺엔 공신의 공연한 이름뿐이다.
麟은 기린 린. 勛은 공훈 훈. 勳의 古字. 麟臺는 功臣閣.

45 空餘門下三千客, 門下의 三千食客 이름만 남았으며,
辜負胸中十萬兵. 胸中의 十萬兵도 헛되이 사라졌다.
辜는 허물 고, 辜負(고부)는 저버리다. 戰國時代 孟嘗君(맹상군) 같은 사람은 食客三千으로 유명했다. 十萬兵을 지휘하던 諸葛亮의 胸中智略도 이제는 아무것도 없다.

46 好看綠陰淸晝里, 綠陰이 보기도 좋은 한낮이라도,

白樂天도[47] 亦有詩曰：

先生晦跡臥山林, 三顧那逢聖主尋.[48]

魚到南陽方得水, 龍飛天漢便爲霖.[49]

託孤旣盡殷勤禮, 報國還傾忠義心.[50]

前後出師遺表在, 令人一覽淚沾襟.[51]

於今無復雅歌聲.　이제는 우아한 歌聲이 다시 없으리!
晝는 낮 주. 淸晝는 밝은 대낮.

47 白樂天 – 白居易〔백거이, 772~846, 字는 樂天(낙천)이고, 號는 香山居士와 醉吟先生
(취음선생)〕이다. 白居易는 新樂府 운동을 주창하면서 문학은 실생활과 유리될
수 없다고 주장하였다. 백거이는 당의 시인 중에서 관운도 비교적 평탄했으며 장
수했으니 時運이나 詩的 재능은 타고났다고 보아야 한다. 시인으로서 유명한 정
도를 따지자면 이백이나 두보, 그리고 왕유와 같은 수준에서 백거이를 꼽아야 할
것이다. 무엇보다도 그의 시가 평범하면서도 읽기 쉽기에 누구나 즐겨 감상할 수
있다는 점도 백거이의 特長으로 꼭 기억해야 한다.

48 先生晦跡臥山林,　孔明先生 희미한 자취는 山林에 누웠고,
三顧那逢聖主尋.　三顧草廬 聖主의 尋訪을 언제 만나리오.

49 魚到南陽方得水,　水魚는 南陽서 마침내 물을 얻었고,
龍飛天漢便爲霖.　臥龍은 天漢을 날아서 비를 내렸다.
魚는 劉備. 水는 孔明. 天漢은 은하수.

50 託孤旣盡殷勤禮,　託孤하며 은근한 禮遇를 다하였고,
報國還傾忠義心.　報國하며 진정한 忠義를 기우렸다.
託孤는 후사를 부탁하다.

51 前後出師遺表在,　出師하며 前後로 표문이 상주하였는데,
令人一覽淚沾襟.　한 번 읽은 사람은 눈물로 옷깃을 젖는다.
前·後〈出師表〉를 지칭. 〈後出師表〉는 제갈량이 올리지 않았으며, 후인의 假
託(가탁)이라고 인정되고 있다. 沾은 더할 첨. 襟은 옷깃 금. 〈出師表〉를 읽고 눈
물을 아니 흘리면 忠臣이 아니라는 말도 있다.

初, 蜀 長水校尉廖立이[52] 自謂하되, 才名이 宜爲孔明之副라 하고 嘗以
職位閑散하다고 怏怏不平하며 怨謗不已하니 於是에 孔明이 廢之爲庶人
하여 徙之汶山하였다. 及聞孔明亡하고 乃垂泣曰, 吾終爲左衽矣라.[53] 하
다. 李嚴도 聞之하고 亦大哭病死하다. 蓋嚴嘗望孔明復收己하여[54] 得自
補前過라가 度孔明死後에 人不能用之故也라.

後에 元微之有贊孔明詩曰[55]

---

52 蜀長水校尉廖立 - 蜀의 長水校尉였던 廖立(요립, 廖는 공허할 료(요), 姓氏, 생졸년
미상.)은 선주와 제갈량의 인정을 받았고, 後主 때, 중앙 5교위의 하나인 長水校
尉가 되었다. 재주를 믿고 오만했으며, 말을 함부로 지껄여 제갈량에 의해 결국
서인이 되어 汶山郡에서 농사를 짓고 살다 죽었다. 正史《三國志 蜀書》10권,
〈劉彭廖李劉魏楊傳〉에 입전.

53 吾終爲左衽矣 - 나는 끝내 왼쪽으로 옷깃을 여미게 되었다. 衽은 옷깃 임. 이민
족(중국에서는 오랑캐)은 왼쪽으로 옷깃을 여민다(左衽). 文明의 혜택을 못 받
는 오랑캐가 되어야 한다고 탄식했다는 뜻.

54 蓋嚴嘗望孔明復收己 - 아마 李嚴(이엄)은 전부터 孔明이 다시 자신을 불러주기
를 바라고 있었다. 李嚴(이엄, ?-234년, 後 改名 李平, 字 正方) - 익주목인 劉璋은
이엄을 보내 면죽에서 전군을 지휘케 하였지만, 이엄은 군사를 거느리고 유비에
게 투항하였다. 이엄은 諸葛亮과 함께 선주 유비의 유언을 들었다. 이엄은 북벌
에서 군량 수송에 차질이 있는데도 각종 핑계를 대자, 都護인 李嚴(이엄)을 파직
하여 梓潼郡(재동군)으로 이주케 했다. 正史《三國志 蜀書》10권, 〈劉彭廖李劉魏
楊傳〉에 입전.

55 元微之(원미지) - 元稹(원진, 779~831, 字 微之) - 唐 詩人. 원진은 백거이와 함께
'新樂府' 운동을 제창하였기에 대개의 경우 백거이와 나란히 '元白'으로 불린
다. 원진과 백거이는 거의 30년간 친교를 맺고 있으면서 詩歌의 통속화와 대중
화를 주창하여 대중의 환영을 받았으며, 이들의 이러한 시풍을 특히 唐 憲宗의
연호를 따서 元和體라고 불렀다. 원진은 자신의 여성 편력을 다룬 전기소설〈鶯
鶯傳(앵앵전)〉의 작가로도 유명하다.

撥亂扶危主, 殷勤受託孤.⁵⁶

英才過管樂, 妙策勝孫吳.⁵⁷

凜凜出師表, 堂堂八陣圖.⁵⁸

如公全盛德, 應嘆古今無.⁵⁹

---

56 撥亂扶危主, 혼란을 수습해 나약한 주군을 도왔고,
殷勤受託孤. 정성껏 先主의 부탁을 끝까지 지켰다.
撥은 다스릴 발. 殷勤(은근)은 정성스럽다.

57 英才過管樂, 英才는 管仲과 樂毅보다 나았고,
妙策勝孫吳. 妙策은 孫武와 吳起보다 앞선다.
管仲(관중) - 春秋시대와 齊의 정치가. 樂毅(악의) - 戰國時代 戰略家. 孫武와 吳起 모두 전략가.

58 凜凜出師表, 늠름한 氣槪(기개)의 出師表,
堂堂八陣圖. 당당한 秘法(비법)의 八陣圖.
八陣圖(팔진도) - 고대 軍隊의 편제와 배치, 전투 전개 방식을 보통 陣法 또는 陣形, 戰陣이라고 칭한다. 이는 작전의 기본 원칙이기에 戰國 시대부터 孫臏(손빈, 孫子)의 兵法에서도 '八陣' 또는 '十陣' 등이 보이는데, 그중에서도 '八陣'이 가장 잘 알려졌다. 諸葛亮은 고대의 팔진을 더욱 개량 적용한 것으로 '八陣圖'의 이론에 의거 3곳에 石陣을 설치하였다고 하는데, 이에 관하여 많은 전설과 이야기의 소재가 전한다. 章武 2년(서기 222년) 6월, 유비의 70만 대군이 陸遜(육손)에게 완파되고, 유비는 겨우 조운의 구원을 받아 白帝城에 피신한다. 제갈량의 후주의 부름을 받고 영안궁에 와서 선주의 유조를 받았다. 그리고 돌아가면서 뒷날에 있을 吳의 침입에 대비하여 魚復浦(어복포)란 곳에 돌을 쌓아 八陣을 설치했고, 이는 10만 정병을 매복시킨 효과가 있다고 말했다. 한편 육손은 전선을 시찰하던 중 살기가 충천하는 곳을 보고 육손 자신이 그곳을 찾아 들어간다. 육손은 갑자기 일어나는 폭풍 속에 길을 잃고 헤맨다. 결국 제갈공명의 장인 黃承彦(황승언)의 도움을 받아 그 돌무더기 사이를 벗어난다. 육손은 황승언에게 제갈량의 팔진도 포진과 자신에 대한 예언을 듣는다. 자기 진영으로 들어온 육손은 "공명은 정말로 와룡(孔明眞臥龍也)"이라며 감탄한다.

59 如公全盛德, 孔明과 같은 盛德을 겸전한 사람,

是夜에 天愁地慘하고 月色無光이러니 孔明이 奄然歸天하다.[60] 姜維,楊儀가 遵孔明遺命하여 不敢擧哀하고 依法成殮하여 安置龕中하고 令心腹將卒三百人하여 守護하다. 隨傳密令하여 使魏延斷後하고 各處營寨를 一一退去하다.

却說하나니, 司馬懿가 夜觀天文하다가 見一大星이 赤色光芒有角하여[61] 自東北方流於西南方하여 墜於蜀營內라가 三投再起하며[62] 隱隱有聲이거늘, 懿驚喜曰, "孔明死矣로다." 卽傳令하여 起大兵追之하다. 方出寨門에 忽又疑慮曰, "孔明善會六丁六甲之法하여[63] 今見我久不出戰하고 故以此術로 詐死하여 誘我出耳라. 今若追之면 必中其計라."하다. 遂復勒馬回寨不出하며 只令夏侯霸暗引數十騎하고 往五丈原山僻하여 哨探消息하다.

却說하나니, 魏延이 在本寨中하여 夜作一夢하니, 夢見頭上忽生二角하고 醒來甚是疑異하다. 次日에 行軍司馬趙直至하니 延이 請入問曰 "久

應嘆古今無. 古今에 다시 없으니 응당 탄식뿐!

60 奄然歸天 – 갑자기 歸天하다. 奄은 가릴 엄. 문득, 돌연. 奄然(엄연)은 갑자기.

61 赤色光芒有角 – 적색 빛줄기가 꺾이어. 芒(망)은 빛줄기. 光芒(광망)은 빛발.

62 三投再起하며 – 세 번째 떨어지는데 앞서 떨어진 두 번은 다시 떠올랐다. → 세 번째 떨어지는 것을 司馬懿가 보았다는 뜻.

63 孔明善會六丁六甲之法 – 孔明이 六丁六甲의 術法을 잘 알아, 六丁은 六丁玉女로 陰神, 六甲은 六甲將軍 陽神. 六丁六甲은 바람과 구름, 천둥을 부리고 잡귀를 제압한다. 道士들이 도술을 행할 때면 언제든지 六丁六甲, 二十八宿 三十六天將, 七十二地煞 등 神將에게 잡귀를 없애달라고 기원한다.

知足下深明易理라.⁶⁴ 吾夜夢頭生二角하니 不知主何凶吉가? 煩足下爲我決之하라."

趙直이 想了半晌하여 答曰 "此는 大吉之兆라 麒麟頭上有角하고 蒼龍頭上有角하니 乃變化飛騰之象也라."하다. 延이 大喜曰, "如應公言하면 當有重謝하리라." 直이 辭去하여 行不數里에 正遇尙書費褘하다.⁶⁵

褘問 "何來오?" 直曰, "適至魏文長營中하니⁶⁶ 文長 夢에 頭生角하여 令我決其吉凶하야 此本非吉兆나 但恐直言見怪라⁶⁷ 因以麒麟蒼龍解之하다." 褘曰, "足下는 何以知非吉兆오?" 直曰, "角之字形이 乃刀下用也라. 今頭上用刀면 其凶甚矣라."

褘曰, "君은 且勿泄漏하라."⁶⁸ 直別去하다. 費褘至魏延寨中하여 屛退左右하고 告曰, "昨夜三更에 丞相已辭世矣라. 臨終再三囑付하여 令將軍斷後以當司馬懿하고 緩緩而退하며 不可發喪이라. 今兵符在此하니 便可起兵하라."

延曰, "何人이 代理丞相之大事오?"

褘曰, "丞相이 一應大事를 盡托與楊儀하고 用兵密法은 皆授與姜伯約이라. 此兵符는 乃楊儀之令也라." 延曰, "丞相雖亡이나 吾今現在로

---

64 久知足下深明易理 – 오래 전부터 足下가《周易》理致에 밝은 줄을 알고 있다.

65 正遇尙書費褘 – 바로 尙書인 費褘(비의)를 만났다. 褘는 아름다울 의.

66 適至魏文長營中 – 마침 魏文長(魏延)의 營中에 갔더니.

67 但恐直言見怪 – 단, 바로 말해주면 언짢아 할 것 같아서, 見怪(견괴)는 언짢아하다, 타박하다.

68 且勿泄漏하라. – 일단 누설하지 말라.

다.⁶⁹ 楊儀는 不過一長史거늘 安能當此大任하리오. 他只宜扶柩入川安葬이니 我는 自率大兵하여 攻司馬懿하여 務要成功하리라.⁷⁰ 豈可因丞相一人으로 而廢國家大事耶오?"

禕曰, "丞相遺令은 敎且暫退니 不可有違라."⁷¹

延怒曰, "丞相當時도 若依我計면 取長安久矣라.⁷² 吾今官任前將軍, 征西大將軍, 南鄭侯이니 安肯與長史斷後리오."⁷³

禕曰, "將軍之言이 雖是나 然不輕動하여 令敵人恥笑라. 待吾往見楊儀하여 以利害說之하여 令彼將兵權讓與將軍이면⁷⁴ 何如오?" 延은 依其言하다.

禕가 辭延하고 出寨하여 急到大寨見楊儀하여 具述魏延之語하다. 儀曰, "丞相臨終에 曾密囑我曰, '魏延이 必有異志라.' 今我以兵符往하여 實欲探其心耳라. 今果應丞相之言이니⁷⁵ 吾自令伯約斷後가 可也라."⁷⁶

於是楊儀領兵扶柩先行하고 令姜維斷後하다. 依孔明遺令하여 徐徐

---

69 丞相雖亡 吾今現在 – 丞相은 죽었어도 나는 지금 여기에 살아 있다.

70 務要成功 – 꼭 성공할 것이다.

71 丞相遺令 敎且暫退 不可有違 – 丞相의 遺令은 일단 잠시 후퇴라 하셨으니 어길 수 없다.

72 取長安久矣 – 오래전에 장안을 빼앗을 것이다. 前漢의 도읍 長安城은 후한의 副都이었다. 漢中郡에서 일단 長安으로 진출하면 河水를 따라 동진하여 낙양을 노릴 수 있었다. 제갈량 북벌의 1차 목표가 長安 진출이었다.

73 安肯與長史斷後 – 어찌 長史(楊儀)를 위해 후방을 막아줘야 하겠는가?

74 令彼將兵權讓與將軍 – 그(楊儀)로 하여금 兵權을 將軍에게 讓與케 하면,

75 今果應丞相之言 – 지금 과연 丞相의 말이 맞았으니.

76 吾自令伯約斷後 可也 – 내가 伯約(姜維)에게 斷後하라 하면 된다.

而退하다. **魏延**은 在寨中에 不見費褘來回覆하고 心中疑惑하여 乃令馬
岱하여 引十數騎往探消息하다. 回報曰, "後軍乃姜維總督하고 前軍은
大半退入谷中去了라"하다. 延이 大怒曰 "豎儒가 安敢欺我오.[77] 我必殺
之하리라." 因顧謂岱曰, "公肯相助否아?"岱曰, "某亦素恨楊儀하니 今
願助將軍攻之하리라."

延이 大喜하여 卽拔寨引本部兵하여 望南而行하다.

却說하나니 夏侯霸가 引軍하여 至五丈原看時에 不見一人하여 急回報
司馬懿曰, "蜀兵已盡退矣라." 懿跌足曰,[78] "孔明眞死矣라 可速追之하
라." 夏侯霸曰, "都督은 不可輕追라. 當令偏將先往하시라."

懿曰, "此番은 須吾自行하리라." 遂引兵同二子로 一齊殺奔五丈原來
하여 吶喊搖旗하고[79] 殺入蜀寨時에 果無一人이라. 懿顧二子曰, "汝急催
兵趕來하라 吾先引軍前進하리라."

於是에 司馬師,司馬昭가 在後催軍하고 懿自引軍當先하여 追到山脚
下에 望見蜀兵不遠하여 乃奮力追趕하다.[80] 忽然山後一聲炮響에 喊聲
大震하며 只見蜀兵俱回旗返鼓하고 樹影中飄出中軍大旗하되 上書一行
大字曰, '漢丞相武鄉侯諸葛亮'이라. 懿大驚失色하여 定睛看時에 只見

---

77 豎儒安敢欺我 – 더벅머리 샌님이 어찌 나를 무시하는가?

78 懿跌足曰 – 사마의가 발을 구르며 말하다. 跌은 넘어질 질.

79 吶喊搖旗 – 고함을 치고 기를 흔들며. 吶은 고함칠 눌. 喊은 소리 함. 搖는 흔들
요.

80 乃奮力追趕 – 이에 힘을 다해 추격하다. 趕은 달릴 간.

中軍數十員上將이 擁出一輛四輪車來하니 車上에 端坐孔明이 綸巾羽扇과 鶴氅皀絛라.[81]

懿大驚曰, "孔明尙在라.[82] 吾輕入重地하여 墮其計矣라." 하고, 急勒回馬便走하다.

背後姜維大叫하되, "賊將은 休走하라, 你中了我丞相之計也라." 魏兵魂飛魄散하여 棄甲丟盔하고 抛戈撇戟하며[83] 各逃性命하니 自相踐踏하여 死者無數라. 司馬懿가 奔走了五十餘里하니 背後兩員魏將이 趕上하여 扯住馬嚼環叫曰,[84] "都督은 勿驚하시라!"

懿用手摸頭曰, "我有頭否아?"[85] 二將曰, "都督休怕하라. 蜀兵은 去遠了라." 懿喘息半晌이라가 神色方定하여 睜目視之하니 乃夏侯霸, 夏侯惠也라. 乃徐徐按轡하며[86] 與二將尋小路奔歸本寨하고 使衆將引兵四散哨探하다.

過了兩日하여 鄕民奔告曰, "蜀兵退入谷中時에 哀聲震地하며 軍中

---

81 綸巾羽扇 鶴氅皀絛 – 綸巾(윤건)에 羽扇(우선)과 鶴氅衣(학창의)에 皀絛(조조). 氅은 새털 창. 扇은 부채 선. 皀는 검은 비단 조. 絛는 실끈 조.

82 孔明尙在 – 孔明이 아직도 살아있네!

83 棄甲丟盔 抛戈撇戟 – 갑옷을 던지고 투구를 잃어버리며 戈와 戟을 내던지면서. 棄는 버릴 기. 丟는 잃어버릴 주. 盔는 투구 회. 抛는 던질 포. 撇은 떨칠 별. 버리다, 방치하다. 戟은 두 가닥으로 갈라진 창 극.

84 扯住馬嚼環叫曰 – 말 재갈의 고리를 잡아당기며 소리쳤다. 扯는 당길 차. 嚼은 씹을 작. 嚼環(작환)은 말의 입에 물리는 고리. 이를 끈으로 연결하여 기수가 말 머리를 제어한다.

85 懿用手摸頭曰 我有頭否 – 사마의는 손으로 머리를 더듬으며 말했다. '내 머리가 있어? 없어?' 摸는 찾을 모. 어루만지다, 더듬다.

86 乃徐徐按轡 – 이어 徐徐히 고비를 잡고. 按은 당길 안. 轡는 고삐 비.

揚起白旗하니 孔明果然死了라. 止留姜維引一千兵斷後하되 前日車上之孔明은 乃木人也라." 하다. 懿嘆曰, "吾能料其生하고 不能料其死也라!"**87** 因此로 蜀中人謔曰, '死諸葛能走生仲達' **88**이라 하다.

後人有詩嘆曰:

長星半夜落天樞,　奔走還疑亮未殂.**89**
關外至今人冷笑,　頭顱猶問有和無.**90**

司馬懿는 知孔明死信已確하고 乃復引兵追趕하여 行到赤岸坡하여 見蜀兵已去遠하고 乃引還하여 顧謂衆將曰, "孔明已死하니 我等은 皆高枕無憂矣라." 遂班師回하다.**91**

一路上에 見孔明安營下寨之處하니 前後左右가 整整有法하니 懿가嘆曰, "此는 天下奇才也라!" 於是에 引兵回長安하고 分調衆將하여 各守隘口하고**92** 懿는 自回洛陽面君去了라.

---

87 吾能料其生 – 나는 그가 살아있는 줄은 알았지만
　　不能料其死也 – 그가 죽었다고는 생각 못했다.
88 死諸葛能走生仲達 – 죽은 제갈량이 산 중달을 달아나게 하다. 이는 대체적으로
　　사실이라 알려졌다.
89 長星半夜落天樞, 큰 별이 半夜에 하늘에서 떨어졌지만.
　　奔走還疑亮未殂. 쫓겨가며 아직 살았는가 헷갈렸었네!
90 關外至今人冷笑, 관문 밖 사람들 지금도 냉소하니,
　　頭顱猶問有和無. 머리통 만지며 有無를 물었다네!
91 遂班師回 – 班師는 군사를 철수하다.
92 隘口 – 좁은 산 입구. 요충지. 隘는 좁을 애. 험하다.

却說하나니, 楊儀,姜維가 排成陣勢하며 緩緩退入棧閣道口하고[93] 然後
更衣發喪하여 揚幡擧哀하다.[94] 蜀軍皆撞跌而哭하여 至有哭死者하다. 蜀
兵前隊가 正回到棧閣道口할새 忽見前面에 火光沖天하며 喊聲震地하고
一彪軍攔路하니. 衆將大驚하여 急報楊儀하다.

正是,

已見魏營諸將去, 不知蜀地甚兵來.[95]

未知라. 來者는 是何處軍馬오? 且看下文을 分解하라.

---

93 緩緩退入棧閣道口 – 천천히 물러나 棧道(잔도)에 들어가다. 緩은 느릴 완. 棧은
사다리 잔. 棧閣道 – 棧道, 절벽을 뚫어 기둥을 박아놓고 그 위에 나무를 걸쳐놓
아 만든 길.

94 揚幡擧哀 – 기를 높이 올리고 슬피 울다. 揚은 올릴 양. 幡은 깃발 번. 擧哀는 哭
(곡)을 하다, 죽음을 애도하다.

95 已見魏營諸將去, 이미 魏軍 여러 장수는 철수했는데,
不知蜀地甚兵來. 蜀에 어떤 軍兵이 왔는지 모르겠노라.
蜀軍을 가로 막은 군사는 魏延(위연)이 거느린 反軍이었다.

삼 분 천 하 귀 일 통

65 三分天下歸一統

삼분되었던 천하가 하나로 통일되다.

《三國演義》의 주제는 '역사란 순환한다.'는 인식이다. 곧, 역사란 一治一亂의 연속이며 興亡盛衰(흥망성쇠)의 반복이다. 역사의 도도한 흐름은 마치 長江의 흐름과 같이 거역할 수 없는 것이며, 영웅호걸이란 長江에 일어났다가 사라지는 물거품에 불과하지 않은가? 그러니 人生無常이라 하지 않는가? 영웅의 한평생이나 어부와 나무꾼의 일생이 끝났을 때, 죽은 그 장본인에게 무슨 차이가 있는가?

"인간들이 지어내는 분분한 세상사를 언제 다 말하고, 茫茫(망망)한 天數를 누가 다 알겠는가!"라는 탄식처럼, 또 어부가 長江에 이는 파도를 바라보듯, 인생을 달관한 사람이 보면 모두가 다 부질없는 짓이 아니겠는가?

《三國演義》는 서기 184년, 黃巾賊의 난에서 시작하여 晉(西晉)이 吳나라를 멸망시키는 서기 280년에 끝난다.

그렇다면 《三國演義》의 時空間은 약 100년간이다. 그 100년간에 수많은 인물들에 의해 헤아릴 수 없는 사건과 이야기가 만들어졌는데 그 끝은 어떻게 마무리 되었는가?

始作이 있다면 끝이 있어야 하나니, 좋게 시작을 했으면 좋은 결말이 있어야 한다. 술자리도 좋게 끝나야 하듯, 이제 《三國演義》를 읽고 배우는 즐거움도 일단 結束(결속)이 있어야 한다.

그렇다면 이 책의 끝은 어떠해야 하는가? 《三國演義》 120회의 本文을 懸吐(현토)하고 주해하여 大尾(대미)의 느낌은 독자에게 맡기려 한다.

374 삼국연의 원문 읽기 (下)

374 삼국연의 원문 읽기 (下)

第百二十回 薦杜預老將獻新謀 降孫皓三分歸一統

(두예를 추천한 노장은 새 계책을 올리고 손호는 항복해 삼분천하는 하나가 되다.)

杜預(두예)

司馬炎(사마염)

却說하나니, 吳主孫休가[1] 聞司馬炎이[2] 已纂魏하고[3] 知其必將伐吳하고

---

1 孫休(손휴, 서기 235 – 264년, 재위 258 – 264년) – 서기 252년에 孫權이 붕어(4월, 時年 71세, 시호 大帝)한 뒤, 손권의 末子인 孫亮(손량)이 즉위했다가, 권력을 잡은 孫綝(손침)에게 방출된다. 손침은 孫權의 六子인 손휴를 황제로 옹립했다. 손휴는 264년, 향년 30세로 병사했다.

2 司馬炎(사마염, 재위 265~290) – 司馬懿의 아들이 司馬昭이고, 사마소의 아들이 司馬炎이다. 晋(西晉)을 開國(武帝). 280년 吳를 멸망시켜 천하 통일 달성했다.

3 已纂魏 – 纂은 빼앗을 찬. 纂位는 황제의 자리를 빼앗음. 司馬炎은 265년에, 魏의 曹奐(曹操의 손자)를 폐위시키고 禪讓(선양)을 받는 형식을 취해 즉위하였다.

憂慮成疾하여[4] 臥床不起하더니 乃召丞相濮陽興入宮中하여[5] 令太子孫
靈出拜하고[6] 吳主가 把興臂하고 手指靈而卒하다. 興이 出하여 與群臣商
議하여 欲立太子孫靈爲君하니 左典軍萬彧曰[7] "靈은 幼不能專政하니
不若取烏程侯孫皓立之니라."[8] 左將軍張布亦曰 "皓는 才識明斷하여 堪
爲帝王입니다."[9] 丞相濮陽興不能決하여 入奏朱太后하니 太后曰 "吾는 寡
婦人耳라, 安知社稷之事오?[10] 卿等이 斟酌立之라도[11] 可也니라."

---

4 憂慮成疾 - 걱정이 병이 되다. 憂는 근심할 우. 慮는 생각할 여(려). 疾은 병 질.
孫休는 司馬炎이 魏를 없애기 一年 전에 죽었기에 서술이 잘못되었음. '滅蜀'이
어야 할 것임.

5 濮陽興(복양흥, ?-264년, 字 子元) - 濮은 강 이름 복. 濮陽은 複姓, 濮州 陳留郡 外
黃縣 출신(今 河南省 商丘市 관할 民權縣). 正史《三國志 吳書》19권,〈諸葛滕二
孫濮陽傳〉에 입전.

6 令太子孫靈出拜 - 太子 孫靈에게 나와서 절을 올리게 하다. 太子 本名은 손완(孫
雨 아래에 單 字 - 訓은 '吳主 孫休 長子 名')이다. 이 글자가 컴퓨터에 지원이 되지
않음. 世昌書館 本에는 '靈' 으로 나왔기에 '靈' 으로 쓴다.

7 萬彧(만욱) - 人名. 彧 문채(文彩) 날 욱.

8 孫皓〔손호, 243-284년, 字 元宗, 幼名 彭祖(팽조), 又 字皓宗〕 - 吳 末帝. 孫皓의 原名
은 孫晧(晧는 밝을 호). 廢太子 孫和(손화, 孫權의 三男)의 아들이니, 大帝 孫權의 손
자. 재위 17년 서기 264-280). 東吳의 4번째 황제, 최후 황제, 삼국시대 제1의 폭
군. 吳 景帝 孫休(손휴)가 붕어할 때, 태자 손만은 너무 어렸고 당시 東吳의 사정은
내외적으로 어려움이 많았기에 대신의 합의와 朱황후의 승낙으로 손호를 황제로
영입했다. 손호는 즉위 뒤에 英明하게 施政을 추진했고 善政도 있었지만, 西陵之
戰을 겪은 다음 폭정으로 이어져 결국 서기 280년 西晉에 멸망하였고 삼국시대도
終焉(종언)을 고했다. 손호는 망국의 군주로 廟號와 諡號가 없지만 후세 사학자들
은 吳 後主 또는 吳 末帝, 아니면 즉위 이전의 작위인 烏程侯로도 지칭한다. 正史
《三國志 吳書》3권,〈三嗣主傳〉에 입전.

9 堪爲帝王 - 帝王이 될 만하다. 堪은 견딜 감.

10 吾寡婦人耳 安知社稷之事 - "나는 과부일 뿐이니 어찌 사직의 일을 알겠습니
까?" 朱太后는 어린 아들이 황제로 즉위하기를 고집하지 않았다.

興이 遂迎皓爲君하니 皓字는 元宗이요 大帝孫權의 太子孫和之子也라. 當年七月에 卽皇帝位하고 改元하여 爲元興元年하고[12] 封孫霆爲豫章王하고 追諡父和爲文皇帝하고[13] 尊母何氏爲太后하고 加丁奉하여[14] 爲左右大司馬하다. 次年에 改爲甘露元年하다.[15]

皓가 凶暴日甚하고 酷溺酒色하며[16] 寵幸中常侍岑昏이어늘[17] 濮陽興, 張布諫之하니 皓가 怒斬二人하고 滅其三族하다. 由是로 廷臣緘口하여 不敢再諫하다. 又改寶鼎元年하고[18] 以陸凱, 萬彧爲左右丞相하다. 時에 皓居武昌하니[19] 揚州百姓이 泝流供給에[20] 甚苦之하고 又奢侈無度하여 公

---

11 斟酌立之 - 짐작하여 황제를 옹립하다. 斟은 술 따를 짐. 酌은 술 따를 작. 斟酌 (짐작)은 헤아리다, 숙고하다, 상의하다.

12 元興元年 - 서기 264년, 末帝 孫皓 즉위.

13 追諡父和爲文皇帝 - 父인 孫和를 文皇帝로 追諡하고. 諡는 시호 시.

14 丁奉(정봉, ?-271, 字 承淵) - 孫權 휘하, 東吳 후기의 장수. 孫權, 孫亮, 孫休, 孫皓의 四朝 元老, 젊어서부터 여러 장수(甘寧, 陸遜, 潘璋 등)의 부장으로 활약. 용감하며 지략이 풍부했다. 江表 虎臣의 한 사람. 正史《三國志 吳書》10권,〈程黃韓蔣周陳董甘淩徐潘丁傳〉에 입전.

15 改爲甘露元年 - 서기 265년, 曹魏(조위) 멸망, 司馬炎 즉위, 西晉 개국.

16 酷溺酒色 - 심히 주색에 탐닉하다. 酷은 독할 혹. 溺은 빠질 닉(익).

17 寵幸中常侍岑昏 - 中常侍 岑昏(잠혼)을 寵幸하다. 寵幸(총행)은 총애하다. 岑은 봉우리 잠. 昏은 어둘 혼.

18 寶鼎元年 - 손호의 3번째 연호. 서기 266-268년.

19 皓居武昌 - 武昌은 본래 (江夏郡) 鄂縣(악현). 서기 221년, 東吳 孫權은 여기에 성을 쌓고 '以武而昌'의 뜻으로, 鄂縣을 武昌으로 개명하고 도읍으로 정했다. 建業으로 천도한 뒤에도 동오의 제2 副都였다. 행정단위로는 武昌縣, 그 외 몇 개 현을 묶어 武昌郡을 신설했다. 今 湖北省 동부 鄂州市(악주시) 鄂城區에 해당.

20 泝流供給 - 강물을 거슬러 올라가 (물자를) 공급하다. 泝는 거슬러 올라갈 소.

私匱乏하니[21] 陸凱가[22] 上疏諫曰,

「今에 無災而民命이 盡하고[23] 無爲而國財空하니 臣竊痛之하나이다. 昔에 漢室旣衰하고 三家鼎立이러니[24] 今曹,劉失道하여 皆爲晉有하니[25] 此는 目前之明驗也라. 臣愚는 但爲陛下惜國家耳로니 武昌은 土城險瘠하여[26] 非王者之都이며 且童謠云 '寧飮建業水이언정 不食武昌魚하고[27] 寧還建業死이언정 不止武昌居라'[28] 하니 此는 足明民心與天意也니다. 今國無一年之蓄하고 有露根之漸한데도[29] 吏爲苛擾하고 莫之或恤하나이

---

21 公私匱乏 − 公(국가) 私(개인)간에 살림이 쪼들리다. 匱은 함 궤. (櫃와 同). 乏은 가난할 핍.

22 陸凱(육개, 198 − 269년, 字 敬風) − 凱는 즐길 개. 吳郡 吳縣 출신, 陸遜(육손)의 族子. 三國 孫吳 후기의 重臣, 左丞相 역임. 손호의 미움을 많이 받아 나중에는 일족이 (會稽郡) 建安縣에 유배되었다. 正史 《三國志 吳書》 16권, 〈潘濬陸凱傳〉에 입전.

23 無災而民命이 盡하고 − 재해도 없는데 백성의 생명을 다하다. 죽는 백성이 많다.

24 三家鼎立 − 魏蜀吳 三國의 立立. 鼎은 세발 솥 정.

25 皆爲晉有 − 모두 진의 소유가 되었다. 蜀 263년, 魏는 265년에 각각 멸망했다.

26 土城險瘠 − 땅과 城이 험고하고 척박하여. 瘠은 여윌 척. 병들다, 파리하다.

27 寧飮建業水 不食武昌魚 − 차라리 建業(地名, 現 南京)의 물을 마실지언정, 武昌의 어류를 먹지 않는다. 秣陵(말릉, 건업, 今 南京) − 孫權은 211년에 말릉으로 옮겨가서 金陵邑의 舊地에 石頭城 요새를 축조하고, 다음 해 建業(건업)이라 개칭한다. 서기 229년, 孫權이 칭제한 뒤 명실상부한 帝京이 되었다. 東吳가 멸망한 뒤에 282년(太康 3년)에 建業은 建鄴(건업)으로, 나중에는 建康(건강)으로 명칭이 바뀐다. 지금의 江蘇省 南京市는 '六朝古都', '十朝都會'로도 불린다. 石頭城은 南京市의 일부로 淸涼山 일대인데, 남경은 '石頭城' 또는 '石城'으로도 통칭한다.

28 寧還建業死 不止武昌居 − 차라리 建業에 돌아가 죽을지언정, 武昌에 살려고 머물지 않겠다.

29 有露根之漸 − 뿌리가 드러날 정도가(백성들이 노숙할 지경이) 되었다. 漸은 스

다.³⁰ 大帝時에³¹ 後宮女不滿百이나 景帝以來로 乃有千數이니³² 此는 耗
財之甚者也이며 又左右이 皆非其人이며³³ 群黨相挾하여 害忠隱賢하니³⁴
此는 皆蠹政病民者也라.³⁵ 願陛下는 省百役罷苛擾하시고³⁶ 簡出宮女하
시며 淸選百官하시면 則天悅民附而國安矣리이다.」

疏奏에 皓가 不悅하다. 又大興土木하여 作昭明宮하고 令文武各官하여
入山採木하다. 又召術士尙廣하여³⁷ 令筮著問取天下之事하니³⁸ 尙이 對
曰 陛下는 筮得吉兆니 庚子歲에 靑蓋로 當入洛陽이라 하다.³⁹

며들 점. 적시다, 점점.

30 吏爲苛擾 莫之或恤 – 관리들은 가혹하게 민폐를 끼치고, 조금도 긍휼히 여기지
않는다. 苛는 매울 가. 擾는 어지러울 요. 폐를 끼치다. 或은 혹. 혹, 혹시, 조금
도, 약간. 恤은 구휼할 휼.

31 大帝 – 孫權의 廟號.

32 景帝以來 乃有千數 – 景帝(孫休) 이래, 이제는 1천 명 이상이 있다.

33 又左右 皆非其人 – 측근들이 모두 적임자가 아니며, 其人은 그러한 (임무에 적
당한) 사람.

34 群黨相扶 害忠隱賢 – 群黨끼리 서로 도우며, 忠誠하는 사람을 해치고, 賢人을
隱居하게 만든다. 扶는 도울 부. 隱은 숨을 은. 隱居하다.

35 皆蠹政病民者也 – 모두 惡政으로 백성을 병들게 하는 자들이다. 蠹는 좀벌레
두. 좀이 슬다, 해를 끼치다. 蠹政(두정)은 惡政, 秕政(비정)과 同.

36 省百役罷苛擾 – 온갖 잡역을 없애고 가혹한 착취를 혁파하여. 省은 줄이다, 생
략하다, 없애다. 罷는 그만둘 파.

37 又召術士尙廣 – 또 術士 尙廣(상광)을 불러들여. 尙은 높일 상. 성씨.

38 令筮著問取天下之事 – 시초 점을 치게 하여 天下之事를 취할 방도를 물으니. 筮
는 점대 서. 著는 시초 시. 점치는 풀.

39 庚子歲 靑蓋當入洛陽 – 庚子(경자)년에 푸른 일산을 받고 洛陽에 들어간다. 庚子
年(서기 280년) – 실제로 亡國의 主가 되어 잡혀갔다.

皓가 大喜하며 謂中書丞華覈曰[40] "先帝가 納卿之言하사 分頭命將하여 沿江一帶에 屯數百營하고 命老將丁奉總之라. 朕은 欲兼倂漢土하여 以爲蜀主復讎하려니[41] 當取何地爲先이오?"

覈이 諫曰 "今成都不守하여 社稷傾崩에[42] 司馬炎이 必有吞吳之心하니[43] 陛下는 宜修德以安吳民이 乃爲上計니이다. 若强動兵甲이면 正猶披麻救火하여 必致自焚也이니[44] 願陛下察之하소서."

皓가 大怒曰 "朕이 欲乘時恢復舊業이어늘 汝는 出此不利之言하니 若不看汝舊臣之面하여 斬首號令이라"[45] 하며 叱武士推出殿門하니 華覈이 出朝歎曰 "可惜하다. 錦繡江山이 不久屬於他人矣로다." 遂隱居不出하다.

於是에 皓가 令鎭東將軍陸抗으로 部兵屯江口하여 以圖襄陽하다.[46]

---

40 中書丞華覈 — 중서승 華覈(화핵). 覈은 밝힐 핵, 준엄할 핵. 華覈(화핵, 219 - 278년, 字 永先) — 吳郡 武進縣人. 孫吳의 史官, 建興 元年(서기 252년). 孫亮이 卽位하자, 韋昭(위소) 薛瑩(설영) 등과 함께《吳書》55권을 편찬했다. 元興 元年(서기 264년) 孫皓가 卽位한 뒤에 徐陵亭侯로 책봉 받았고, 天冊 元年(서기 275), 사소한 일로 탄핵을 받아 면직되었다가 天紀 2년(서기 278년) 병사했다. 正史《三國志 吳書》20권, 〈王樓賀韋華傳〉에 입전.

41 以爲蜀主復讎 — 蜀主를 위하여 復讎하려 한다. 讎는 원수 수, 갚을 수.

42 今成都不守 社稷傾崩 — 지금 成都(蜀漢 도읍)를 不守하여 社稷(蜀漢)이 망했으니, 社는 土地神 사. 稷은 기장 직. 主穀之神. 傾은 기울 경. 崩은 무너질 붕.

43 必有吞吳之心 — 필히 吳를 병합할 마음을 가질 것이다. 吞은 삼킬 탄.

44 正猶披麻救火 必致自焚也 — 삼베옷을 걸치고 불을 끄는 것과 같아 필히 자신을 태울 것이다. 猶는 같을 유. 披는 걸칠 피. 입다.

45 斬首號令 — 斬首하고 그 목을 여러 사람에게 보이다. 斬은 벨 참. 號令은 처형하고 대중에게 보이다.

46 令鎭東將軍陸抗部兵屯江口 以圖襄陽 — 鎭東將軍 陸抗(육항)에게 군대를 거느리

司馬昭(사마소)

早有消息報入洛陽하여 近臣報知晉主司馬炎하니 晉主가[47] 聞陸抗寇
襄陽하고[48] 與衆官商議하니 賈充出班奏曰[49] "臣聞 吳國孫皓가 不修德

고, 江口(地名)에 주둔하고 양양(襄陽, 地名)을 수복하라고 명령하다. 陸抗(육항,
226 - 274년, 字 幼節) - 劉備를 이릉 전투에서 패퇴시킨 名將 陸遜(육손) 次子, 吳
郡 吳縣(今 江蘇省 蘇州市) 출신. 東吳 후기의 名將, 大司馬 역임(서기 273년).
正史《三國志 吳書》13권, 〈陸遜傳〉에 附傳.

47 晉主 - 晉의 主君. 晉은 나아갈 진. 國名. 帝라 호칭하지 않은 것은 적국 군주에
대한 폄하이다.

48 聞陸抗寇襄陽 - 陸抗이 襄陽을 침범했다 듣고서. 寇는 도둑 구. 약탈하다.

49 賈充出班奏 - 賈充(가충, 217 - 282년, 字 公閭)은 曹魏 豫州刺史인 賈逵(가규)의 아
들. 三國時代 魏國과 西晉의 대신. 西晉 건국공신, 司馬昭와 司馬炎의 심복. 그의
딸 賈南風(가남풍)이 서진 황실에 출가하여 뒷날 정치적 영향력을 행사하였다.

政하고 專行無道하니 陛下는 可詔都督羊祜로 率兵拒之하고[50] 俟其國中
有變하여[51] 乘勢攻取면 東吳反掌可得也니이다."[52]

炎이 大喜하여 即降詔遣使到襄陽하여 宣諭羊祜하다.[53] 祜가 奉詔하고
整點軍馬하며 預備迎敵하다. 自是로 羊祜鎭守襄陽하며 甚得軍民之心하
며 吳人有降而欲去者면 皆聽之하며 減戍邏之卒하여[54] 用以墾田八百餘
頃이라.[55] 其初到時에 軍無百日之糧하더니 及至來年에 軍中有十年之積
하다. 祜가 在軍에 嘗着輕裘繫寬帶하며 不披鎧甲하고[56] 帳前侍衛者不
過十餘人이더라.

一日에 部將入帳稟祜曰 "哨馬來報 吳兵皆懈怠하니[57] 可乘其無備

---

50 可詔都督羊祜로 率兵拒之 – 도독 양호로 하여금 병사를 거느려 적을 막도록 명
령하심이 가하다. 祜는 복(福) 호. 羊祜(양호, 221 – 278, 字 叔子)는 泰山郡 南城縣
(今 山東省 新泰市) 출신. 泰山 名門望族 羊氏로 장군이며, 정치가, 文學家였던
一代의 名將이었다. 274년 東吳의 육항이 48세로 病死하자, 晉의 명장 羊祜(양
호)는 정식으로 東吳 원정을 조정에 건의했다.

51 俟其國中有變 – 그 나라의 變亂을 기다렸다가. 俟는 기다릴 사.

52 東吳反掌可得也 – 東吳를 쉽게 얻을 것이다. 反掌(반장)은 손바닥을 뒤집다. 쉬
운 일.

53 宣諭羊祜 – 양호에게 宣諭하다. 諭는 깨우칠 유. 宣諭(선유)는 황제 분부를 알려
주다.

54 減戍邏之卒 – 防守하거나 巡邏(순라)하는 병졸 수를 줄여. 戍는 지킬 수. 邏는 순
행할 라(나). 순찰하다.

55 用以墾田八百餘頃 – (감축한 병졸로) 八百여 경(頃)의 둔전을 개간하니. 墾은 개
간할 간.

56 嘗着輕裘繫寬帶 不披鎧甲 – 일찍이 가벼운 갖옷을 입고 넓은 띠를 매고 갑옷을
입지 않다.(평상복을 입어 백성의 긴장감을 풀어주었다는 뜻) 嘗은 맛볼 상. 일
찍이, 이전에. 着은 입을 착. 裘는 갖옷 구. 繫는 맬 계. 鎧는 갑옷 개.

57 吳兵皆懈怠 – 吳兵이 다 게을러졌으니. 懈는 게으를 해. 怠는 게으름 태.

而襲之면 必獲大勝이라."

祜笑曰 "汝衆人이 小覷陸抗耶?[58] 此人이 足智多謀하니 日前 吳主命之하여 攻拔西陵할새 斬了步闡하고[59] 及其將士數十人하니 吾救之無及이라. 此人爲將에 我等은 只可自守하고 候其內有變하여 方可圖取니라. 若不審時勢而輕進하면 此는 取敗之道也라."

衆將이 服其論하고 只自守疆界而已라.[60]

一日에 羊祜引諸將打獵하며 正値陸抗亦出獵하니[61] 羊祜가 下令 "我軍不許過界라." 衆將得令하여 止於晉地打圍하고 不犯吳境이라. 陸抗도 望見歎曰 "羊將軍兵有紀律하니 不可犯也라." 하고 日晚各退하다.

祜歸至軍中하여 察問所得禽獸하여 被吳人先射傷者를 皆送還하니[62]

---

58 汝衆人 小覷陸抗耶 – 너희들 여럿이 陸抗을 우습게 보느냐? 覷는 엿볼 처. 小覷 (소처)는 경시하다, 깔보다.

59 斬了步闡 – 步闡(보천)을 참수하다. 斬은 벨 참. 闡은 열 천. 조정에서는 (宜都郡) 西陵縣(서릉현, 今 湖北省 서남부 宜昌市 夷陵區)의 都督인 步闡(보천)을 중앙으로 불러 繞帳督(요장독)에 임명하였다. 보천은 여러 해 동안 西陵에 주둔했었는데 조정의 소환 명령을 실직으로 생각하였고, 또 참소의 화를 당할까 두려워 城을 들어 晉에 투항하였다. 조정에서는 樂鄕都督인 陸抗(육항)을 보내 보천을 포위하여 생포하자, 보천의 군사들은 모두 항복하였다. 보천과 함께 모의한 수십 명의 삼족을 모두 죽여 버렸다.

60 只自守疆界而已 – 다만 疆界를 지키기만 했다. 疆은 지경 강. 疆界는 境界.

61 羊祜引諸將打獵 正値陸抗亦出獵 – 양호가 여러 장수와 함께 사냥을 하다가, 마침 사냥 나온 육항을 만났다. 獵은 사냥 렵(엽). 打獵(수렵)은 사냥을 하다. 値는 값 치. ~할 만하다. (시기나 때를) 만나다. 正値(정치)는 바로 ~인 때를 만나다.

62 察問所得禽獸 被吳人先射傷者 皆送還 – (사냥에서) 잡은 짐승들을 살펴 물어서 吳人이 먼저 쏘아 다치게 한 사냥감을 다 돌려보내다. 禽獸는 금수, 새나 짐승. 射傷者는 쏘여 상처를 입은 군사가 아니고 잡은 사냥감을 뜻한다.

吳人皆悅하여 來報陸抗하니 抗召來人入問曰 "汝主帥能飮酒否아?"[63] 來人答曰 "必得佳釀則飮之라."[64] 抗笑曰 "吾有斗酒하여 藏之久矣라. 今付與汝持去하여 拜上都督하고 此酒는 陸某親釀自飮者니 特奉一勺하여[65] 以表昨日出獵之情이라."

來人이 領諾하고 攜酒而去하다. 左右問抗曰 "將軍以酒與彼는 有何主意고?" 抗曰 "彼旣施德於我하니 我豈得無以酬之리오?"

衆皆愕然하다.[66]

却說하나니 來人回見羊祜하고 以抗所問 並奉酒事를 一一陳告하니 祜笑曰 "彼亦知吾能飮乎아?"하고 遂命開壺取飮할새 部將陳元曰 "其中恐有奸詐니 都督且宜慢飮하시오"[67] 祜笑曰 "抗非毒人者也니[68] 不必疑慮라"하고 竟傾壺飮之하다.[69] 自是使人通問하고 常相往來하다.

一日에 抗이 遣人候祜하니[70] 祜問曰 "陸將軍安否아?" 來人曰 "主帥臥病數日未出니이다." 祜曰 "料彼之病은 與我相同하니 吾已合成熟藥在此니[71] 可送與服之하라."

---

63 汝主帥能飮酒否 – 너의 장군께서는 술을 마시는가? 帥는 장수 수. 사령관.

64 必得佳釀則飮之 – 잘 빚은 술이 있으면 꼭 마십니다. 釀은 술 빚을 양.

65 陸某親釀自飮者 特奉一勺 – 내가(陸某는 陸抗) 직접 빚어 마시는 술이라 특별히 한 통을 보내니. 釀은 술 빚을 양. 勺은 국자 작. 용량 단위.

66 衆皆愕然 – 모두가 다 놀랐다. 愕은 놀랄 악. 愕然(악연)은 놀라는 모양.

67 都督且宜慢飮 – 都督은 일단 나중에 마시어야 한다. 慢은 느릴 만.

68 抗非毒人者也 – 육항은 남을 독살할 사람이 아니다.

69 竟傾壺飮之 – 술독을 기울려 다 마시다. 竟은 다할 경. 傾은 기울 경. 壺는 병 호.

70 遣人候祜 – 사람을 보내 양호의 안부를 묻다. 候는 기다릴 후. 問候.

71 吾已合成熟藥在此 – 내가 이미 지어 놓은 조제약이 여기 있으니. 熟藥(숙약)은

來人이 持藥回見抗하니 衆將曰"羊祜는 乃是吾敵也라, 此藥必非良藥이리라." 抗曰"豈有酖人羊叔子哉리오?[72] 汝衆人은 勿疑하라." 遂服之하니 次日病癒라. 衆將皆拜賀하니 抗曰"彼專以德이어늘 我專以暴이면[73] 是는 彼將不戰而服我也라. 今宜各保疆界而已오 無求細利하라."

衆將이 領命하다.

忽報 吳主가 遣使來到라. 抗이 接入問之하니 使曰"天子가 傳諭將軍하되 作急進兵하고 勿使晉人先入케 하라."[74] 抗曰"汝先回하라. 吾가 隨有疏章上奏하리라."[75]

使人이 辭去하니 抗卽草疏하여 遣人齎到建業하여 近臣이 呈上하다. 皓가 拆觀其疏하니 疏中에 備言晉未可伐之狀하고[76] 且勸吳主修德愼罰하여 以安內爲念하고 不當以黷武爲事라.[77]

吳主覽畢하고 大怒曰"朕이 聞抗在邊境與敵人相通이라 하더니 今果然矣라!"

조제한 약(→ 生藥).

72 豈有酖人羊叔子哉 – 양호가 어찌 남을 독살할 리가 있는가? 酖은 짐 새(鳥)의 독 짐. 叔子는 羊祜의 字.

73 彼專以德 我專以暴 – 저쪽이 德을 베풀 때 내가 暴力을 쓴다면. 專은 오로지 전. 전념하다.

74 勿使晉人先入 – 晉의 군사가 먼저 침입하지 않게 하라. 勿은 말 물. 금지사.

75 隨有疏章上奏 – 곧 뒤따라 疏章으로 上奏하다. 隨는 따를 수. 疏는 트일 소. 疏章은 신하가 황제에게 올리는 글.

76 備言晉未可伐之狀 – 晉을 공격할 수 없는 상황을 상세히 말하다.

77 不當以黷武爲事 – 무력을 남용하는 일은 부당하다. 黷은 더럽힐 독. 경거망동하

遂遣使罷其兵權하여 降爲司馬하고⁷⁸ 却命左將軍孫冀로 代領其軍하니 群臣이 皆不敢諫이러라.

吳主皓가 自改元建衡으로 至鳳凰元年에⁷⁹ 恣意妄爲하고 窮兵屯戍하니⁸⁰ 上下가 無不嗟怨이러라.⁸¹ 丞相萬彧, 將軍留平, 大司農樓玄 三人이 見皓無道하고 直言苦諫이라가 皆被所殺하니 前後十餘年에 殺忠臣四十餘人이더라. 皓가 出入에 常帶鐵騎五萬하니 群臣이 恐怖하여 莫敢奈何하더라.⁸²

却說하나니 羊祜가 聞陸抗罷兵하며 孫皓失德하고 見吳有可乘之機하여 乃作表遣人往洛陽하여 請伐吳하다. 其略曰

「夫期運은 雖由天所授나⁸³ 而功業은 必因人而成하나니 今江淮之險이 不如劍閣하고⁸⁴ 孫皓之暴이 過於劉禪하며, 吳人之困이 甚於巴蜀하고⁸⁵

다. 黷武는 무력을 남용하다, 전쟁을 일삼다.

78 降爲司馬 – 司馬(관직명)로 강등시키다.

79 自改元建衡 至鳳凰元年 – 建衡으로 改元(269년)한 뒤부터 鳳凰 元年(272)에 이르기까지.

80 恣意妄爲 窮兵屯戍 – 마음대로 허망한 짓을 하고 무력을 남용하며 복무하게 하다. 窮은 가난 궁. 쓸데없는, 공연한. 戍는 지킬 수. 窮兵屯戍(궁병둔수)는 窮兵黷武(궁병독무)와 同.

81 無不嗟怨 – 탄식하며 원망 않는 이 없다. 嗟는 탄식할 차.

82 莫敢奈何 – 감히 어찌하지 못하다. 奈는 어찌 나. 奈何는 어찌하다. 어떻게.

83 夫期運 雖由天所授 – 대개 時運은 하늘이 주는 것이라지만, 期運은 時運과 同.

84 今江淮之險 不如劍閣 – 지금 長江과 淮水의 험준함이 劍閣의 험준함만 못하고, (蜀을 멸망시키려고 진격했던 劍閣의 棧道가 더 험했다.)

85 吳人之困 甚於巴蜀 – 吳 백성의 곤궁함이 巴蜀(蜀漢)의 백성보다 심하며,

而大晉兵力이 盛於往時하니 不於此際에 平一四海하고[86] 而更阻兵相守면 使天下困於征戍이니[87] 經歷盛衰에 不能長久也니이다.[88]」

司馬炎이 觀表大喜하여 便令興師하니 賈充,荀勗,馮純三人이[89] 力言不可라. 炎이 因此不行하다. 祜이 聞上不允其請하고 歎曰 "天下不如意者이 十常八九라, 今天與不取니 豈不大可惜哉리오?"[90]

至咸寧四年에[91] 羊祜入朝하여 奏辭歸鄕養病하니 炎이 問曰 "卿은 有何安邦之策으로 以敎寡人하는가?"[92] 祜曰 "孫皓暴虐已甚하니 於今에 可不戰而克이로대 若皓不幸而歿하고[93] 更立賢君이면 則吳非陛下所能得也니이다." 炎이 大悟曰 "卿이 今便提兵往伐이 若何오?" 祜曰 "臣年老多病하여 不堪當此任이니 陛下가 另選智勇之士면[94] 可也니이다."

遂辭炎而歸하다.

---

86 不於此際 平一四海 – 此際에 四海(천하)를 통일하지 않고,

87 而更阻兵相守 使天下困於征戍 – 외적 來侵을 막고 지키기만 하면 天下가 전쟁의 상태로 곤궁해져(천하통일을 해야 軍備 소모가 없어진다는 뜻).

88 經歷盛衰 不能長久也 – 盛衰를 거듭하면서 (나라가) 오래 갈 수 없다.

89 賈充,荀勗,馮純三人 – 가충, 순욱, 풍순 三人이. 勗은 힘쓸 욱. 曹操의 참모 荀彧과 다른 사람. 馮은 성 풍.

90 今天與不取 豈不大可惜哉 – 지금 天이 주는데도 不取하니, 어찌 크게 안타깝지 않겠는가?

91 至咸寧四年 – 함녕 4년에(서기 278년).

92 卿 有何安邦之策 以敎寡人 – 경은 어떠한 安邦之策을 과인에게 말해주겠소? 寡는 적을 과. 寡人은 '寡德之人', 王侯自稱之謙辭.

93 若皓不幸而歿 – 만약 손호가 不幸하게도 죽는다면. 歿은 죽을 몰.

94 另選智勇之士 – 다른 智勇의 才士를 선임하면. 另은 쪼갤 령. 다른.

是年十一月에 羊祜病危라, 司馬炎이 車駕親臨其家問安할새 炎이 至臥榻前에 祜가 下淚曰 "臣萬死不能報陛下也라!" 炎이 亦泣曰 "朕이 悔不能用卿伐吳之策이어니 今日에 誰可繼卿之志오?"

祜가 含淚而言曰 "臣이 死矣니 不敢不盡愚誠이니다.[95] 右將軍杜預가[96] 可任이니 若欲伐吳어든 須當用之하소서." 炎曰 "擧善薦賢은 乃美事也어늘, 卿이 何薦人於朝하고 卽自焚其奏稿하여 不令人知耶오!"[97] 祜曰 "拜官公朝하고 謝恩私門은 臣이 所不取也니이다."[98]

言訖而亡하니 炎이 大哭回宮하여 勅贈太傅鉅平侯하다.[99] 南州百姓이 聞羊祜死하고 罷市而哭하며 江南守邊將士가 亦皆哭泣하다. 襄陽人이 思祜存日에 常遊於峴山하여 遂建廟立碑하고 四時祭之하니 往來人見其碑文者가 無不流涕라, 故名爲墮淚碑하다.[100]

---

95 不敢不盡愚誠 – 저의 忠誠을 다하지 않을 수 없습니다. 愚는 어리석을 우. 저, 제 (자신을 낮추어 지칭하는 말).

96 右將軍杜預 – 우장군 두예. 杜預(두예, 222~285년)는 뒷날 吳를 멸망시킨 西晉의 장수. 羊祜(양호)는 晉 武帝(司馬炎)에게 吳나라 정벌을 건의했으나 다른 신하들의 반대로 실행하지 못하자, 양호는 병을 핑계로 사임한다. 양호가 위독하다는 소식을 들은 무제가 양호를 찾아 문병하자, 양호는 杜預(두예)를 천거한 뒤 죽는다.

97 卽自焚其奏稿 不令人知耶 – 곧 上奏하는 草稿를 태워버려 남이 알지 못하게 하는가?

98 拜官公朝 謝恩私門 臣 所不取也 – 조정의 임명을 받고서 개인에게 와서 謝恩하는 것을 臣은 취하지 않습니다. 내가 추천했다 하여 나라의 임명을 받은 관리가 나에게 고맙다고 인사하는 것은 내가 취할 바가 아니라는 뜻.

99 勅贈太傅鉅平侯 – 칙명으로 태부 거평후를 추증하다. 勅은 조서 칙. 傅는 스승 부. 鉅는 클 거.

100 故名爲墮淚碑 – 고로 이름이 '墮淚碑'가 되었다. 原名은 '晉征南大將軍羊公

後人有詩歎曰

曉日登臨感晉臣,　古碑零落峴山春.[101]

松間殘露頻頻滴,　疑是當年墮淚人.[102]

晉王이 以羊祜之言으로 拜杜預하여 爲鎭南大將軍都督荊州事하다. 杜
預爲人이 老成練達하고[103] 好學不倦하며 最喜讀左丘明《春秋傳》하니[104]
坐臥에 常自攜하고[105] 每出入에 必使人持左傳於馬前하니 時人이 謂之
'左傳癖'이라.[106] 及奉晉主之命하고 在襄陽하여 撫民養兵하며 準備伐
吳하다.

此時에 吳國丁奉,陸抗이 皆死하고 吳主皓는 每宴群臣하여 皆令沈醉
하며 又置黃門郞十人하여 爲糾彈官하고[107] 宴罷之後에 各奏過失하여 有

祜之碑', 簡稱 '羊公碑.' 당대의 孟浩然(맹호연), 陳子昂(진자앙), 李白(이백) 등
이 詩를 남겼다. 墮'는 떨어질 타. 淚는 눈물 루.

101 曉日登臨感晉臣,　밝은날 산에 올라 晉 名臣을 생각한다.
古碑零落峴山春.　零落한 옛날 비석이 있는 峴山의 봄날!
峴은 고개 현.

102 松間殘露頻頻滴,　松林에 맺힌 이슬 어지러이 떨어지니,
疑是當年墮淚人.　아마도 그때 사람이 흘린 눈물이리라.
頻은 자주 빈. 滴은 떨어질 적.

103 老成練達 - 경험이 많아 매사에 능숙하다. 老成은 노숙하다, 경험이 많다. 練
達(연달)은 일을 잘 처리하다.

104 左丘明春秋傳 - 左丘明(人名)의《春秋左傳》.

105 坐臥 常自攜 - 앉으나 누우나 늘 책을 손에 들다. 攜는 끌 휴. 휴대하다.

106 左傳癖 -《春秋左傳》중독자. 癖은 버릇 벽. 고질적인 버릇, 중독.

107 又置黃門郞十人 爲糾彈官 - 또 환관 十人을 골라 糾彈官으로 삼아. 黃門郞은
환관. 糾는 살필 규. 彈은 탄핵할 탄. 糾彈(규탄)하다.

犯者는 或剝其面하며 或鑿其眼하니[108] 由是로 國人이 大懼하다. 晉의 益州刺史 王濬이[109] 上疏請伐吳하니 其疏曰,

「孫皓가 荒淫凶逆하니 宜速征伐하소서. 若一旦皓死하여 更立賢君이면 則强敵也이니다. 臣이 造船七年이나 日有朽敗하고[110] 臣年七十에 死亡無日이오니 三者一乖면[111] 則難圖矣이오니 願陛下無失事機하소서.」

晉主가 覽疏하고 遂與群臣議曰 "王公之論이 與羊都督과 暗合하니 朕意決矣라."

侍中王渾이 奏曰 "臣이 聞하니 孫皓가 欲北上하여 軍伍를 已皆整備하고 聲勢正盛이라 하니 難與爭鋒이오, 更遲一年하여 以待其疲면[112] 方可成功하리다."

晉王依其奏하여 乃降詔止兵莫動하고 退入後宮하여 與秘書丞相張華로 圍棋消遣이러니 近臣이 奏하되 邊庭有表到라,[113] 晉主가 開視之하니 乃杜預表也라 表略云,

「往者에 羊祜는 不博謀於朝臣하고[114] 而密與陛下計라 故令朝臣多

---

108 或剝其面 或鑿其眼 – 或은 그 얼굴 가죽을 벗기고, 혹은 그 눈을 파내다. 剝은 벗길 박. 鑿은 뚫을 착. 파내다.

109 益州刺史 王濬 – 익주자사 왕준. 濬은 파낼 준. 흙을 파내어 水路를 열다.

110 日有朽敗 – 날마다 썩고 부서지다. 朽는 썩을 후. 朽敗는 부패하다.

111 三者一乖 – 三者 중 하나라도 어긋나면. 乖는 어그러질 괴.

112 更遲一年 以待其疲 – 다시 一年을 늦추어 저들이 지치기를 기다려서. 遲는 늦을 지. 늦게 하다. 疲는 지칠 피.

113 邊庭有表到 – 邊境에서 올린 表文이 도착했다. 邊庭은 邊境.

114 不博謀於朝臣 – 조신들과 널리 논하지 않고. 謀는 꾀할 모. 정사를 논의하다.

異同之議어니와¹¹⁵ 凡事에 當以利害相較하니 度此擧之利는 十有八九
요¹¹⁶ 而其害는 止於無功耳니이다. 自秋以來로 討賊之形이 頗露어늘¹¹⁷
今若中止면 孫皓가 恐怖하여 徙都武昌하고¹¹⁸ 完修江南諸城하여 遷其
民居이면 城不可攻이오 野無所掠이니 則明年之計도 亦不及矣리다.」¹¹⁹

晉主가 覽表才罷에¹²⁰ 張華가 突然而起하며 推却棋枰하고 斂手奏曰¹²¹
"陛下는 聖武하사 國富民强하시고 吳主는 淫虐하여 民憂國敝하니 今若
討之면 可不勞而定이니¹²² 願勿以爲疑하소서." 晉主曰 "卿言이 洞見利
害니¹²³ 朕復何疑리오?"

卽出升殿하여 命鎭南大將軍杜預爲大都督하여 引兵十萬하여 出江陵

---

115 故令朝臣多異同之議 – 그래서 조정 신하들로 하여금 여러 의논이 많게 되었
다. 異同之議는 다르거나 같은 의론. 여러 가지 異論.

116 度此擧之利 十有八九 – 이번 擧事의 利를 따져본다면 十에 八九이다. 度은 헤
아릴 탁.

117 討賊之形 頗露 – 적을 토벌해도 괜찮을 상황이 자주 드러나다. 頗는 자못 파.
露는 노출되다, 드러나다.

118 徙都武昌 – 武昌으로 도읍을 옮기다. 徙는 옮길 사.

119 則明年之計 亦不及矣 – 그러면 明年의 계략 또한 좋지 않습니다. 及은 미칠
급. 틈을 타다, 이용하다. 不及은 (시간적으로) ~할 수가 없다.

120 覽表才罷 – 表文을 막 다 읽자. 才는 재주 재. 겨우(纔와 同), ~하자마자.

121 推却棋枰 斂手奏曰 – 바둑판을 거두고서 손을 모아 아뢰기를. 棋는 바둑 기.
枰은 바둑판 평. 斂은 거둘 염(렴).

122 可不勞而定 – 힘들이지 않고도 平定할 수 있다. '不勞而可定'의 강조 용법.

123 洞見利害 – 利害를 잘 살펴본 것이다. 洞은 밝을 통, 통할 통. 洞見(통견)은 간
파하다.

하고, 鎭東大將軍瑯琊王司馬伷는 出滁中하며[124] 征東大將軍王渾은 出橫江하고 建威將軍王戎은 出武昌하고 平南將軍胡奮은 出夏口하되, 各引兵五萬하여 皆聽預調用하다.[125] 又遣龍驤將軍 王濬과 廣武將軍 唐彬하여[126] 浮江東下하니 水陸兵이 二十餘萬이오 戰船數萬艘이라.[127] 又令冠軍將軍 楊濟로 出屯襄陽하며 節制諸路人馬하다.[128]

早有消息報入東吳하니 吳主皓가 大驚하여 急召丞相張悌와 司徒何植과 司空滕修하여[129] 計議退兵之策하니 悌奏曰 "可令車騎將軍伍延爲都督하여 進兵江陵하여 迎敵杜預하고, 驃騎將軍孫歆으로 進兵拒夏口等處軍馬하고 臣은 敢爲將하여 率領左將軍沈瑩과 右將軍諸葛靚으로[130] 引兵十萬하고 出屯牛渚하여 接引諸路軍馬하리다."

皓從之하여 遂令張悌引兵去了하다.

皓退入後宮하여 面有憂色하니 幸臣中常侍岑昏이 問其故하니 皓曰

---

124 瑯琊王司馬伷 出滁中 – 낭야왕 司馬伷(사마주, 司馬懿의 자)는 滁中(저중)에서 출정하며, 司馬는 複姓. 伷는 투구 주(胄와 同). 滁는 강 이름 저(合肥의 長江 지류).

125 皆聽預調用 – 모두 杜預의 調用대로 命을 따르다. 聽은 (남의 의견, 명령에) 따르다, 복종하다. 調用은 人力이나 物資를 이동하거나 轉用하다.

126 唐彬 – 당빈(人名). 彬은 빛날 빈. 文과 質을 골고루 갖춘 모양.(文質彬彬)

127 戰船數萬艘 – 전선이 數萬 척. 艘는 배 소. 船을 세는 단위.

128 節制諸路人馬 – 각 軍營의 人馬를 조절 통제하다. 節制는 통제 관리하다. 路는 地域, 地區, 支隊, 方面의 뜻.(예 人民解放軍 前身인 '第八路軍' 의 路)

129 司空滕修 – 사공 벼슬의 滕修(등수). 滕은 물 솟을 등. 성씨.

130 率領左將軍沈瑩 右將軍諸葛靚 – 左將軍 심영과 우장군 제갈정을 거느리고. 瑩은 밝을 영. 靚은 단장할 정.

"晉兵大至하여 諸路에 已有兵迎之나 爭奈王濬이 率兵數萬하고[131] 戰船 齊備하여 順流而下에 其鋒甚銳라 朕이 因此憂也라."하다. 岑昏曰 "臣有一 計하니 令王濬之舟가 皆爲齏粉矣리이다."[132]

皓가 大喜하며 遂問其計하니 岑昏奏曰 "江南多鐵하니 可打連環索百 餘條하되[133] 長數百丈하고 每環을 重二三十斤하여 於沿江緊要去處에 橫截之하고[134] 再造鐵錐數萬하되[135] 長丈餘하여 置於水中하면 若晉船 乘風而來라가 逢錐則破하리니 豈能渡江也오?"

皓大喜하여 傳令撥匠工하여 於江邊에 連夜造成鐵索,鐵錐하여 設立 停當하다.[136]

却說하나니, 晉都督杜預이 兵出江陵하여 令牙將周旨로 "引水手八百 人하고 乘小舟暗渡長江하여 夜襲樂鄕하고 多立旌旗於山林之處하며 日 則放砲擂鼓하고[137] 夜則各處舉火하라."

旨가 領命하고 引衆渡江하여 伏於巴山하다. 次日에 杜預領大軍이 水

---

131 爭奈王濬 率兵數萬 ~ - 왕준이 數萬의 군사를 거느리고 ~것을 어찌해야 하 겠나? 爭은 다툴 쟁. 어떻게, 어찌. 奈는 어찌 나. 爭奈(쟁나)는 어찌해야 하는가?

132 皆爲齏粉矣 - 모두 다 가루가 될 것이다. 齏는 다질 제. 잘게 부수다. 齏粉(제 분)은 잘게 부순 가루.

133 可打連環索百餘條 - 고리를 이은(連環) 사슬 백여 條를 만들어. 索은 줄 삭.

134 橫截之 - 가로 질러 막다. 橫은 가로 횡. 截은 끊을 절.

135 再造鐵錐數萬 - 또 쇠 송곳 수만 개를 만들어. 錐는 송곳 추.

136 設立停當 - 設置를 완료했다. 停은 머무를 정. 停當(정당)은 일이 끝나다, 적절 하다.

137 日則放砲擂鼓 - 낮에는 放砲하고 북을 치며. 擂는 갈 뇌(뢰). 북을 치다.

陸並進하니 前哨報道하기를 "吳主가 遣伍延하여 出陸路하고 陸景은 出水路하며 孫歆은 爲先鋒하여 三路來迎하나이다."

杜預가 引兵前進하니 孫歆船이 早到하여 兩兵初交에 杜預便退라. 歆이 引兵上岸하여 迤邐追時하되[138] 不到二十里하여 一聲砲響에 四面晉兵이 大至라. 吳兵急回하고 杜預는 乘勢掩殺하니[139] 吳兵死者가 不計其數라. 孫歆이 奔到城邊할새 周旨八百軍이 混雜於中하여 就城上擧火라. 歆大驚曰 "北來諸軍이 乃飛渡江也아!" 急欲退時에 被周旨大喝一聲하여 斬於馬下하다.

陸景이 在船上하여 望見江南岸上一片火起하고 巴山上에 風飄出一面大旗하니[140] 上書 '晉鎭南將軍杜預'라. 陸景이 大驚하여 欲上岸逃命하다가 被晉將張尙의 馬到斬之하고 伍延은 見各軍皆敗하고 乃棄城走하다가 被伏兵捉住하여 縛見杜預하니 預曰 "留之無用이라." 하고 叱令武士斬之하고 遂得江陵하다.

於是沅,湘一帶로 直抵廣州의[141] 諸郡守令이 皆望風齎印而降하다.[142] 預는 令人하여 持節安撫하고 秋毫無犯이라. 遂進兵攻武昌하니 武昌亦降

---

138 迤邐追時 - 꾸불꾸불 줄을 지어 추격하는데. 迤는 비스듬할 이. 비스듬히 뻗다. 邐는 이어질 이. 迤邐(이이)는 꾸불꾸불 이어진 모양.

139 乘勢掩殺 - 기세를 이용해 습격하다. 掩은 가릴 엄. 掩殺(엄살)은 불시에 기습하다.

140 風飄出一面大旗 - 바람에 大旗 한 장이 펄럭이는데. 飄는 회오리바람 표.

141 於是沅,湘一帶 直抵廣州 - 이에 원강, 상강(모두 湖南省에 있는 長江의 지류) 一帶에서 廣州에 이르기까지. 沅은 강 이름 원. 抵는 거스를 저. 이르다.

142 皆望風齎印而降 - 모두 소문만 듣고 관인을 싸가지고 투항하다. 望風은 소문

하다.

杜預軍威大振하니 遂大會諸將하여 共議取建業之策하니[143] 胡奮曰 "百年之寇는 未可盡服이니[144] 方今春水泛漲하여[145] 難以久住하니 可俟來春하여 更爲大擧하시라."[146]

預曰 "昔에 樂毅濟西一戰으로 而倂强齊하니[147] 今兵威大震하고 如破竹之勢하여 數節之後에 皆迎刃而解하나니[148] 無復有着手處也라." 遂馳檄約會諸將하고[149] 一齊進兵하여 攻取建業하다.

時에 龍驤將軍 王濬이 率水兵하고 順流而下에 前哨報說 "吳人造鐵索하여 沿江橫截하고 又以鐵錐置於水中하여 爲準備라"하다. 濬이 大笑하고 遂造大筏數十方하고[150] 上縛草爲人하고 披甲執仗하여 立於週圍하고 順水放下하다. 吳兵이 見之하고 以爲活人하고 望風先走하니 暗錐가 着

을 듣다. (몰래) 동정을 살피다.

143 共議取建業之策 – 建業(吳의 도읍)을 취할 방책을 같이 의론하다.

144 百年之寇 未可盡服 – 백 년이나 된 도적들은 한 번에 굴복시키기 어렵다.

145 方今春水泛漲 – 방금 春水가 범람하여. 泛은 뜰 범. 漲은 물 넘칠 창.

146 可俟來春 更爲大擧 – 내년 봄까지 기다렸다가 다시 군사를 일으키다. 俟는 기다릴 사.

147 樂毅濟西一戰 而倂强齊 – 악의(戰國時代 燕의 장군)는 濟水의 西쪽에서 一戰으로 강한 齊나라를 병합했다.(기원전 284년)

148 數節之後 皆迎刃而解 – (칼로 破竹할 때) 대나무 몇 마디(節)만 지나면, (나머지는) 다 칼날에 따라 쪼개진다.

149 遂馳檄約會諸將 – 마침내 격문을 돌려 諸將과 만나기로 약속하고. 馳는 달릴 치. 알리다.

150 遂造大筏數十方 – 이어 뗏목 수십 개를 만들어. 筏은 뗏목 벌.

筏하여 盡提而去하다.[151] 又於筏上作火炬하되[152] 長十餘丈에 大十餘圍하여 以麻油灌之하여 但遇鐵索하면 燃炬燒之하니 須臾皆斷이라. 兩路從大江而來하여 所到之處에 無不克勝이라.

却說하나니, 東吳丞相張悌가 令左將軍沈瑩과 右將軍諸葛靚으로 來迎晉兵할새, 瑩謂靚曰 "上流諸軍이 不作提防하니 吾料 晉軍이 必至此에 宜盡力以敵之하리니[153] 若幸得勝이면 江南自安하되, 今渡江與戰하여 不幸而敗하면 則大事去矣라." 靚曰 "公言이 是也라."

言未畢에 人報晉兵順流而下하여 勢不可當이라 하니 二人이 大驚하여 慌來見張悌商議하다. 靚謂悌曰 "東吳危矣어늘 何不遁去리오."[154] 하니 悌垂泣曰 "吳之將亡을 賢愚共知라.[155] 今若君臣皆降하고 無一人死於國難이면 不亦辱乎아?"

諸葛靚亦垂泣而去하다.[156] 張悌與沈瑩은 揮兵抵敵하니 晉兵이 一齊圍之라. 周旨首先殺入吳營하니 張悌獨奮力搏戰하다가[157] 死於亂軍之

---

151 暗錐着筏 盡提而去 - 물속에 숨겨놓은 쇠 송곳이 뗏목과 부딪쳐 모두 뽑혀졌다.

152 又於筏上作火炬 - 또 뗏목 위에 큰 횃불을 만들었는데. 炬는 횃불 거.

153 宜盡力以敵之 - 마땅히 盡力하여 그들과 맞서 싸우다. 盡은 다할 진.

154 何不遁去 - 어찌하여 도망가지 않습니까? 遁은 달아날 둔. 숨다.

155 賢愚共知 - 賢人이나 愚人이나 다 안다.

156 諸葛靚亦垂泣而去 - 諸葛靚(제갈정, 생졸년 미상, 字 仲思) - 靚은 단정할 정. 고요하다. 魏에 출사했고 魏에 반기를 들었던 曹魏의 征東大將軍 諸葛誕(제갈탄)의 幼子. 제갈탄 반란 후 東吳에 출사하여 大司馬를 역임했다.

157 張悌獨奮力搏戰 - 장제만 홀로 힘을 다해 싸웠다. 搏은 잡을 박. 치다, 싸우다. 搏戰(박전)은 白兵戰을 하다.

中하고 沈瑩被周旨所殺하고 吳兵은 四散敗走하다.

後人有詩讚張悌曰

杜預巴山建大旗, 江東張悌死忠時.[158]
已拼王氣南中盡, 不忍偸生負所知.[159]

却說하니, 晉兵이 克了牛渚하고[160] 深入吳境하며 王濬遣人하여 馳報
捷音하다.[161] 晉主炎이 聞知大喜하니 賈充이 奏曰 "吾兵이 久勞於外하고
不服水土하니 必生疾病하리니 宜召軍還하여 再作後圖라"하다. 張華曰
"今大兵已入其巢하여 吳人膽落하니 不出一月에 孫皓必擒矣라. 若輕召
還이면 前功盡廢니 誠可惜也라."

晉主未及應에[162] 賈充이 叱華曰 "汝不省天時地利하고 欲妄邀功勳
하여 困弊士卒하니 雖斬汝라도 不足以謝天下라!"

炎曰 "此是朕意니 華但與朕同耳라. 何必爭辯고?"하다.

---

158 杜預巴山建大旗, 두예가 巴山에 큰 기를 세우니,
　　江東張悌死忠時. 강동의 張悌는 죽어 충성을 바쳤다.
159 已拼王氣南中盡, 이미 王氣는 남쪽에서 다 하여 사라졌는데,
　　不忍偸生負所知. 차마 목숨을 부지하려 평소 뜻을 저버리랴!
　　拼은 물리칠 병. 偸는 훔칠 투. 偸生(투생)은 구차하게 살아남다. 所知는 평소에
　　아는 것, 忠의 실천.
160 克了牛渚 - 牛渚(우저)는 산 이름. 今 安徽省 馬鞍山市 관할 當涂縣(당도현) 長
　　江 연안. 長江 하류의 중요 포구이며 군사요충지.
161 馳報捷音 - 승전 소식을 빨리 보고하다. 捷은 이길 첩. 捷音(첩음)은 捷報.
162 晉主未及應 - 晉의 主君이 대답도 하기 전에.

忽報杜預馳表到라. 晉主視表하니 亦言宜急進兵之意라. 晉主遂不復疑하고 竟下征進之命하다. 王濬等奉了晉主之命하고 水陸並進하며 風雷鼓動하니[163] 吳人望旗而降이라.

吳主皓가 聞之하고 大驚失色한데, 諸臣이 告曰 "北兵日近하고 江南軍民이 不戰而降이오니 將如之何리오?" 皓曰 "何故不戰가?"

衆對曰 "今日之禍는 皆岑昏之罪니 請陛下誅之면 臣等出城決一死戰하리다."

皓曰 "量一中貴가 何能誤國이리오?"[164] 衆大叫曰 "陛下豈不見蜀之黃皓乎오?"[165]

遂不待吳主之命하고 一齊擁入宮中하여 碎割岑昏하고 生啖其肉하다.[166] 陶濬이 奏曰 "臣領戰船皆小나 願得二萬兵乘大船以戰하면 自足破之니이다."

皓가 從其言하여 遂撥御林諸軍與陶濬하여 上流迎敵케하고 前將軍張象으로 率水兵下江迎敵하니 二人部兵正行에 不想西北風大起하여 吳兵旗幟가 皆不能立하고 盡倒豎於舟中하고[167] 兵各不肯下船하여[168] 四散

---

163 風雷鼓動 – 광풍과 우레처럼 북소리가 나니.

164 量一中貴 何能誤國 – 환관 하나가 어찌 나라를 망치겠는가? 中貴는 內侍(내시, 中官).

165 陛下豈不見蜀之黃皓乎 – 폐하께서는 어찌 蜀의 황호를 보지 못했습니까? 皓는 흴 호. 하얀. 黃皓는 後主 劉禪의 환관.

166 碎割岑昏 生啖其肉 – 잠혼을 갈기갈기 찢고 그 살점을 생으로 씹어 먹다. 碎는 부술 쇄. 啖은 씹을 담. 먹다.

167 盡倒豎於舟中 – 모두 배 안에 거꾸로 넘어지다. 倒는 넘어질 도. 豎는 곧을 수,

奔走하고 只有張象數十軍이 待敵하다.

却說하니, 晉將王濬이 揚帆而行하여 過三山할새 舟師日 "風波甚急하여 船不能行하니 且待風勢少息行之하라"하니 濬이 大怒하여 拔劍叱之日 "吾가 目下欲取石頭城인데 何言住耶하는가?"[169]

遂擂鼓大進하니[170] 吳將張象引從軍請降하니 濬日 "若是眞降이면 便爲前部하여 立功하라."[171] 象回本船하고 直至石頭城下하여 叫開城門하며 接入晉兵하다.

孫皓가 聞晉兵入城하고 欲自刎한대 中書令胡沖과 光祿勳薛瑩이 奏日 "陛下는 何不效安樂公劉禪乎아?"[172]

皓가 從之하여 亦輿櫬自縛하여[173] 率諸文武하고 詣王濬軍前歸降하다.[174] 濬은 釋其縛하고 焚其櫬하고 以王禮待之하다. 唐人有詩歎日,[175]

세울 수.

168 兵各不肯下船 – 병졸들은 각자 내려가 배에 타려 하지 않다.

169 目下欲取石頭城 何言住耶 – 곧 石頭城을 탈취하려 하는데 어찌 멈추자고 하는가? 目下는 지금(目前). 石頭城은 南京城의 별칭. 南京市 淸涼山의 西麓(서록).

170 遂擂鼓大進 – 그리고는 북을 치며 크게 진군하니. 擂는 갈 뇌(뢰). 북을 치다.

171 若是眞降 便爲前部 立功 – 만약 진짜 투항하겠다면 선봉이 되어 立功하라.

172 陛下 何不效安樂公劉禪乎 – 폐하는 왜 안락공 유선을 본뜨지 않습니까? 촉의 後主 劉禪은 魏에 투항한 뒤 安樂公에 봉해졌다.

173 亦輿櫬自縛 – 마찬가지로 관을 싣고 자박한 뒤. 輿는 수레 여. 수레에 싣다. 櫬은 널 친. 관. 縛은 묶을 박.

174 詣王濬軍前歸降 – 왕준의 軍前에 나아가 歸降하다. 詣는 이를 예. 도달하다.

175 唐人有詩歎日 – 唐人 – 唐의 詩人 劉禹錫의 詩〈西塞山懷古〉. 劉禹錫(772 – 842, 字는 夢得)의 시풍은 질박하지만 웅혼하고 상쾌하며, 호탕한 기운이 있어

王濬樓船下益州, 金陵王氣黯然收.[176]

千尋鐵鎖沉江底, 一片降旛出石頭.[177]

人世幾回傷往事, 山形依舊枕寒流.[178]

今逢四海爲家日, 故壘蕭蕭蘆荻秋.[179]

於是에 東吳四州八十三郡三百一十三縣의 戶口五十二萬三千과 軍

吏三萬二千과 兵二十三萬과 男女老幼二百三十萬과 米穀二百八十萬

斛과 舟船五千餘艘와 後宮五千餘人이 皆歸大晉하다.

大事已定에 出榜安民하고 盡封府庫倉廩하다.[180]

次日에 陶濬兵不戰自潰러라. 瑯琊王司馬伷와 並王戎의 大兵이 皆至

하여 見王濬成了大功하여 心中忻喜하다. 次日에 杜預亦至하여 大犒三軍

친우 白居易는 유우석을 '詩豪(시호)'라고 지칭하였고, 유우석과 백거이는 함
께 '劉白'으로 불리었다.

176 王濬樓船下益州, 왕준의 樓船이 益州에서 내려가니,
金陵王氣黯然收. 금릉의 王氣는 스러지듯 걷히었다.
黯은 어두울 암.

177 千尋鐵鎖沉江底, 천 길의 쇠사슬은 강바닥에 가라앉고,
一片降旛出石頭. 한 조각 투항깃발 石頭城에 내걸렸다.
旛은 기 번.

178 人世幾回傷往事, 인간사 몇 번이나 지난 일을 슬퍼해야 하나?
山形依舊枕寒流. 山은 依舊하게 찬 강물을 베고 누웠구나!

179 今逢四海爲家日, 이제는 四海가 一家가 된 세월이니,
故壘蕭蕭蘆荻秋. 故壘에는 가을 갈대만이 蕭蕭하다.
蕭는 대쑥 소. 쓸쓸하다. 蕭蕭는 바람 부는 소리(擬聲語). 蘆는 갈대 노(로). 荻
은 물억새 적.

180 盡封府庫倉廩 - 국가의 府庫나 창고를 모두 封하다. 廩은 곳집 름(늠).

하고 開倉賑濟吳民하다.[181] 於是에 吳民安堵하나 惟有建平太守吳彦이 拒城不下하다가 聞吳亡하고 乃降하다.

王濬이 上表報捷하니 朝廷聞吳已平하고 君臣皆賀上壽하다. 晉主執杯流涕曰 "此는 羊太傅之功也라. 惜其不親見之耳라."[182]

驃騎將軍孫秀가 退朝하여 向南面哭曰 "昔討逆壯年에[183] 以一校尉로 創立基業하더니 今孫皓擧江南而棄之라.[184] 悠悠蒼天이여 此何人哉오?" 하다.[185]

却說하니 王濬이 班師還하다. 吳主孫皓가 赴洛陽하여 面君하니 皓가 登殿하여 稽首하고[186] 以見晉帝하니[187] 帝賜坐曰 "朕이 設此座하고 以待卿이 久矣로다." 皓가 對曰, "臣도 於南方에 亦設此座하여 以待陛下로소이다."

帝가 大笑하다. 賈充이 問皓曰 "聞君在南方에 每鑿人眼目하고 剝人

---

181 大犒三軍 開倉賑濟吳民 – 三軍을 크게 위로하고 창고를 열어 吳의 백성을 진휼하고 구제하다. 犒는 호궤할 호. 음식으로 군사를 위로하다. 賑은 구휼할 진. 賑濟(진제)는 양식 금품 따위로 구휼하다.

182 此 羊太傅之功也. 惜其不親見之耳 – 이는 羊太傅(羊祜)의 功이다. 그 사람이 친히 보지 못하니 안타깝도다.

183 昔討逆壯年 – 옛날 토역장군(孫策 – 孫堅의 子)은 장년에.

184 今孫皓擧江南而棄之 – 지금 손호는 江南을 통째로 버렸구나.

185 悠悠蒼天 此何人哉 – 유유한 蒼天이여! 이것이 어찌 仁입니까?《詩經 王風 黍离》편. 人은 仁과 통함. 天의 不仁을 원망한다고 해석할 수 있다. 悠는 멀 유. 悠悠(유유)는 悠久하다, 遙遠하다. 蒼은 푸를 창.

186 稽首 – 머리를 조아리다. 稽는 머무를 계. 머리를 숙이다.

187 以見晉帝 – 晉 皇帝를 알현하다.

面皮하니[188] 此는 何等刑耶오?" 皓曰
"人臣으로 弑君及奸佞不忠者는[189] 則
加此刑耳라." 充이 默然甚愧하다.[190]

　帝가 封皓爲歸命侯하고 子孫을 封中
郎하고 隨降宰輔를[191] 皆封列侯하며 丞
相張悌는 陣亡하니 封其子孫하다. 封王
濬하여 爲輔國大將軍하고 其餘各加封
賞하다.

　自此로 三國歸於晉帝司馬炎하고
爲一統之基矣라. 此는 所謂 '天下大
勢는 合久必分하고 分久必合者也라.'

　後來에 後漢皇帝 劉禪은 亡於晉泰始七年하고[192] 魏主 曹奐은 亡於(晋)
太安元年하고[193] 吳主 孫皓는 亡於(晋)太康四年하니[194] 皆善終이라.[195]

孫皓(손호)

---

188 每鑿人眼目 剝人面皮 – 매번 사람의 눈알을 파내고 面皮를 벗기다.

189 人臣 弑君及奸佞不忠者 – 人臣으로 弑君하거나 奸佞하여 不忠한 者. 弑는 죽일 시. 奸은 간사할 간. 佞은 아첨할 영.

190 默然甚愧 – 말을 못하고 심히 부끄러워하다. 愧는 부끄러워할 괴. 賈充은 魏의 황제 조모(曹髦 – 廢帝 재위 254∼260)를 죽이는데 한몫을 했다.

191 隨降宰輔 – 따라서 歸降한 宰臣이나 大臣들.

192 亡於晉泰始七年 – 晉 泰始七年(271년)에 죽다.(향년 65세). 이 문단에서는 '後漢 皇帝 劉禪'을 황제라 칭하고 魏와 吳는 '主'라 하였으니, 이는 '촉한 정통론'을 취했다고 볼 수 있다.

193 魏主 曹奐 亡於太安元年 – 조환은 太安(302년) 元年에 죽다.(향년 56세)

194 吳主 孫皓 亡於太康四年 – 손호는 太康 四年(283년)에 죽다.(향년 42세)

195 皆善終 – 모두 선종하다. 善終은 천수를 다하다.

後人이 有古風一篇으로¹⁹⁶ 以敍其事曰,

高祖提劍入咸陽, 炎炎紅日升扶桑.¹⁹⁷

光武龍興成大統, 金烏飛上天中央.¹⁹⁸

哀哉獻帝紹海宇, 紅輪西墜咸池傍.¹⁹⁹

何進無謀中貴亂, 涼州董卓居朝堂.²⁰⁰

王允定計誅逆黨, 李傕郭汜興刀槍.²⁰¹

四方盜賊如蟻聚, 六合奸雄皆鷹揚.²⁰²

孫堅孫策起江左, 袁紹袁術興河梁.²⁰³

劉焉父子據巴蜀, 劉表軍旅屯荊襄.²⁰⁴

張脩張魯霸南鄭, 馬騰韓遂守西涼.²⁰⁵

---

196 有古風一篇 – 古體詩 一篇으로.

197 高祖 – 漢 高祖 劉邦. 咸陽 – 秦의 都城. 扶桑(부상)은 태양이 뜨는 곳. 동쪽.

198 光武 – 後漢 建國者 光武帝 劉秀. 金烏(금오)는 태양 속에 산다는 三足烏.

199 紹는 이을 소. 이어 받다. 海宇(해우)는 天下, 皇帝 位. 紅輪은 太陽. 咸池(함지)는 서쪽.

200 中貴는 환관. 亂은 十常侍의 亂. 居朝堂은 朝廷을 차지하다.

201 誅逆黨은 貂蟬(초선)의 도움으로 董卓(동탁)을 제거. 傕은 姓 각. 汜는 물 합칠 사.

202 蟻는 개미 의. 聚는 모일 취. 六合은 天地와 四方. 鷹은 매 응. 鷹揚(양응)은 매가 높이 날다, 제멋대로 횡행하다.

203 江左 – 長江 좌측. 江東. 河梁(하량)은 黃河의 북쪽(河北)과 옛 衛의 땅, 곧 河南.

204 焉은 어찌 언. 巴蜀(파촉)은 蜀. 軍旅는 군대. 荊襄(형양)은 형주.

205 霸는 으뜸 패. 霸者로 雄據하다. 南鄭은 地名. 馬騰(마등) 韓遂(한수)는 모두 지방 군벌의 人名.

陶謙張繡公孫瓚, 各逞雄才占一方.²⁰⁶

曹操專權居相府, 牢籠英俊用文武.²⁰⁷

威挾天子令諸侯, 總領貔貅鎮中土.²⁰⁸

樓桑玄德本皇孫, 義結關張願扶主.²⁰⁹

東西奔走恨無家, 將寡兵微作羈旅.²¹⁰

南陽三顧情可深, 臥龍一見分寰宇.²¹¹

先取荊州後取川, 霸業王圖在天府.²¹²

嗚呼三載逝升遐, 白帝託孤堪痛楚.²¹³

孔明六出祁山前, 願以隻手將天補.²¹⁴

何期歷數到此終, 長星半夜落山塢.²¹⁵

---

206 繡는 수놓을 수. 公孫은 複姓. 逞은 통할 령(원음 정).

207 牢는 우레 뇌. 속에 넣다. 牢籠(뇌농)은 새장, 구슬리다. 여기서는 인재를 모으다.

208 威挾天子 – 천자를 낀 위세로. 貔는 비휴 비. 貅는 비휴 휴. 貔貅(비휴)는 맹수 이름. 용맹한 군대. 中土는 中原.

209 樓桑(누상) – 누상촌. 유비의 성장지. 關張은 關羽와 張飛.

210 奔은 달릴 분. 無家는 근거지가 없음. 寡는 적을 과. 微는 작을 미. 羈는 굴레 기. 재갈. 旅는 나그네 여. 羈旅(기여)는 나그네처럼 떠돌다.

211 南陽 – 제갈량이 살던 곳. 寰은 기내(畿內) 고을 환. 宇는 집 우. 寰宇(환우)는 천하.

212 荊은 가시나무 형. 取川은 西川 땅을 취하다. 霸는 으뜸 패. 王圖는 王道政治를 추구함. 天府는 하늘이 내린 창고. 益州를 지칭.

213 嗚는 탄식 소리 오. 鳴(울 명)과 다른 글자. 嗚呼(오호)는 아~! 슬픔의 탄식 소리. 三載(삼재)는 3년. 유비는 겨우 햇수로 3년 재위했다. 逝는 갈 서. 遐는 멀 하. 升遐(승하)는 하늘로 멀리 올라가다. 제왕의 죽음. 白帝는 白帝城. 堪은 견 딜 감. 痛楚(통초)는 심적 고통.

214 祁는 성(盛)할 기. 隻手(척수)는 한 손. 한 손으로라도 하늘을 바치려 했다. 雙手 (쌍수)가 아님.

215 歷數 – 運數. 천운이 여기서 끝날 줄 어이 기약했으리오? 塢는 뚝 오. 山塢는

姜維獨憑氣力高，　九伐中原空劬勞.[216]

鍾會鄧艾分兵進，　漢室江山盡屬曹.[217]

丕叡芳髦纔及奐，　司馬又將天下交.[218]

受禪臺前雲霧起，　石頭城下無波濤.[219]

陳留歸命與安樂，　王侯公爵從根苗.[220]

紛紛世事無窮盡，　天數茫茫不可逃.[221]

鼎足三分已成夢，　後人憑弔空牢騷.[222]

분지. 오장원을 뜻함.

216 姜維는 氣力이 높은 줄만 믿었기에, 九伐 中原이 헛수고가 되었다. 劬는 수고로울 구. 劬勞는 고생하다.

217 鍾會(종회)는 人名. 鄧은 나라 이름 등. 艾는 쑥 애.

218 조 - 클 비. 曹丕(조비, 文帝). 叡는 밝을 예. 曹叡(조예, 명제). 芳은 꽃다울 방. 曹芳(조방, 廢帝). 髦는 빼어날 모. 曹髦(조모). 奐은 빛날 환. 曹奐(조환). 奐은 빛날 환. 이상 모두 曹魏의 황제. 司馬는 司馬氏. 又는 또 우. 天下交는 천하를 넘겨받다.

219 禪은 하늘에 대한 제사 선. 사양하다. 受禪(수선)은 禪讓(선양, 평화적 왕조 교체)을 받다. 石頭城은 吳의 도읍 建業. 現 南京. 濤는 큰 물결 도.

220 陳留 - 司馬炎은 魏 마지막 元帝 曹奐을 陳留王으로 봉했다. 歸命(귀명)은 東吳의 마지막 황제 孫皓(손호)를 귀명 후에 봉했다. 安樂은 촉한의 後主 劉禪(유선), 안락공에 봉해졌다. 王侯公爵從根苗 - 王侯나 公爵은 모두 뿌리나 싹(혈통)에서 나왔다.

221 紛紛世事無窮盡, 분분한 世上事야 끝날 날이 없고,
天數茫茫不可逃. 天數는 茫茫하여 피할 수가 없다.
茫은 아득할 망. 逃는 달아날 도.

222 鼎足三分已成夢, 천하가 鼎足처럼 三分한 일은 지난 꿈이었고,
後人憑弔空牢騷. 後人은 추모하며 공연한 푸념 늘어 놓는구나.
鼎은 세발 솥 정. 발이(足) 3개인 솥. 憑은 기댈 빙. 憑弔(빙조)는 추모하다. 牢는 우리 뇌(뢰). 감옥. 騷는 떠들 소. 牢騷(뇌소)는 불평, 푸념. 後人들의 是非나 評價가 모두 부질없는 이야기일 뿐!

저자 약력

도연 진기환(陶硯 陳起煥)
jin47dd@hanmail.net

서울의 大東稅務高等學校 교장 퇴임 (2009)
개인 문집《陶硯集》(2008)

《儒林外史》(상·중·하권) (1991)
《중국인의 속담》(2008)
《水滸傳 評說》(2010),《金甁梅 評說》(2011)

《東遊記》(1996),《神人》(1994)
《중국의 神仙이야기》(2011),《上洞八仙傳》(2012)
《중국의 土俗神과 그 神話》(1996)

《三國志 故事成語 辭典》(2001)
《三國志 故事名言 三百選》(2001)
《三國志의 지혜》(2009)
《三國志 인물 평론》(2010)

《논술로 읽는 論語》(2012)
《論語名言三百選》(2018)

《唐詩三百首》全 3권 (2014, 공역)
《唐詩逸話》(2015),《唐詩絶句》(2015)
완역《王維》(2016)

《史記講讀》(1993),《史記人物評》(1994)
완역《十八史略》全 5권 (2014, 공역)
완역《漢書》全 10권 (2017)
완역《後漢書》全 10권 (2018)
완역 (正史)《三國志》全 6권 (2019)

〈저자 약력〉

도연 진기환(陶硯 陳起煥)
jin47dd@hanmail.net

서울의 大東稅務高等學校 교장 퇴임 (2009)
개인 문집《陶硯集》(2008)

《儒林外史》(상·중·하권) (1991),《東遊記》(1996),《史記講讀》(1993),《史記人物評》
(1994),《神人》(1994),《중국의 土俗神과 그 神話》(1996),《중국의 神仙이야기》(2011),
《上洞八仙傳》(2012),《三國志 故事成語 辭典》(2001),《三國志 故事名言 三百選》
(2001),《三國志의 지혜》(2009),《三國志 인물 평론》(2010),《중국인의 속담》(2008),
《水滸傳 評說》(2010),《金瓶梅 評說》(2011),《논술로 읽는 論語》(2012),《論語名言三
百選》(2018),《唐詩三百首》全 3권 (2014, 공역),《唐詩逸話》(2015),《唐詩絶句》
(2015), 완역《王維》(2016), 완역《十八史略》全 5권 (2014, 공역), 완역《漢書》全 10권
(2017), 완역《後漢書》全 10권 (2018), 완역 (正史)《三國志》全 6권 (2019)

三國演義 원문 읽기(下)
삼 국 연 의

초판 인쇄 2020년 2월 3일
초판 발행 2020년 2월 10일

역   주 │ 진기환
발행자 │ 김동구
디자인 │ 이명숙·양철민
발행처 │ 명문당(1923. 10. 1 창립)
주   소 │ 서울시 종로구 윤보선길 61(안국동)
         우체국 010579-01-000682
전   화 │ 02)733-3039, 734-4798(영), 733-4748(편)
팩   스 │ 02)734-9209
Homepage │ www.myungmundang.net
E-mail │ mmdbook1@hanmail.net
등   록 │ 1977. 11. 19. 제1~148호

ISBN 979-11-90155-31-1 (04900)
ISBN 979-11-90155-29-8 (세트)
20,000원

* 낙장 및 파본은 교환해 드립니다.
* 불허복제